어찌하오리까?

어찌하오리까?
조선시대 어전회의 현장을 들여다보다

초판 1쇄 발행일 2024년 7월 19일

지은이 김진섭
펴낸이 이원중

펴낸곳 지성사 출판등록일 1993년 12월 9일 **등록번호** 제10-916호
주소 (03458) 서울시 은평구 진흥로 68, 2층
전화 (02) 335-5494 **팩스** (02) 335-5496
홈페이지 www.jisungsa.co.kr **이메일** jisungsa@hanmail.net

© 김진섭, 2024

ISBN 978-89-7889-552-1 (03910)

"
조선시대
어전회의 현장을
들여다보다
"

어찌하오리까?

김진섭 지음

지성사

조선의 어전회의로 떠나는 여행

조선시대에 임금과 대신들이 만나면 어떤 대화를 나누었고, 분위기는 어떠했을까? 역사극을 보면 중앙에 앉아 있는 임금을 중심으로 대신들이 좌우로 늘어서서 임금이 무어라 말하면 "성은이 망극하옵니다, 전하!" 또는 "지당하신 말씀이옵니다"라며 한목소리로 외치기도 하고, 존재감이 약한 임금이 한마디 했을 때는 "아니 되옵니다, 전하!", "통촉하여 주시옵소서"라고 합창이라도 하듯 반대하면서 자기들끼리 수군거리기도 한다. 그리고 그들 가운데 우두머리 격인 대신의 비열한(?) 웃음기 띤 얼굴이 스쳐지나가듯 화면에 잡히기도 한다. 과연 그랬을까?

결론부터 말하면 '아니다'이다. 드라마에서 임금과 대신들이 회의하는 장면과 《조선왕조실록》에서 전하는 회의 분위기는 크게 다르다. 임금과 대신들은 며칠에서부터 해를 넘기면서까지 논의를 거듭하는가 하면, 때로는 치열한 논쟁을 벌이기도 했다. 임금에 따라 국정을 논하는 태도에서 다양한 차이도 발견된다. 이러한 차이는 임금과 대신들이 백성을 어떻게 보았는지, 즉 백성 위에서 군림하고 통치하려고 했는지, 아니면 백성을 위한 정치를 소임으로 삼았는지를 구분하는 잣대가 되기도 한다.

임금과 주요 대신들이 만나는 경연은 대표적인 예였다. 경연은 임금이 학문을 닦기 위해 학식과 덕망이 높은 관리들을 불러 경적(經籍)과 사서(史書) 등을 강론하는 것을 말한다. 강론이 끝나면 고금(古今)의 도의(道義)와 정치는 물론, 국정 현안에 관한 토론도 이어졌다. 경연은 특별한 이유가 없는 한 매일 실시했으며, 하루에 두 번에서 세 번 이루어지는 것이 원칙이었다. 따라서 "조선시대의 경연은 국왕과 신하 간 교류와 소통의 기회이기도 했고, 경연의 성패가 백성들 삶에 영향을 미쳤다"고 평가받는다.

경연에 대한 관심은 임금에 따라 크게 달랐다. 세종은 즉위 2년 후인 1420년에 유교 경전의 강론을 관장하던 경연청을 창설하여 당대의 이름난 학자들이 임금에게 경서(經書)와 치국(治國)의 도리를 강론하게 할 정도로 중요하게 여겼다. 반면에 세조는 사육신 사건을 계기로 집현전을 폐지하면서 경연도 없앴다. 연산군은 내시(內侍) 김순손(金舜孫)에게 《자치통감강목》을 들려 홍문관 경연에 대리 출석하게 하였는데, 모두 불통의 대표적 사례로 꼽힌다.

이 책은 조선시대 임금과 대신들이 만나 국정을 논의하면서 무엇을 어떻게 하였는지를 주제별로 나누고 구체적인 사례들을 포함하여 다양한 내용을 다루었다. 모쪼록 흥미진진한 조선시대의 여행이 되었으면 한다. 끝으로 이 책이 나오기까지 수고를 아끼지 않으신 지성사 이원중 대표와 직원 여러분께도 감사의 인사를 전한다.

고봉산 자락에서

김진섭

1부

군군신신(君君臣臣)의
나라를 위하여:

정치/외교/행정

나라를 다스리는 데
임기응변은 아니 되옵니다

개 한 마리와 매 한 마리의 문제가 아니다

조선이 개국한 초기부터 명나라는 조선에 사신을 주기적으로 보냈다. 조선에 온 명나라 사신들은 황제나 황태자의 즉위, 부고 등을 전하거나 조선 국왕과 왕세자의 책봉 의식을 주관했고, 공물을 요구하는 황제의 칙서를 보내는 등 여러 가지 임무를 수행했다.

그런데 이들은 황제의 명을 받든다는 이유로 개인적인 탐욕을 부리는 등 무리한 요구를 하며 조선을 곤혹스럽게 만들기도 했다. 특히 환관 출신 사신들이 끼친 폐해의 심각성은 당시 중국인들도 인정할 정도였다. 양국 관계가 자리 잡기 전이었던 조선 초기에는 문제가 더욱 심각해서 태조를 비롯하여 태종과 세종은 외교적 문제가 발생하지 않도록 사신들이 국경을 넘는 순간부터 각별하게 신경을 썼다.

세종 14년(1432) 11월 18일, 명나라 사신을 맞는 임무를 띠고 함길도

(咸吉道)로 파견되었다가 돌아온 이징옥(李澄玉)은 세종에게 그곳에서 일 어났던 일을 다음과 같이 보고했다.

"명나라 사신 윤봉(尹鳳)이 경원부(慶源府)라는 곳에 이르러 절제사(節制使) 송희미(宋希美)에게 개를 달라고 하기에 신(臣)이 말리면서 '이미 중국 황제가 내리는 조서(詔書)가 있고, 나라의 명령도 있으니 사리에 비추어 그렇게 할 수는 없다'고 하였습니다. 경성군(鏡城郡)에 이르러서는 사신을 따라온 상인인 두목(頭目)을 시켜 백성의 개를 빼앗아 오게 하였는데, (그 개를) 매우 사랑하므로 신이 넌지시 그 주인에게 일러 몰래 가져가게 하였습니다. 그러자 윤봉이 노하여 말하기를 '재상은 어찌 이처럼 사리를 알지 못하오. 어찌하여 한 마리의 개를 아끼시오'라고 하고는 다른 두목을 보내어 그 개를 도로 빼앗아 왔고, 다시 백성의 개 네 마리를 빼앗아 와서 개 먹이를 구하므로 신(臣)이 주지 않았습니다. 이에 윤봉이 더욱 화를 내며 개 두 마리를 주인에게 돌려보냈기에 신이 다시 개 주인에게 명하여 모두 가져가도록 일렀습니다."

이징옥은 명나라 사신 윤봉이 백성들에게 민폐를 끼치면서 이를 말리는 자신에게도 화를 냈고, 심지어 다음과 같은 횡포를 부렸다고 아뢰었다.

"윤봉이 길주(吉州)에 이르러 크게 화를 내며 그 주인을 핍박하고 개를 끌어오게 하자, 화가 난 주인이 개를 신(臣)의 처소로 보냈기에 신이 숨기고 내놓지 않았습니다. 또 두목들이 걸칠 털 덮개(모투, 毛套)를 구하다가 얻지 못하자 화가 더욱 깊어져 통역관 정안중을 매질하고, 두목을 시켜 역참 소속 아전을 때리게 하면서 총알인 탄자(彈子)를 직접 쏘아 거의 죽게 한 뒤에야 겨우 그쳤습니다."

윤봉뿐 아니라 조선에 파견된 명나라 사신들의 횡포는 백성들에게도 직접적인 피해를 주었다. 그들이 국경을 넘자마자 사냥용 매로 유명한 해동청(海東靑)을 잡기 위해 소동을 벌인 일은 대표적인 예였다.

세종 9년(1427)에 상호군(上護軍) 이백관(李伯寬)이 북경에 사신으로 갈 때 관원들을 파견하여 각 도에서 해동청을 잡게 했는데, 당시 매는 36마리가 잡혔으나 해동청은 한 마리도 잡히지 않을 만큼 매우 귀했다. 그런데도 명나라에서 지나칠 정도로 해동청을 요구하여 사신을 접대하는 관리들의 고충이 컸고, 지역 주민들의 생계에도 막대한 지장을 주었다.

이징옥 역시 명나라 사신의 횡포를 막기 위해 사전에 도순찰사와 논의하였을 뿐 아니라 명나라 사신에게 거짓말까지 했다. 그런데 윤봉이 이 사실을 알게 되었다며 계속해서 다음과 같이 아뢰었다.

"도순찰사(都巡察使) 유은지(柳殷之)가 당초에 신에게 말하기를 '해청(海靑)은 3연(連, 마리)만 잡으면 족하고, 지나치면 안 된다'고 하였습니다. 뒤에 경성 사람이 해청 1연을 잡았기에 신이 숲속에 숨겨 두고, 매를 사냥용으로 길들이는 자(응사, 鷹師)에게 비밀히 보이고는 거짓으로 '이것은 해청이 아니라 제강(提綱)이다'라고 말하며 놓아 보내게 하였습니다. 그런데 마침 어떤 사람이 백제강(白提綱)을 잡아 오는 바람에 윤봉이 보고 '유감이다. 이것이 어찌 해청인가'라고 하여 빨리 놓아 보내게 하였습니다."

◉ 일은 후회 없게 처리해야 합니다

이징옥이 이 같은 거짓말을 한 것은 '조선에서 해동청이 쉽게 잡히는 것으로 알고 있던 명나라 사신에게 해동청이 잘 잡히지 않는다'는 조선의 사정을 알게 하여 명에서 요구하는 수량을 줄여보기 위해서였다. 한때 세종도 신상(申商)의 건의로 함길도 관리들에게 이러한 명을 내렸다가 취소한 적이 있었기에 이징옥의 거짓말은 세종의 직접적인 명령이 없었다고 해도 나름의 의미가 있었다.

그러나 명나라 사신이 이 사실을 알게 되면서 무척 화를 냈고, 결국 조선은 한 마리 매와 개로 인해 심각한 외교적 문제가 일어날 수도 있는 상황에 놓이고 말았다.

이에 세종은 "이는 나의 본심이 아니다. 어찌하여 아뢰지도 않고 거짓을 써서 제멋대로 놓아 보냈느냐?"라며 이징옥을 질책했다. 이징옥은 "소신이 어리석고 미혹(迷惑)하여, (해청의) 수가 많은 것이 싫었던 까닭으로 놓아 보냈습니다"라고 해명했지만, 이미 엎질러진 물이었다.

세종은 대책을 논의하려고 주요 대신들을 불러들였고, 황희(黃喜)·맹사성(孟思誠)·허조(許稠) 등 재상들도 이 자리에 참석했다. 세종은 대신들에게 "장차 이징옥과 유은지를 무거운 형벌에 처하고 사신에게 알려 한 점 부끄러움이나 의혹이 없게 하고자 하나, 만일 그렇게 하면 사신이 '반드시 지난날에도 이와 같은 거짓이 있었을 것이다'라고 의심할 것이고, 숨겨 두고 말하지 않으면 뒷날 이러한 사실을 다른 사람을 통해 전해 듣고 매우 난처한 일이 벌어지지 않을까 우려되니 잘 의논하여 아뢰라"며 대신들의 의견을 물었다.

세종 역시 매 한 마리를 잡기 위해 백성들이 고생하고, 개 한 마리도 백성의 소중한 재산이라는 사실을 잘 알고 있었다. 그러나 이를 지키려고 했던 이징옥의 행동을 칭찬할 수 없었던 이유는 사신들이 이 일로 억지를 부리며 무리한 요구를 한다면 결국 백성들이 더 번거로워질 수 있기 때문이었다. 따라서 세종은 이징옥 개인에게 어떤 죄를 물을 것인가보다는 명나라와의 외교관계에 대한 대책을 논의하고자 했다.

세종의 의도를 이해한 맹사성·허조·권진(權軫) 등은 "만일 매를 놓아 준 것으로 죄를 다스린다고 말하면 (명나라 사신) 창성 등이 이것을 듣고 반드시 그전에도 이와 같은 거짓이 있었으리라 의심할 것이니, 매를 놓아 보낸 사건은 내버려 두고 개를 훔친 죄로만 다스리는 것이 어떨까 합니다"라고 아뢰었다. 하지만 황희와 안순 등은 "바른대로 그 죄를 논하여야 뒤에 후회가 없을 것입니다"라고 반대했다.

재상들의 의견이 갈리자 세종은 "황희 등이 말한 대로 사실대로 시행함이 어떨까?"라고 물었다. 하지만 쉽게 결론이 나지 않자 황희 등은 사안의 심각성을 고려하여 "…만일 매를 놓아 보낸 것으로 죄를 논하기 어렵다고 생각되오면, '해청과 비슷한 매를 어찌하여 나라에 아뢰지 아니하고 마음대로 놓아 보냈느냐?'고 문책하는 것이 이치에도 맞을 듯합니다"라며 매에 관한 죄를 묻되 나라에 보고하지 않고 마음대로 행동한 죄를 묻자는 절충안(?)을 내놓았다.

그러나 맹사성 등은 "나라를 다스리는 데 있어 임기응변으로 일을 처리할 수는 없습니다. 청컨대 신 등의 말을 따르시길 바라나이다"라며 원칙대로 처리하는 것이 후에 더 큰 파장을 막을 수 있다고 반대했다. 아무리 비밀을 유지한다고 해도 명나라에서 이 사실을 아는 것은 시간문제였고, 과거에도 명나라 사신들이 농간을 부리며 매를 잡는다는 구실로 명나라 군대와 사냥꾼을 접경지대에 대거 파견하면서 이들에 대한 막대한 지원을 조선에 요구하여 민가에까지 피해를 준 일도 있었기 때문이다.

새벽까지 고민을 거듭하여 결단 내리다

세종은 여러 대신의 의견을 듣고 나서 "내 어찌 소수의 의견을 따르겠느냐"라며 다수의 의견을 쫓겠다고 말했다. 하지만 세종은 그 자리에서 결정하지 못하고 고민을 거듭했다. 〈세종실록〉에는 "이때 밤은 삼경(三更, 밤 11시에서 새벽 1시 사이)이나 되었는데, 임금이 여전히 전(殿)에 앉아서 이징옥을 의금부에 넘기도록 하였다"라고 기록하고 있다.

이 문제를 완벽하게 비밀로 할 수 없다고 판단한 세종은 사실을 밝히고 관련자를 처벌하는 것으로 하되, 명나라 사신과 관련된 죄를 묻는 것이 아니라 나라에 보고하지 않고 마음대로 행동하고 거짓말한 죄를 물어 외교적으로 논란이 확대되는 것을 막으려고 했다.

세종과 재상들의 논의 과정에서 이징옥 개인에 대한 비판이 전혀 없었고, 이 일로 임명장이 회수되고 유배까지 당했던 이징옥이 이듬해 복직된 것으로 보아 이 문제는 이징옥이 단순히 개인적인 정의감에서 취한 행동이 아니었음을 알 수 있다. 따라서 이날의 결정은 천하의 성군(聖君) 세종과 우리 역사를 대표하는 명재상들이 모여 고심을 거듭한 끝에 내린 최고의 선택이었다.

한편, 고려시대에도 국정 운영과 외교에 적지 않은 영향을 미쳤던 해청이 조선시대에도 명나라와의 외교에서 민감한 문제였다는 사실과 함께 윤봉이라는 인물도 눈길을 끈다. 윤봉은 조선에서 태어나 자랐고, 20

대 때 명나라로 보내져 환관이 된 것으로 전한다. 그는 명나라 3대 황제 영락제(永樂帝)부터 제7대 경태제(景太帝)까지 명나라 궁궐에서 생활하며 황제의 신임을 받았으며, 중요한 직책을 거쳐 태감(太監) 등 고위직에까지 올랐다.

그뿐만 아니라 태종 대부터 세종 대에 걸쳐 10차례 넘게 조선에 사신으로 파견되어 영향력을 행사했고, 조선 사신들이 명나라에 갔을 때는 명나라 관련 정보를 주거나 별도의 도움을 요청 받기도 했다. 세종 11년(1429) 명나라에 공물로 보내던 금·은의 세공(歲貢)을 윤봉의 지원으로 면제받은 것은 대표적인 예였다.

당시 명나라에서 윤봉 등 조선 출신 환관(宦官)을 명나라 사신으로 조선에 보낸 이유는 조선의 물정을 아는 사람을 통해 조선의 내정을 감시하려는 의도가 포함되어 있었다.

조선에서도 명나라 동향을 파악하고 원만한 외교관계를 유지하기 위해 이들과의 관계에 신경을 썼다. 태종 9년(1409)에 윤봉의 청에 따라 그의 형제 10여 명에게 관직을 주는 등 조선에 살고 있던 윤봉의 가족들을 후하게 대했고, 세종 2년(1420)에는 황해도 서흥(瑞興)에 있던 윤봉의 본가에 국가가 백성의 노동력을 무상으로 징발하던 요역(徭役)을 비롯해 세금으로 각 지방의 토산물을 납부하던 잡공(雜貢)을 모두 면제해 준 일도 있었다.

그런데도 윤봉은 명나라 사신으로 조선에 오면 극진한 접대를 강요하면서 사냥용 매나 공녀(貢女) 등을 바치게 했으며, 도자기·인삼·피혁 등 각종 특산물을 요구하여 명나라로 돌아갈 때면 궤짝이 수십 개가 넘을 정도였다고 한다. 심지어 "은퇴하면 조선에서 살겠다"며 집과 논밭은 물론 노비까지 청하여 재산을 축적했다.

이런 윤봉을 《조선왕조실록》에서는 "명 황제를 속여 해청(海靑)·토표(土豹, 스라소니)·흑호(黑狐) 등을 잡는다며 해마다 우리나라에 와서 한없이 탐욕을 부렸으며, 자신의 사욕을 마음껏 채웠다…. 동생인 윤중부(尹重富)의 지위도 중추(中樞)에 이르게 했는데, 일가붙이가 관직을 받지 않은 자가 없었다"고 혹평했다.

사대부들 사이에서도 윤봉을 포함해 사적인 욕심을 채우며 제멋대로 굴던 조선 출신 명나라 환관들에 대한 반감이 매우 컸다.

▣ '윤봉을 만나지 말라'는 어명(御命)을 내리다

태종과 세종은 이들의 횡포를 막기 위해 명나라에 환관이 아닌 조정의 관리를 사신으로 파견해 달라고 요청하기도 했다. 하지만 명 황제가 받아들이지 않자 조선에서도 대책을 세우기 시작했다.

이징옥 사건이 일어나고 3년 후인 세종 17년(1435)에는 윤봉의 요청으로 관직을 받은 집안사람들 가운데 사촌 이내를 제외하고 모두 파면하였고, 세종 20년(1438)에는 명나라에 가는 조선의 사신들에게 '윤봉을 만나지 말라'는 명을 내렸다.

그러나 윤봉은 이후에도 사신으로 조선에 왔고, 세조 2년(1456)에는 세조를 조선 국왕으로 인정하는 명나라 황제의 칙서를 들고 와서 계유정난(癸酉靖難)으로 즉위한 세조의 왕위에 정당성을 부여하는 역할도 담당했다. 당시 윤봉은 고향인 서흥을 향관(鄕貫, 시조가 난 곳)으로 해줄 것을 세조에게 청하여 허락을 받고 서흥 윤씨의 시조(始祖)가 되었다. 그런데 이후 그의 행적과 사망 시기가 전하지 않는 것으로 보아 조선에서 더는 특별한 활동이 없었던 것으로 보인다.

이징옥도 주목되는 인물이다. 현대인들에게는 '이징옥의 난'으로 잘 알려진 그는 사극에서 부정적인 인물로 묘사되기도 하고, 지나치듯 잠시 등장하거나 전혀 나오지 않기도 하지만 역사에서 그의 존재감은 대단히 뚜렷하다.

이징옥은 매우 용맹한 무인으로, 함경도에 6진을 개척하여 두만강 이남 지역을 완전하게 조선의 영토로 만드는 등 우리나라 국경 지역의 경계를 세우고 지키는 데 공헌했다. 당시는 문인들이 무인들을 경시하는 분위기였음에도 그는 문인들의 존중을 받는 덕망을 갖춘 무장이었고, '10대의 어린 나이에 맨손으로 호랑이를 때려잡을 만큼 무예와 용맹이 뛰어났다'는 등 다양한 민담의 주인공으로도 전한다.

이징옥은 국경 지역에 근무하면서 많은 일화도 남겼다. 예를 들어 여진족은 그를 '어금니가 있는 큰 돼지'라고 불렀는데, 여기에는 '세종 대부터 여진족을 상대로 용맹을 떨쳤던 이징옥이 공포의 대상일 정도로 두려운 존재였다'는 의미가 담겨 있다.

그는 관직 생활의 반 이상을 국경 지역에서 근무하면서도 불평 한마디 없이 성실하게 임무를 수행했고, 백성은 물론 야인들의 물건에 손끝 하나 대지 않을 만큼 청렴결백했을 뿐만 아니라 작은 문제 하나 일으키지 않았다. 세종은 이런 이징옥을 대단히 신뢰하고 아꼈으며, 문종 때는 그의 부하 무관이 "우리 장군님은 추운 겨울에도 입을 옷이 한 벌밖에 없습니다"라고 직접 호소하여 '문종이 좋은 털옷을 이징옥에게 보냈다'는 이야기도 전한다.

또한 이징옥은 해동청을 놓아준 일로 파직되어 유배당하기도 했으나 이듬해 복직되어 다시 함길도에 파견되었고, 경원 절제사(慶源節制使)로 있던 세종 20년(1438) 모친상을 당할 때까지 함길도에 머무르며 6진을 개척하는 등 큰 공을 세웠다.

조정에서는 상중(喪中)임에도 1백 일 만에 그를 다시 경원 절제사로 보내려고 하였는데, 그동안은 함길도 절제사(咸吉道節制使)인 김종서(金宗瑞)가 경원까지 겸해서 다스리도록 명하면서 "이징옥이 돌아가기 전까지는 형편에 따라 방어에만 전념하라"고 할 정도로 북방지역에서 이징옥의 존재감은 특별했다.

이징옥은 왜 역사에서 반란자로 기록되었나?

이징옥은 상중(喪中)에 있던 세종 21년(1439), 세종의 배려로 고향과 가까운 경상도 절제사에 임명되었다. 여기서도 그는 왜적을 막기 위한 비변책(備邊策)을 마련해 조정에 건의하는 등 국방을 튼튼히 하는 데 힘썼다. 세종 32년(1450)에는 부친상을 당해 관직에서 물러났으나 같은 해에 즉위한 문종이 그를 도절제사로 삼아 다시 함길도로 파견되었다.

이징옥은 뛰어난 문인이면서 조선 최고의 장수였던 김종서와도 가까이 지냈다. 세종 대에 북방지역에서 활동하며 공을 세웠던 김종서가 총사령관 임무를 수행했다면, 이징옥은 직접 전장을 누빈 뛰어난 무장이었다. 그러나 두 사람은 수양대군(首陽大君)이 왕위에 오르는 과정에서 표적이 되고 말았다.

결국 한명회(韓明澮)와 홍달손(洪達孫)이 수양대군에게 '이징옥이 안평대군(安平大君)과 공모하여 함길도 경성(鏡城)의 병기들을 한양으로 옮겼다며 그의 문책을 건의했고, 1453년 계유정난을 일으킨 수양대군은 안평대군과 김종서·황보인(皇甫仁) 등을 처형한 후 곧바로 함길도에 주둔하고 있던 이징옥을 제거하기 위해 한양으로 불러들였다.

당시 이징옥은 수양대군 측에서 자신의 후임으로 임명한 박호문(朴好問)이 함길도에 도착하자 인수인계를 한 뒤 한양으로 출발했다. 그러나 도중에 계유정난으로 김종서 등이 사망했다는 소식을 접하고는 자신이 한양으로 가면 수양대군 측에 가담하지 않는 한 숙청당할 것이 분명하며, 그대로 벼슬을 버리고 낙향해도 살아날 가능성은 거의 없다고 판단했다.

선택의 여지가 없었던 이징옥은 다시 함길도로 돌아가 박호문을 처형하고 그의 아들 박평손(朴平孫)을 인질로 삼아 일행과 함께 정종(鄭種)이 지키고 있던 종성(鍾城)으로 갔다. 그리고 여진의 여러 부족에게 군사를 요청하며 각지에서 군사를 일으키라는 통문을 보낸 후 두만강을 건너기 위해 종성에서 밤을 새우기로 했다.

그러나 그날 밤, 이징옥을 배반한 정종이 이행림과 함께 군졸을 이끌고 습격하자 담을 넘어 도망쳐서 민가에 숨었다가 정종에게 발각되어 세 아들과 함께 살해되고 말았다. 이후 이징옥의 시신은 온몸이 찢기는 거열형(車裂刑)을 당했고, 머리는 3일 동안 효수(梟首)되었다가 한양으로 보내졌다.

《조선왕조실록》에서는 당시 이징옥이 "스스로 왕위에 오르며 금나라를 계승한 대금(大金)의 황제임을 자처했다"고 기록하고 있다. 그러나 그가 황제 칭호를 사용했다는 구체적인 사실은 확인할 수 없다. 이를 '이징옥의 난'이라고 하는데, 조선 건국 후 '조사의(趙思義)의 난'에 이은 두 번째 대규모 반란이었다. 이징옥의 난은 훗날 "중앙정부로부터 함경도 지역 주민에 대한 차별을 초래했고, 이시애(李施愛)의 난에도 영향을 미쳤다"는 평가를 받는다.

조선 후기를 대표하는 재상 채제공(蔡濟恭)은 《번암집(樊巖集)》에서 "이 징옥은 세조의 불법성을 명나라에 직접 호소해 단종의 복위를 꾀하려고 하였지 〈단종실록〉에서 전하듯이 대금의 황제가 되려고 한 것이 아니었으므로 반역이 아니라 충신"이라는 점을 암시하는 기록도 남겼다.

물소가 조선에서도 번성하겠는가?

조선에는 세 가지 보물이 있다는데 …

세조는 "조선에 세 가지 보배가 있는데, 그것은 바로 소와 말 그리고 수우각(水牛角)이다"라고 했다. 수우각이란 물소 뿔로 첨단 무기 제작에 필요한 재료였고, 남은 조각들은 관리들이 관복을 입을 때 허리에 차는 띠, 즉 품대(品帶)나 또는 말 안장의 장식 등 양반 관료를 상징하는 사치스러운 물품에 활용되는 등 인기가 매우 좋았다.

그러나 물소 뿔은 국내에서 생산되지 않아 구하기가 쉽지 않았고, 가격도 아주 비쌌다. 그 때문에 단종 때는 5품 이하의 관리들이 물소 뿔로 만든 띠를 차지 못하게 했으며, 이미 만들어진 것은 해당 관아에서 낙인(烙印)을 찍어 구분할 정도로 작은 조각 하나도 엄격하게 통제했다. 물소 뿔은 색깔이 검어 흑각(黑角)이라고도 했으며, 활을 만드는 재료로 쓰였다고 해서 궁각(弓角)이라고도 했다.

물소 뿔로 만든 활은 수우각궁(水牛角弓)이라고 불렸는데, 여진족도 밀수에 나설 정도로 무기로서의 성능이 매우 뛰어났다. 무엇보다 중무장한 기병의 갑옷과 투구를 관통할 정도로 치명적인 파괴력을 지니고 있어 첨단 살상 무기로 주목받았고, 가볍고 길이가 짧아 휴대하기가 간편해서 지형지물을 활용한 매복 작전이나 기병이 주력부대인 여진족과의 전투에 매우 효과적이었다.

또한 사정거리가 일반 활보다 최소 2배에서 최대 10배까지 길었으며, 탄성이 강해 큰 힘을 들이지 않고도 빠르게 연발 사격하여 적을 집중적으로 공격하는 등 장점이 많아 "16세기 후반의 혼란한 동아시아 국제정세에 긴장을 초래했다"는 평가를 받았다. 이에 조선에서도 일찍부터 수우각궁을 만들기 위해 물소 뿔 확보에 각별하게 힘썼다.

특히 태종과 세종은 여진족이 연합하여 국경을 자주 침략하자 우리 군의 신식 무기체계 도입에 적극적으로 관심을 기울였다. 태종 17년(1417) 1월 태종이 성절사(聖節使)로 명에 가는 의정부 참찬(議政府參贊) 정구(鄭矩)에게 각궁을 사 오라고 직접 명했고, 각궁을 활용한 궁술(弓術)을 널리 장려하는 등 각궁의 보급과 활용에 애를 쓴 것도 그 예였다.

북방 개척에 큰 공을 세운 명장 최윤덕(崔潤德) 역시 세종 10년(1428), 군사 분야의 총책임자인 병조 판서(兵曹判書) 자격으로 "수우각궁을 국내에 원활하게 보급하기 위해 물소 뿔 확보에 특별히 관심을 가져야 합니다"라고 세종에게 강조했다. 세종 17년(1435) 4월에는 국정의 최고 책임자인 좌의정(左議政)에 올라 국방을 튼튼하게 할 계책을 세종에게 건의하면서 '평안도로 하여금 몰수한 잡물(雜物)을 가지고 요동에 가서 물소 뿔과 명주실을 무역하여 각궁을 만들게 할 것, 제용감(濟用監)의 포물(布物)

을 가지고 요동에서 물소 뿔과 명주실을 바꾸어 군기감(軍器監, 병기의 제조를 맡아보던 관아)에서 각궁을 제조하게 할 것…' 등 사무역을 통한 물소 뿔 구입을 주장했다.

물소 뿔은 명과 외교를 통한 공무역이나, 개인적으로 이루어지던 사무역 그리고 중국 이외의 나라들과 외교나 무역으로 확보하는 세 가지 방법이 있었다. 명과의 공무역은 물소 뿔을 확보하는 가장 일반적인 방법이었으나 수우각궁의 뛰어난 성능을 알고 있던 명나라는 전략물자인 물소 뿔이 외국으로 유출되는 것을 엄격하게 통제했다. 그 때문에 물소 뿔을 충분하게 확보할 수 없었던 조선은 사무역을 병행했다.

하지만 사무역 역시 수량에 한계가 있었고, 명나라의 엄격한 통제를 받아야 했다. 명나라가, 이전까지 허용되거나 관행적으로 묵인되어 오던 모든 사무역과 밀무역을 금지하고 오직 사신의 교환을 통한 무역만 합법적으로 인정했기 때문이다. 따라서 사무역이 발각되면 막대한 경제적 손실은 물론, 외교적 문제로도 비화할 수 있다는 위험을 떠안아야 했다.

☺ 왕이 직접 '물소를 사육하자'고 제안하다

물소 뿔을 취급하는 나라가 한정되었던 까닭에 명나라 이외의 나라들과 교역하는 데도 한계가 있었다. 일본은 조선 건국 초기에 사신을 보내면서 조공으로 종종 물소 뿔을 바친 일이 있었지만, 물소가 없었던 일본에서도 물소 뿔은 몹시 귀해서 국왕 조문과 같은 특수한 경우에만 물소 뿔을 바쳤고, 수량도 많지 않았다.

물소 뿔 확보에 고심하던 세종은 세종 14년(1432) 2월 13일, "물소는 힘이 세고 밭을 가는 데 쓸 수 있다고 하니, 내가 중국 황제에게 요청하여 바꿔 오고자 한다. 다만 우리나라는 중국의 남쪽 지방과는 기후가 같지 않아서 물소가 우리나라에서 번성하지 못할까 우려된다"며 물소를 국내에서 직접 사육하는 구상을 밝혔다.

이날 세종은 명나라 황제를 통해 물소를 들여오는 구체적인 계획까지 세워 대신들의 의견을 물었다. 이에 판서(判書) 신상(申商)은 "신이 들으니, 물소가 보통 소보다 밭을 두 배 넘게 간다고 합니다. 전라도의 기후는 중국의 남방과 비슷하니 사육할 수 있을 것입니다"라고 동의했고, 허조 등 다른 대신들도 긍정적이었다.

세종은 "고려에서 타려(駝驪, 낙타)를 교역하고 싶다고 중국 조정에 요청하였더니, 황제가 그 값을 돌려보내고 타려 30필을 하사한 후 말하기를 '내 타려를 중외(中外)에 나눠주고자 하나, 다만 사육한 수가 적어서 뜻대로 하지 못한다'라고 한 일이 있었다"며 고려 때 중국 황제의 지원을 받은 비슷한 사례까지 소개했다. 그러면서 "지금 물소를 청해도 도리에 잘못될 것이 없으니 중국 예부(禮部)에 자문을 보내어 교환하기를 청하는 것이 좋겠다. 예부에서 허락하지 않는다면 사연을 갖추어 황제에게 청하는 것이 어떻겠는가?"라고 물었고, 대신들도 찬성했다.

세종은 명나라에 가는 사은사(謝恩使)를 통해 '밭을 갈고 수레를 끄는 용도로 물소를 사용할 수 있도록 교역을 허가해 달라'고 황제에게 요청하면서 수우각을 확보하려는 의도는 공개적으로 거론하지 않았다. 그러나 세종의 의도를 눈치챘는지 명나라 황제가 허락하지 않아 세종의 구상은 실행되지 못했다.

20여 년이 지나 문종이 즉위한 해(1450) 8월 11일, 문종은 도승지(都承

旨) 이계전(李季甸)을 통해 조선을 방문한 명나라 사신에게 "우리나라는 방어가 가장 긴요해서 수우각으로 활을 만드는 것이 중요한데, 매번 구매하여도 많이 얻지 못했다. 지금 명에서 칙서로 알리기를 '능히 적을 잡는 이가 있으면 똑같이 논공행상하겠다'라고 하니, 물소 암수 20두를 섬에 놓아길러서 활을 제조하는 데 도움이 되도록 황제에게 청하는 일은 사신에게 달려 있다"는 편지를 보냈다.

문종은 아버지 세종과 달리 "여진족을 다스리는 일은 명나라도 신경을 쓰는 문제이므로 활을 만드는 데 필요한 물소 뿔을 확보할 수 있도록 물소를 보내달라"고 직접 이유를 설명했고, 문종의 편지를 받은 사신도 "돌아가서 황제에게 아뢴다면 허락받을 수 있을 것"이라고 긍정적으로 답변하여 조선에서도 큰 기대를 했다. 하지만 이번에도 명 황제는 허락하지 않았다.

조선은 물소를 국내에서 사육하려는 구상이 물거품이 되었고, 공무역으로는 물소 뿔을 충분히 확보하지 못하자 사무역과 밀무역을 병행했다. 예를 들면 명나라에 가는 사신들이 국내에서 나는 인삼 등의 특산물을 가지고 가서 북경에서 물소 뿔을 구해 오거나, 요동에서 비밀리에 구매했다.

이처럼 사신을 통한 사무역은 불법이 아니었다. 그러나 사행단이 중국에 가져갈 수 있는 품목의 종류와 수량을 명나라에서 통제했기 때문에 이를 어기는 것 자체가 불법이었다. 그런데도 수우각궁을 만들기에는 여전히 물량이 부족해서 공무역에만 의존할 수 없었는데, 요동 무역관이 중간에서 농간을 부리는 등 예상치 못한 부작용까지 발생하여 어려움을 겪어야 했다.

≡ 우연한 기회에 물소가 들어오다

문종 즉위년에는 장령(掌令) 하위지(河緯地)가 "요동 무역관에서 일어나는 폐해가 적지 않은데, 중국으로 가는 길도 막혔다고 하고 역로(驛路)에 폐만 끼칠 뿐이니 청컨대 잠시 중지하소서"라고 건의한 일도 있었다. 하지만 문종은 "물소 뿔은 우리나라에서 생산되는 것은 아니지만, 활을 만드는 데 중요하니 준비하지 않을 수 없다"며 받아들이지 않았다.

세조 8년(1462)에는 야인들이 요동에서 물소 뿔과 화포에 들어가는 물건 등을 구매한 일이 명나라에 발각되어 심하게 추궁당하는 등 여진족의 세력 확장을 견제하던 명나라가 불법적인 밀무역에 대한 감시를 강화했다. 그 때문에 조선으로서도 조심스러울 수밖에 없었는데 전혀 생각지 못한 일이 일어났다. 유구국(琉球國)의 오우치 도노〔大內殿〕가 암수 두 마리의 물소를 조선에 바친 것이다.

유구국은 19세기 이전 일본 류큐〔琉球〕 열도에 있던 왕국이고, 오우치 도노는 14세기 중엽부터 일본 혼슈의 주고쿠 지방과 남부 및 규슈 지방 동북부에서 세력을 떨치며 그 지역의 왜구를 지배하던 막강한 호족이었다. 그의 집안인 오우치씨(氏)는 서일본 호족의 하나로 '씨족의 계통이 백제의 온조로부터 나왔다'며 조선 건국 초기부터 활발하게 사신을 보냈고, 토산물을 조공으로 받치며 조선과의 무역을 요청했다.

세조 7년(1461)에는 사신과 함께 승려 능면이 물소를 가지고 경상도 웅천(熊川, 경남 진해의 옛 지명)에 도착했다. 세조는 크게 기뻐하며 행 상호군(行上護軍) 조득림(趙得林)에게 "웅천에서 조심해서 기르다가 봄이 되면 한양으로 가지고 오라"고 명했다. 이듬해인 세조 8년(1462) 4월 13일 〈세조실록〉에는 다음과 같은 기록이 보인다.

"앞서 유구국에서 올린 물소 2두(頭)를 웅천에 두고 기르다가, 사복시 윤(司僕寺尹) 박서창을 보내어 취해 오게 하였는데 물소의 성질이 더위를 두려워하고 물속에 깊이 엎드려 있으니, 명하여 창덕궁 후원에서 기르게 하고, 사복시 관원들이 돌아가면서 보살펴 기르도록 하였다. 또 의학 경전과 《양우법(養牛法)》에서 필요한 부분만 뽑아 정리하여 의생(醫生) 4인이 익히게 하였다."

세조는 추위에 약한 물소가 10월 중순 조선에 도착하자 따뜻한 남쪽 지역에서 겨울을 나게 하는 등 각별하게 신경을 썼다. 그리고 이듬해 봄에 한양으로 옮겨와 창덕궁 후원에서 기르게 하면서 의학을 배우는 생도 4명을 배치하고 필요한 자료를 정리하여 공부하게 했다. 당시 세종 대부터 연구해 온 말과 소의 질병 치료법들도 물소 사육에 큰 도움이 되었으며, 성종 대에 들어서면 마침내 물소 번식에 성공하게 된다.

성종은 물소를 지방에 나누어 기르게 하면서 "지방 수령들은 물소를 도난당하거나 산짐승의 공격으로부터 보호하고, 전염병에 걸리지 않게 하는 등 관리에 더 많이 신경 쓰라"고 명했고, 물소가 병이 나거나 죽는 등 잘못될 때는 해당 지역의 수령과 담당 관리에게 엄하게 책임을 물었다. 덕분에 성종 10년(1479) 2월 9일에는 여러 고을에서 기르는 물소의 수가 새끼까지 합해 70여 마리로 늘었다.

물소 사육에 성공하자 대신들은 "물소를 잘 번식시킨 고을의 수령들을 포상하고 정3품 이상으로 품계를 올려주소서"라고 건의하여 성종의 허락을 받았다. 성종은 이 자리에서 일본에 사신으로 갔던 이인규에게 "일본에 물소가 있느냐?"고 물었고, 이인규는 "일본에는 물소가 없으며,

모든 물건은 남만(南蠻, 태국과 자바 등 남쪽의 여러 민족)에서 사서 씁니다"라고
대답했다.

≡ 마침내 물소 사육에 성공하다

물소는 일본에서도 구하기 어려웠는데, 유구국의 오우치 도노가 조선
에 선물했던 물소는 명나라에서 받았던 4마리의 물소 가운데 2마리였던
것으로 전한다. 하지만 우리나라보다는 유구국과 일본이 물소가 서식하
기에 비교적 풍토가 적합했음에도 번식에 실패하여 종자가 끊어지고 말
았다.

반면에 조선의 기후는 물소에 적합하지 않았고, 물소를 기른 경험이
전혀 없었음에도 17년 만에 70마리까지 늘어나 일본에서도 놀랄 정도로
물소 사육에 대성공을 거두었다.

그런데 예상하지 못한 문제가 발생했다. 물소는 소보다 덩치가 훨씬
크고 성질이 사나워 길들이기가 어려웠고, 사람을 들이받아 다치게 하는
일이 잦았다. 그 때문에 성종 24년(1493) 8월에는 대신들이 물소 사육을
중단하고 기르고 있던 물소를 도살(屠殺)하자고 건의하기도 했다. 그러나
성종은 물소 사육을 포기하지 않고 다음과 같이 명했다.

"지금 수원과 남양에서 물소를 기르는데, 사람을 받아서 상처를 입혔
다고 한다. 이는 물소가 성질이 사나운 탓도 있지만, 지키는 자가 평상시
마음을 다하여 길들이지 아니하고 혹은 들판에 놓아두어서 들짐승과 다
름이 없게 되어 사람을 꺼리게 했기 때문이다. 사람을 다치게 했다고 물소

를 죽여서 번식하지 못하게 하면 이것이 어찌 옳겠는가? 앞으로는 지키는
자가 아침저녁으로 물소를 훈련하여 길들이도록 하게 하라."

성종은 이제부터라도 물소의 교육에 더 적극적으로 관심을 기울이면
사육에 성공할 수 있을 것으로 기대했다. 이듬해인 성종 25년(1494)에 중
국에 전해 내려오는 《수우경(水牛經)》 등 의약 책을 서둘러 번역하고 인쇄
하여 일반 백성들에게까지 두루 배포한 것도 성종의 기대가 어느 정도였
는지를 잘 말해준다.

그러나 물소의 야생성은 길들이기가 쉽지 않았고, 물소 사육에 들어
간 그동안의 노력과 비용 등을 생각하면 경제적인 부담도 만만치 않았
다. 즉 17년 동안 사육해서 70마리의 번식으로는 충분한 물소 뿔을 얻을
수 없었으며, 각 고을의 관아에서 물소에게 먹일 꼴풀(추초, 芻草)을 지역
주민에게 할당하여 바치게 한 일도 백성들의 생업에 지장을 주었다.

그 때문에 백성들 사이에서 갈수록 물소 사육에 대한 불만이 커졌으
나, 한편으로는 계속해서 외교적인 노력을 기울인 끝에 물소 뿔의 교역량
은 점차 늘어났다. 특히 성종 이후 일본을 거쳐 다량의 물소 뿔이 들어왔
고, 중종 20년(1525)에는 일본 사신들이 진귀한 물건을 가지고 와서 조선
에 교역을 요청했는데 물소 뿔 1천 개가 포함되는 등 16세기 국제정세의
변화로 물소 뿔의 교역 경로가 다양하게 확장되었다.

여기에다 성종 이후 수우각궁의 단점을 보완할 수 있는 새로운 자재
로 활을 만드는 기술개발이 이루어져 수우각궁을 제작하려는 군사적 의
도도 점차 퇴색되어 갔다. 물소 뿔은 가격이 비싸고 수우각궁은 습기에
약한 것이 최대 약점이었는데, 장마철에는 습기에 강한 사슴뿔로 정교하

게 만든 녹각궁(鹿角弓)과 대나무로 만든 죽궁(竹弓)을 대신 사용하게 된 것도 그 예였다. 이렇게 상황이 변화하면서 연산군 대에는 물소 뿔을 국내에서 대량생산 하려던 계획을 접고 물소를 실용적으로 활용하려는 검토가 이루어졌다.

🗨 애물단지(?)가 되다

연산군 3년(1497) 6월, 각 도의 감사(監事)에게 "우리나라에서 물소를 많이 기르는데, 밭갈이에 익숙하지 못하니 실용에 도움 될 것 같지 않다. 각 고을에서 농사일에 쓰는 기구를 갖추고 논과 밭 갈기를 익히게 하여, 할 수 있는지 없는지를 알아보고 아뢰라"는 명이 내려졌다. 그러나 물소를 농사에 사용하도록 길들이는 일 역시 쉽지 않았다.

중종 4년(1509) 5월에는 중종과 대신들이 논의하는 자리에서 대사간(大司諫) 최숙생(崔淑生)이 "경기지역 백성은 생곡초(生穀草)를 납품하느라 매우 힘들어합니다…. 각 관(官)에서 기르는 물소도 나라에 이익이 되지 않고 백성에게 해만 주니, 마땅히 버려야 합니다…"라는 의견을 낼 정도로 물소는 애물단지(?)가 되어 있었고, 결국 섬으로 추방당하게 된다.

같은 해 7월에는 병조 판서 유순정(柳順汀) 등이 "물소는 추위에 약해 만약 섬에 방목한다면 반드시 죽을 것입니다"라며 중종에게 다음과 같이 건의했다.

"…물소가 비록 우리 땅의 소산이 아니지만, 각 고을에 분산하여 기르게 한 것은 번식시켜 백성들이 농사에 쓰도록 하고자 함이었습니다. 그런데 요사이 소용이 없다며 섬으로 추방하였으니, 필시 주리고 얼어서 모두 죽었을 것입니다. 이는 선조의 뜻이 아니니 청컨대 민간에 나눠주고, 만약 죽더라도 그 죄를 다스리지 않으면 재산이 있는 백성은 어쩌면 (물소를) 길러서 점차 농사일을 익히게 하여 이익을 얻을 것입니다."

유순정은 또 "신(臣)이 일찍이 물소를 하사받아 인천의 농장에서 밭을 갈게 하였더니, 하루에 일한 것이 보통 소가 두어 날 일한 것보다 배나 되었습니다. 또한 이손(李蓀)이 김해 부사(金海府使)가 되었을 때 물소를 부려서 밭을 갈았더니 그 성과가 과연 보통 소보다 배나 되었다고 합니다"라며 물소를 농사에 사용하여 성공한 사례까지 보고했다.

이에 중종은 "물소를 민간에 나눠주고 만약 죽더라도 그 죄를 다스리지 않겠다"라며 물소 사육에 대한 백성들의 부담을 덜어주고, 물소가 농사일에 익숙해지면 백성들이 이득을 볼 것으로 기대했다. 그러나 백성들 사이에서는 온순하고 다루기 쉬운 소가 있는데 굳이 시간과 비용을 들여가며 물소를 길들일 필요가 없으며, 심지어 '물소 사육이 쓸모가 없다'는 인식이 팽배해지는 등 물소에 대한 기대와 관심이 사라져갔다.

《조선왕조실록》에서도 중종 대를 기점으로 더는 물소에 대한 기록을 찾아볼 수 없다. 다만 물소 대부분을 섬에 방치하여 죽게 하거나, 일반 백성에게 나눠주어 가죽과 뿔을 취한 후 고기는 식용한 것으로 추정될 뿐이다.

후추 종자를 구하려고 해도
쉽게 얻을 수 없을 것입니다

귤(橘)이 회수(淮水)를 건너면 탱자가 된다는데 …

성종 16년(1485) 10월 11일, 후추의 국내 생산을 구상한 성종은 "유구국(流球國)에서 후추 종자를 구할 수 있는지 알아보라"고 명했다. 그러자 시강관(侍講官) 김흔(金訢)이 "국가에서 일본 사신으로부터 후추 종자를 구한다고 하는데, 무릇 먼 곳의 사람을 대할 때는 오는 자를 막지 않고 가는 자를 쫓지 않을 따름이니 저들에게 무엇을 요구하는 것은 있을 수 없습니다"라며 유구국에서 사신을 보내는 것까지 막을 수는 없지만, 무언가를 요구하는 것에는 반대했다.

그러면서 "이형원(李亨元)이 일본 통신사(通信使)로, 신이 서장관(書狀官)으로 대마주(對馬州)에 도착하여 후추의 생산지를 물었는데, 그 사람이 남만(南蠻)과 유구국 등에서 생산되고 일본에는 없다'고 하였습니다"라고 덧붙였다. 여기서 '대마주'는 세종 때 대마도 정벌로 복속(服屬)된 대마도의 행정 구역명으로, 조공 책봉 형태의 상징적 행정 구역이었다. 당시 대마도주는 조선과 일본 양쪽 모두에게 관직을 받았다.

또한 김흔은 "비록 구하려 해도 쉽게 얻을 수가 없습니다. 왜인은 거짓이 많으니 공연히 저들에게 속는 것이 될 뿐입니다"라며 다음과 같이 아뢰었다.

"신(臣)이 한약재를 상고(相考)하건대 '후추는 중국의 서쪽 이민족인 서융(西戎)이나 남해(南海)의 다른 나라들에서 생산된다'고 하고, '중국에도 없다'고 합니다. 신이 생각하기에 물건의 성질은 각각 토지에 알맞은 것이 있습니다. 옛적에 이르기를 '귤(橘)이 회수(淮水)를 건너면 탱자가 된다'고 하였습니다. 우리나라 제주에는 귤감이 많이 생산되지만, 그것을 이곳에 옮겨 심을 수 없는 것과 같이 후추 종자를 얻는다고 하여도 반드시 잘 자라지는 못할 것입니다."

김흔은 '어려서 김종직(金宗直)의 문하에서 공부하면서 크게 칭찬을 받았다'는 이야기가 전할 정도로 일찍부터 명석함으로 이목을 끌었고, 세조 14년(1468) 진사시에 1등으로 합격했으며, 성종 2년(1471) 별시 문과에 장원급제한 수재였다. 이후 관직에 나간 그는 "성품이 고결하고 지조가 있으며, 언행이 한결같고 문장은 율시(律詩)에 능하여 사림의 촉망받는 관리"로 평가받았다.

성종 10년(1479)에는 서장관으로 통신사 이형원과 함께 대마도까지 갔으나 험난한 바닷길과 풍파에 놀라 병이 나자, 성종에게 당시 사정을 글로 써서 올려 성종이 조선에서 보내는 외교문서와 폐백만 대마도주에게 전하고 돌아오라고 명한 일도 있었다. 2년 후인 성종 12년(1481)에는 질정관(質正官)으로 명나라에 다녀오는 등 외교 분야에서도 활동한 경험이 있었다. 따라서 그의 발언은 대신들의 주목을 받기에 충분했다.

그러나 성종은 "앵무와 공작 같은 새는 비록 외국의 사신이 와서 바치더라도 내 마땅히 물리쳐 받지 않겠지만, 후추는 약용에 매우 긴요하니 구하는 것이 어찌 해롭겠는가? 물소도 유구로부터 우리나라에 왔건만 잘 번식하고 잘 자라니, 후추라고 해서 반드시 잘 자라지 않을 것을 어떻게 알겠는가?"라며 후추 종자를 구할 수 있다면 우리나라에서 재배해 보겠다는 의지를 꺾지 않았다.

성종이 이처럼 후추의 국산화를 시도한 이유는 후추가 향신료로서뿐 아니라 귀한 약재로 비싼 가격에 거래되는 수입품이었고, 많은 물량을 확보하기가 어렵기 때문이었다.

🗨 유구의 사신을 신뢰할 수 있겠는가?

'후추를 국내에서 재배하겠다'는 성종의 구상은 물소 사육의 성공도 영향을 미친 듯하다. 그러나 물소 사육과 후추 재배는 여러 가지 면에서 차이가 있었다.

무엇보다도 물소는 사육하는 데 노력과 비용이 많이 들어갔으며, 다루기가 까다로웠고, 사육에 성공한다는 보장도 없었다. 유구국에서 물소를 조선에 선물한 이유도 이와 무관하지 않았던 것으로 보인다. 그러나 후추는 재배에 따른 경제적 부담이 적었고, 다루기도 수월했다. 거기에다 이미 비싼 가격에 거래되고 있었기 때문에 유구국에서 후추가 생산된다고 해도 후추 종자를 쉽게 내줄 이유가 없었다.

영사(領事) 홍응(洪應)은 "세조 때에도 우리나라 사람이 표류하다가 유구에 이르러 후추를 보았는데, 그 줄기와 열매는 교맥(蕎麥)과 서로 흡사했습니다"라고 보고한 일도 있었다. 그 때문에 성종은 유구국에서 후추를 구할 수 있을 것으로 기대했으나 유구에서 '우리나라에서는 후추가 생산되지 않는다'고 답하여 성종의 구상은 무산되고 말았다.

그런데 후추 종자를 들여오는 데 실패(?)한 이유 중에는 조선과 유구국의 외교관계도 영향을 미쳤던 것으로 보인다. 조선과 유구는 국가 간에 정식 외교관계를 맺고 있지 않아서 정기적으로 사절을 교환하지 않았는데, 그 이유는 유구국에 대한 신뢰가 큰 영향을 미쳤다.

성종 25년(1494) 3월 24일, 성종이 "유구국 사신의 접대 문제를 논의하여 보고하라"고 승정원(承政院)에 명한 일이 있었다. 당시 김응기(金應箕)·강귀손(姜龜孫)·구치곤(丘致崐)은 "지금 유구의 글을 보건대 그들이 거짓말을 하는 것이 분명하니, 사신으로 대우할 수는 없습니다"라고 하면서 "이웃 나라와 교제하는 도리는 믿음과 의리보다 귀한 것이 없는데 저들이 속여서 왔으니, 우리가 의(義)로써 거절하지 못한다면 이는 계책에 빠져드는 것이고 대국에서 오랑캐를 대우하는 방법도 아닙니다"라고 그 이유를 설명했다.

김응기 등은 임금이 이들을 한양으로 불러들여 만나는 것에도 반대하면서 다음과 같이 아뢰었다.

"관(官)에서 그들을 접대하며 요구에 응하여 들어가는 비용이 국왕의 사신에 비해 크게 차이가 나지 않으며, 일반 왜(倭)에 비해서도 대단히 많습니다. 그런 데다가 올해도 위조한 글을 가지고 왔으니 이번에도 거절하지 않는다면, 다음 해에도 어떠한 문인(文引, 조선에 오는 모든 왜인에게 대마도주가 발행하던 도항 허가 증명서)을 가지고 올 것인지 알 수가 없습니다. 그렇다면 분명히 그들이 속이는 줄 알면서도 조정에서 해마다 이렇게 대우해 주어야겠습니까?"

이처럼 유구국에서 문서를 위조하는 등 거짓말을 하면서까지 조선에 사신을 보낸 이유는 자기들에게 필요한 물품을 요청하기 위해서였다. 예를 들면 이들은 불교와 유학 경전 등 각종 서적을 비롯해 곡식이나 삼베 등의 생필품을 조선에 요청하면서 자신들의 특산품을 바쳤는데, 대부분 사치품이었다. 성종이 "앵무와 공작을 유구국에서 바쳤다"라고 말한 것도 그 예였다.

세조 8년(1462) 1월 16일에는 유구국 사신이 돌아갈 때 세조가 "앵무와 공작을 후일에 오는 사신을 통해 보내어 기대에 부응한다면 교류의 의지를 보여주는 데 유익할 것이다"라는 글을 유구국 왕에게 전했고, 세조 13년(1467) 3월에 유구국 왕이 앵무새와 공작을 세조에게 바치자 세조가 사신들을 후하게 대접한 일도 있었다.

🗨 세조가 앵무새와 공작을 직접 요구한 이유는?

세조가 유구국에 무언가를 요구한 것 자체가 특별한 일이었고, 꼭 집어 앵무새와 공작새를 요구한 이유는 더욱 궁금하나 구체적인 내용은 전하지 않는다. 다만 서양에서는 앵무새나 공작새가 여러 나라의 왕족과 귀족들이 좋아한 사치품으로 조선에서도 매우 진귀한 새였지만, 세조의 경우 다른 이유가 있었던 것으로 보인다.

중국 역사와 이야기에 익숙한 조선의 문신들 사이에는 "당나라 현종이 죄 없는 주인을 죽인 범인을 잡게 해준 앵무새 이야기를 듣고 '앵무새가 의기가 있다'라고 칭찬하며 궁궐로 데려와 녹색 옷을 입은 관리라는 뜻으로 '녹의사자(綠衣使者)'에 봉해 길렀다"는 유명한 일화가 전한다. 서거정(徐居正)·김종직(金宗直)·강희맹(姜希孟)·신숙주(申叔舟) 등은 이와 관련한 시를 지었는데, 시에는 '앵무새가 봉황새처럼 태평성세의 상서로운 존재'라는 의미가 담겨 있다. 따라서 세조가 앵무새를 요청한 이유도 이와 무관하지 않았던 것으로 보인다.

또한 앵무새와 공작을 세조의 불심(佛心)과 연관 짓기도 한다. "《아미타경》에 여러 빛깔의 새, 즉 백학·공작·앵무 등이 낮이나 밤의 구분 없이 화합의 아름다운 소리를 내어 많은 사람이 염불·염법·염승을 하게 한다"는 불경(佛經)의 구절도 그 예라 하겠다.

세조가 유구국에서 앵무새와 공작새를 구할 수 있다는 사실을 이미 알고 있었다는 점도 흥미롭다. 조선 초기에 중국 이외의 나라에 대한 정보가 상당히 구체적이고 폭넓었다는 사실을 의미하기 때문이다.

태종 6년(1406) 8월 11일 〈태종실록〉에 따르면 "조와국(爪哇國) 사신 진언상(陳彦祥)이 전라도 군산도(群山島, 전북 고군산 군도의 옛 명칭)에 이르러 왜구에게 약탈당하였다"는 다음의 기록도 주목할 만하다.

"당시 배에 실었던 공작과 앵무를 비롯하여 화계(火雞, 타조), 앵가(鸚哥, 잉꼬)와 침향(沈香)·용뇌(龍腦)·호초(胡椒)·소목(蘇木)·향(香) 등 여러 가지 약재 및 번포(蕃布, 무명)를 모두 빼앗기고 왜구에게 사로잡힌 자가 60인, 사망자가 21인이었으며, 남녀 40인만이 죽음을 면하여 해안으로 올라왔다. 진언상은 일찍이 갑술년에 봉사(奉使)로 예물을 가지고 조선을 방문하였는데, 조선에서 조봉 대부(朝奉大夫)·서운 부정(書雲副正)의 벼슬을 내렸던 자이다."

진언상은 14세기 말에서 15세기 초 동남아시아에서 활동했던 화교(華僑) 상인이자 외교관이었다. 그는 태국과 자바 두 나라의 사신으로 조선과 무로마치(室町) 시대 일본을 여러 번 왕래한 특이한 이력을 지닌 것으로 전한다. 따라서 그의 일대기를 통해 조선과 남방 국가들의 외교와 당대 동아시아의 해상 교류 등을 살펴볼 수 있다는 점에서도 주목받는 인물이다.

예를 들면 조선 전기에 남번(南蕃)은 일반적으로 유구와 일본을 제외한 동남아 지역의 여러 민족을 가리켰다. 그리고 남번과 남만을 구분하지 않고 쓰기도 했지만, 조선과도 내왕했던 남만은 섬라(태국)와 조와(자바)로 이들은 예물과 함께 조선에 사절을 파견했다. 특히 남만이 무역에서 다룬 물품은 인도네시아와 동인도 등지에서 생산되는 한약재와 타조 그리고 잉꼬 등 상당히 진귀한 것들이 포함되어 있었고, 왜구는 이들의 무역품을 노려 해상에서 노략질을 했다.

비록 조선이 공식적으로는 동남아 국가들과 직접 교류하지 않았다고 하나 명나라에 갔던 우리 사신이 안남(베트남) 사절을 만났다는 기록이 전하는 등 동남아시아를 직간접적으로 접할 기회가 있었던 것으로 전하며, 그 사이에서 유구국의 역할이 있었던 것으로 보인다.

🟰 남방 무역에 종사하는 조선인 상인들도 등장하다

신숙주(申叔舟)의 《해동제국기(海東諸國記)》에 따르면 "일본의 구주(九州, 규슈)는 유구국과 남만 등의 장삿배들이 모이는 지역이다"라고 기록하고 있어 조선에서는 유구국과 남만이 해상무역을 통해 교류했다는 사실도 이미 알고 있었다. 또한 당시 진언상이 이끄는 자바 사신단 인원이 1백 명이 넘을 정도로 규모가 상당히 컸다는 점도 흥미롭다.

유구국은 동중국해의 남동쪽(현재 일본 오키나와현 일대)에 있었으며, 당시에는 독립 왕국이었다. 토지가 협소하고 척박했던 탓에 해외무역에 적극적이었는데, 일찍부터 중국을 비롯해 베트남 등 멀리 떨어져 있던 동남아시아 지역까지 왕래하며 무역을 했다. 특히 토산물 중계무역이 번성하여 한때 각국 상선들이 들리는 기항지(寄港地) 역할도 담당했다.

우리나라는 고려 때부터 유구와 왕래가 있었으나 정식 외교관계를 맺은 것은 아니었다. 다만 유구에는 조선에 오는 해로(海路)를 잘 아는 사람이 적어서 그곳에 거주하는 일본인 승려나 상인이 사신으로 조선에 오기도 했고, 간혹 우리 배가 풍랑을 만나 표류하다가 유구로 가기도 하여 유구국이 송환에 협조하면서 교류가 이어지기도 했다.

세조 7년(1461) 6월에는 "전라도 나주에 사는 10여 명의 조선 사람이 제주에서 배를 타고 육지로 향하다가 표류하여 유구국에 도착했다"는 기록도 보인다. 이들 중 8명은 일찍 조선으로 돌아왔고 후에 나머지 2명을 유구국 사신이 데리고 왔는데, 당시 세조는 유구국 사신들을 대접하게 하고 표류민에게 "표류 이유 및 지형과 풍속 등을 자세히 기록하여 보고하라"고 명하여 참고 자료로 삼았다.

선조 때는 유구국 백성들이 탄 배가 표류하여 조선에 도착한 일도 있었다. 당시 역관(譯官)을 시켜 이들을 심문했고, 특별한 의도가 없었다는 사실을 확인한 후 유구국으로 돌려보내고자 요동으로 압송했다.

이중환(李重煥)의 《택리지(擇里志)》에는 "인조 때 유구국이 외국의 공격을 받아 왕이 잡혀가자 유구국 세자가 배에 보물을 싣고 아버지를 구하기 위해 길을 나섰다가 배가 바람에 밀려 표류하여 제주도에 도착했다"는 기록도 보인다. 당시 제주목사와 유구국 세자가 필담을 나누어 이 사실을 알게 되었는데, 중앙에도 보고한 것으로 전한다.

유구는 사치품을 가지고 조선에 와서 귀한 서적이나 생필품을 요구했기 때문에 정보 유출과 경제적 손실 등을 우려한 조선은 유구와의 사신 교환에 적극적인 관심을 기울이지 않았다. 그래도 주석(朱錫)이나 물소 뿔 등은 국내에서 금속 수공업이나 무기 제조의 원료로 사용되어 신경을 썼으나 광해군이 즉위한 1609년, 유구국이 일본의 반속주(半屬州)가 되면서 교류가 단절되었다. 이후 유구국 사람과 함께 말라카, 즉 말레이시아 등 남양 무역에 종사한 조선의 상인도 생겨난 것으로 전한다.

유구국과 말은 통하지 않았지만, 같은 한자 문화권에 속해 있어 필담은 가능했다. 조선 중기의 문신 이수광(李睟光)은 세 번째 사신으로 북경에 갔을 때 만난 유구국 사신 채견과 필담으로 문답을 주고받으며 정보를 수집한 일도 있었다.

당시 그는 유구국 사신과 관모(冠帽)에 대해 나눈 대화를 소개하면서 "북경에 온 사신 중에서 관모를 착용한 나라는 우리나라와 유구밖에 없는데, 유구는 평상시 관모를 착용하지 않으므로 관모를 착용하는 것은 우리나라밖에 없다"며 조선만 중국처럼 관모를 착용한다는 문화적 자부심을 은근하게 담아 기록으로 남겼다.

⬚ 지방 수령의 임기는 왜 중요한가?

문종 2년(1452) 2월 9일, 문종이 대신들을 불렀다. 이 자리에는 김종서를 비롯해 정분(鄭苯)·허후(許詡)·강맹경(姜孟卿) 등 문종을 가까이에서 보필한 재상들도 참석했다.

이날 문종은 "각 도의 감사가 수령을 겸임하여 아내와 함께 근무할 지역으로 가는 법은 대소(大小)의 신하들이 그 폐해를 말하는 이가 많은데, 지금 감사 세 사람이 체차(遞差)되어 파직되었으니 그 법을 다시 1년 단위로만 시행하는 것이 어떻겠는가?"라고 대신들의 의견을 물었다. 여기서 '체차'란 관원의 임기가 끝나거나, 또는 부적당할 때 다른 사람으로 바꾸어 임명하는 것으로 경질을 의미한다. 따라서 각 도에 임명되었던 관리가 3명이나 교체된 것은 무언가 문제가 있다는 뜻이었고, 문종은 이 기회에 지방관의 임기를 1년으로 하는 안을 검토한 것이다.

지방관의 임기는 조선 건국 후 지속해서 논의된 문제였다. 특히 건국 초기에는 지방관의 임기가 짧으면 지역 실정과 업무를 제대로 파악하지 못한 채 다스리다가 지역 사정을 겨우 알기 시작했을 때 임기가 끝나 지역을 떠나야 했고, 수령이 자주 교체되면서 환영식과 환송식 등으로 백성이 부담해야 할 잡세가 늘어나 결과적으로 민폐가 가중된다는 주장이 우세했다.

그러나 시간이 지날수록 중앙에 보고되는 지방 수령의 폐해 사례가 증가했다. 예를 들면 지방관이 개인적인 일에 주민들을 동원하거나 자신의 욕심을 채우려고 지역의 특산물을 끌어모으는가 하면, 기생을 불러 술판을 벌이기도 하고 부인이 관청 일에 관여하여 '한 고을에 수령이 둘이나 되어 민폐가 적지 않다'는 말이 돌기도 했다.

이에 대신들 사이에서는 첫 번째로 각 도의 감사와 수령을 겸직하는 일이 업무상 과중하고, 두 번째로 지방관과 그 가족이 관청의 재산을 남용하거나 사치를 부리고 부당한 요구를 하여 관청의 부담이 커지며, 세 번째로 지방관의 임기가 길면 업무에 대한 긴장감이 떨어지고 지역 유지들과 친분이 쌓이는 등 지역 실정에 익숙해지면서 이를 개인적 욕심을 채우는 데 이용하는 폐해가 발생한다는 우려가 높아졌다.

특히 수령의 품계가 높을수록 지역에 자기 세력을 구축하여 마음대로 행정을 농단할 가능성이 있다는 등의 이유로 임기를 짧게 하자는 의견이 대두되었다. 그 뒤로 감사와 수령이 구분되고, 바쁜 농사철에는 가족을 데리고 근무지로 가는 것을 금하는 규정도 생겨났다. 이날 문종이 수령 임기를 1년으로 단축하는 안을 검토한 것도 그 예였다.

그러나 김종서 등은 문종과 생각이 달랐다. 이들은 "일반적으로 사람의 마음은 이미 시행한 법에 익숙해져서 새로 법을 만드는 것을 꺼립니다. 그 때문에 감사 임기가 3년인 법은 싫어하는 사람이 많아서 다투어 그 폐해를 말하지만, 사람의 임용은 그 직분에 오래 있게 하는 것이 중요합니다'라고 수령의 임기 단축에 반대하면서 다음과 같이 아뢰었다.

"감사의 임기가 1년일 때는 무릇 형벌과 감옥에 관계되는 일과 백성의 생활에 고통 되는 일을 겨우 알 만할 때 임기가 끝납니다. 동서 양계(東西兩界, 평안도와 함길도) 감사의 경우 수령을 겸해 아내를 거느리고 임지로 가는 법이 이미 오래되었건만 폐해가 없었는데, 어찌 유독 다른 도에만 폐해가 있겠습니까? 그전대로 하는 것이 좋겠습니다."

즉, 국경 지역이 포함된 평안도와 함길도는 지역 특성상 수령을 자주 바꿀 수 없어 임기가 짧지 않음에도 폐해가 없다는 사례를 들면서 '수령의 임기는 지방관의 폐해와 관계있는 것이 아니라 백성들의 생활과 직접적인 연관이 있기에 매우 중요하며, 감사와 수령을 겸임하느라 업무량이 많아서 임기가 짧으면 제대로 업무조차 파악하기 힘들다'라는 이유를 들어 임기 단축을 반대한 것이다.

대신들의 의견을 들은 문종은 "감사가 수령을 겸임하는 폐단은 여러 사람이 말하는 바이다. 다수의 뜻에 따르면 하늘의 뜻에 부합하게 되어 감사가 수령을 겸하여 (임기를) 다시 1년으로 하는 것으로 내 뜻을 결정했으나, 지금 대신들 모두 임기를 오래 계속하는 것을 이롭게 여기니 잠정적으로 이에 따르도록 하겠다"며 대신들의 의견을 수용했다.

🔖 군대의 양식 창고와 봉화도 점검하다

이어서 김종서 등이 문종에게 "군자감(軍資監)은 군대의 양식을 저장하는 창고이므로 관계된 바가 가볍지 않은데도 백성의 살림집 사이에 있는데, 담이 무너졌으니 마땅히 담을 쌓아서 도적에 대비하고 화재를 방지해야 할 것입니다"라고 아뢰었다.

또 강맹경은 "중국 조정의 창고는 벽을 모두 벽돌로 쌓고 석회(石灰)를 발랐으니 우리나라의 창고도 벽돌을 구워 벽을 쌓고 석회를 사용하여 바른다면 불이 나더라도 타지 않을 것이고, 도적이 벽을 뚫고 훔치는 일도 막을 수 있을 것입니다"라고 아뢰었다. 그러자 문종이 "강맹경의 의견이 타당한지 면밀하게 조사하여 보고하라"며 행정부 최고기관인 의정부(議政府)에 명하여 두 번째 논의를 마무리했다.

문종은 세 번째 안건으로 "어느 사람이 말하기를 '봉화(烽火)는 변방의 위험을 알리는 것이므로 높은 산에 많이 설치하는데, 산이 높으면 아침저녁으로 안개가 끼어 앞을 환하게 바라볼 수 없습니다'라고 하였다"며 봉화 운영의 문제점을 지적하면서 "내가 생각건대, 우리나라 산천은 지세가 가파르거나 험하여 막히거나 끊어져 있으니 만약 높은 산이 아니면 멀리 바라볼 수가 없을 것이다. 그러나 꼬불꼬불하고 멀어서 적당하지 못한 곳과 작은 산으로도 적당한 곳이 있으니, 찾아보는 것이 어떻겠는가?"라고 대신들의 의견을 물었다.

봉화는 적이 쳐들어오는 병란(兵亂) 등 나라에 긴급한 일이 생겼을 때 이를 신속하게 멀리까지 알렸고, 아무 일이 없을 때는 정해진 시간에 신호를 보내 안전하다는 사실을 전하는 수단이었다. 따라서 봉화가 제대로 작동하기 위해서는 일정한 거리를 유지하며 봉화의 특성에 맞는 곳에 설치해야 했다. 하지만 우리나라는 지형의 차이가 커서 봉화 사이의 거리도 제각각이었고, 안개가 끼는 등 기후가 좋지 않을 때는 봉화 운영에 어려움을 겪기도 했다.

문종이 이러한 문제를 지적하자 김종서는 "그렇습니다. 이내 각 도의 감사에게 명하여 편리한가, 편리하지 않은가를 친히 살펴서 아뢰도록 하소서"라며 먼저 각 지역에서 직접 면밀하게 조사하여 보고하도록 하자고 제안하여 문종의 허락을 받았다.

☺ 인구문제는 국가의 근본이다

김종서는 또 "우리 조정은 인구수를 반드시 알아야만 합니다. 인보(隣保)의 법이 미치지 않는 곳이 없는데도 한양과 지방의 인정(人丁)이 숨겨져서 많이 빠져 있으니, 실로 작은 일이 아닙니다. 역리(驛吏) 등도 군안(軍案)에 등록되지 않아 편치 않습니다"라고 네 번째 논의 주제로 인구문제를 아뢰었다.

김종서가 말한 '인보의 법'은 사람들이 일정한 거처 없이 떠돌아다니는 것을 막고, 호구(戶口)를 정확히 파악하기 위해 이웃끼리 서로 돕고 감시하게 하던 법으로 10호(戶)에 통주(統主) 1인, 50호(戶)에 두목(頭目) 1인, 1백 호(戶)에 총패(摠牌) 1인을 두어, 집집마다 남녀노소를 모두 호적에 올리는 일종의 조선시대 인구 관리법이었다. 그리고 '인정'은 일반적으로 나이가 젊고 기운이 좋은 남자, 즉 장정(壯丁)을 뜻했으나 제도적으로는 16세부터 59세까지 나라에서 벌이는 토목과 건축 등의 공사에 동원되는 연령층을 말했으며, '군안'은 군인의 거주지·성명·신분 등을 기록한 장부였다.

이처럼 인구를 파악하고 통제하기 위한 정책은 조선이 건국 초기부터 적극적인 관심을 기울였다. 기본적으로 백성 없는 국가가 있을 수 없으며, 국가에 대한 세금 납부나 각종 부역(負役) 등과 직접 연관이 있는 인구문제는 나라의 근간을 세우는 일이었기 때문이다. 그뿐만 아니라 거처 없이 떠돌아다니는 백성이 많아질수록 사회질서가 혼란해지고 기강이 바로 서지 않는 등 여러 가지로 부담일 수밖에 없었다.

김종서의 보고를 받은 문종 역시 "경(卿) 등의 의논은 옳다. 어떻게 하면 호구(戶口)가 저절로 나타나서 숨고 빠지는 사람이 없겠는가? 옛날에 호패(號牌)의 법이 있었는데 무슨 이유로 중지되었는가?"라고 대신들에게 물었다. '호패'란 신분을 증명하기 위해 16세 이상의 남자들이 차던 패로 앞면에 성명·나이·태어난 해의 간지(干支)·신분·거주 등을 새기고, 뒷면에 관아(官衙)의 낙인을 찍었는데, 이를 호패법이라고 했다.

문종의 질문에 김종서는 "우리나라 군대의 정원은 6만~7만 명에 차지 않으니, 소신(小臣)이 밤낮으로 생각해 보아도 그 방법을 알지 못하겠습니다"라며 아직은 미흡한 군대의 규모를 확충하기 위해 병력을 증원하는 방안을 다음과 같이 아뢰었다.

"한양 이외의 지방 한량(閑良) 중에는 군역(軍役)이 없는 사람이 매우 많으니, 청컨대 필요한 사람을 뽑아 병사로 삼아서 각기 그 읍(邑)에 소속시키고, 그중 무예에 재주가 있는 사람은 한양으로 올려보내 호위하는 일을 맡기며, 무재(武才)가 없는 사람은 일정 직무가 없어도 출근(出勤)이 많은 산관직(散官職)을 주어 군대의 정원을 늘리는 것이 좋겠습니다."

이어서 김종서는 "호패의 법이 폐해는 없었습니다마는, 백성들이 그 법을 싫어하여 한양과 지방에서 떠들썩하므로 어쩔 수 없이 중지했던 것입니다"라며 호패법 시행에 특별한 문제는 없었으나 백성들이 불편해하여 중지했다고 보고했다.

이에 문종은 "호패의 법을 갑작스럽게 다시 행할 수는 없겠지만, 호구(戶口)의 법은 병조에서 의논하게 하겠다"며 병사를 늘리는 방안을 담당 부서에서 검토하여 보고하라고 명했다. 이러한 관심과 노력으로 문종 대에 병제가 정비되고 병력이 증대되었다는 평가를 받게 된다.

🗩 왕의 권위를 앞세워 명령만 내리지 않다

문종은 이어서 이날 발생한 화재 사건을 거론하며 "의금부(義禁府)에서 직접 조사하도록 명하는 것이 어떻겠느냐?"며 다음과 같이 대신들의 의견을 물었다.

"오늘 아침에 사온서(司醞署)의 술 창고에서 불이 났는데, 무릇 화재란 뜻밖에 일어나는 것이다. 그런데 옛날에 내섬시(內贍寺)에서 잘못하여 불을 냈을 때 모두 말하기를 '노비들이 창고 속의 재물을 훔치고는 그것이 드러날까 두려워서 고의로 불에 태워 흔적을 없앤 것입니다'라고 하므로, 이를 국문(鞫問)하였으나 사실을 알아내지 못하였다. 하지만 사람의 마음은 거짓이 많으니 살피지 않을 수가 없다. 내가 의금부에서 이를 국문하게 하려는데 어떻겠는가?"

문종의 말이 끝나자 대신들은 "성상의 뜻이 진실로 마땅합니다"라며 모두 찬성하여 즉시 의금부에 조사를 명했다. 여기서 '내섬시'란 각 궁(宮)에 올리던 토산물, 2품 이상의 관리에게 주던 술, 일본인·여진인(女眞人)에게 주던 음식과 필목(疋木, 필로 된 무명이나 광목) 따위를 맡아보던 관아로, 태종 때의 덕천고(德泉庫)를 고친 것이다.

문종은 즉위 기간이 2년 4개월로 매우 짧았지만, 30여 년간 세자 자리에 있으면서 아버지 세종을 통해 섬세하면서도 국정의 핵심을 파고드는 군왕의 자질을 익혔다.

세종 27년(1445)에는 세종이 병이 들자 아버지 대신 국사를 처리하며 문무 관리를 고르게 등용하고, 언로(言路)를 자유롭게 열어 민정 파악에 힘쓰는 등 군왕으로서의 자질을 발휘했다.

1450년 세종의 뒤를 이어 왕위에 오른 문종은 그동안 쌓아온 경험을 바탕으로 기본적인 사안부터 중요한 정책에 이르기까지 직접 꼼꼼하게 국정을 챙겼다. 이 과정에서 수시로 대신들의 의견을 물었고, 대신들 역시 적극적으로 대안을 찾기 위해 노력했다. 문종은 또한 왕의 권위를 내세워 복종을 강요하지 않았으며, 논의 과정에서 대신들과 생각이 다르면 치열하게 논쟁을 벌이기도 했다. 문종이 짧은 치세에도 불구하고 역사에 굵직한 족적을 남겼다는 평가를 받는 것도 이러한 문종의 태도와 무관하지 않다.

"나라의 기틀을 세웠다"고 하는 성종 역시 세자 자리를 거치지 않아 군왕 교육을 받지 못하고 13세의 어린 나이로 즉위했지만, 대신들과 자주 국정을 논의했고 주제는 매우 다양했다.

성종 10년(1479) 12월 8일, 집의(執義) 이덕숭(李德崇)은 "오늘 아침 대궐에 올 때 남쪽 담장 문밖에서 징을 치는 사람이 있다는 말을 들었습니다. 원통하고 억울한 일은 해당 관사(官司)에 호소하면 되는데, 어찌 단계를 뛰어넘어 이같이 문란한 지경에 이를 수가 있겠습니까? 청컨대 엄격히 징계하여 후일을 경계하도록 하소서"라고 성종에게 보고했다.

당시 법은 물론 글도 모르고 힘도 없는 백성들은 억울한 일을 당하면 궁궐 담장 밖에서 징을 치곤 했는데, 그 이유는 대궐 안에서 업무를 보던 고위직 관리들에게 자기의 사정을 호소하기 위한 것이었다. 물론 여기에는 '임금이 징 소리를 듣고 관심을 가졌으면 좋겠다'라는 희망도 담겨 있었다.

하지만 관리 중에는 이 일을, 법과 절차를 무시하고 징을 치며 소란을 피우는 일방적이고 무례한 행동으로 받아들이는 이들도 있었다. 이덕숭 역시 '억울한 일이 있으면 지역의 관청 등을 찾아가서 절차를 밟아 해결하면 되는데, 이를 무시하고 임금이 사는 대궐 주위에서 징을 쳐서 소란을 피우는 행위는 사회질서를 어지럽힌 죄로 엄하게 처벌해야 한다'고 성종에게 보고한 것이다.

그러나 성종의 생각은 달랐다. 성종은 "대궐 안이 깊어서 내가 듣지 못했는데, 누구였는가?"라고 물었고, 도승지(都承旨) 김승경(金升卿)이 "현재 미처 심문하지 못했습니다"라며 아직 조사가 이루어지지 않아 구체적인 내용을 파악하지 못했다고 대답했다.

◉ 원통하고 억울해서 호소하는데 무겁게 처벌할 수 없다

김승경은 벼슬길에 오르기 전부터 이미 자질과 명성이 세상에 알려졌을 만큼 일찍부터 능력을 인정받은 인물이었다. 승정원에 재직할 때는 직무에 충실하고 행정 능력이 뛰어나 왕이 금띠(금대, 金帶)를 하사한 일도 있었고, 특히 송사 처결에서 뛰어난 재능을 보였다고 한다. 따라서 당시의 사건도 꼼꼼하게 챙기려고 했던 것으로 보인다.

그런데 헌납(獻納) 정서(鄭恕)가 "나무를 끌어 잡고 올라가서 대궐 안을 내려다보았으니, 죄가 지극히 중합니다"라며 이유가 어떻든 감히 대궐 안을 들여다보는 중한 죄까지 지었으므로 무겁게 처벌해야 한다고 아뢰었다. 물론 왕조사회에서 임금이 사는 곳에서 소란을 피우고, 궁궐 안을 함부로 넘보는 것은 불경스러운 일이기는 했다. 하지만 징을 치는 사람이 나무에 올라간 이유는 징 소리가 대궐 안에 잘 들리게 하면서도, 궁궐에서 사람들이 나와 징을 빼앗고 자신을 잡으려고 달려드는 것을 피하기 위한 것이기도 했다.

영사(領事) 정창손(鄭昌孫) 역시 법과 절차를 무시하고 벌이는 행동은 혼란을 일으키는 일이고, 법을 철저하게 시행하지 않으면 백성들이 법을 두려워하지 않고 아무렇지 않게 불법을 저지르는 일이 반복되어 나라의 기강이 무너질 수 있다는 이유로 엄하게 처벌할 것을 청했다.

그러나 성종은 "원통하고 억울한 일이 있어서 고하여 하소연하는 사람을 무겁게 처벌할 수는 없다"고 단호하게 말하면서 세종 때는 어떻게 하였는지 사례를 물었다. 이에 정창손이 "세종조에서는 결단코 이와 같은 일이 없었습니다"라고 대답했다.

성종은 다시 "세조 때는 어떻게 하였는가?"라고 물었고, 이번에는 김승경이 "세조 때는 있기는 했지만, 이와 같은 지경에는 이르지 않았습니다"라며 억울함을 호소하는 사례가 있기는 했어도 그렇게 심하지는 않았다고 대답했다. 보고를 받은 성종은 "죄에 적용할 절목(節目)을 의논하여 보고하라"며 좀 더 구체적으로 검토할 것을 명했다.

성종 13년(1482) 9월 6일에는 형조에서 "여자가 도둑질하는 일이 많이 발생하니 엄하게 다스려야 한다"며 다음과 같이 보고한 일도 있었다.

"형률 조문(條文)에, 부인이 죄를 범하면 자자(刺字)를 면하고, 도형(徒刑) 과 유형(流刑)에는 곤장 백 대를 집행하며, 나머지 죄는 속전(贖錢)을 거두 도록 한 것 때문에 여자가 도둑질하는 일이 매우 많아졌는데, 그들의 간사 하고 교활함은 남자 도둑과 다름이 없습니다. 청컨대 지금부터 2관(貫) 이 상의 죄를 범한 사람은 육지에서 멀리 떨어져 있는 섬으로 나누어 귀양 보 내고, 세 차례나 도둑질을 범한 사람 또한 모두 나누어 귀양 보내어 백성 들에게 해를 끼치지 않도록 하소서."

여기서 '자자'는 얼굴이나 팔뚝의 살을 따고 홈을 내어 먹물로 죄명을 찍어 넣던 형벌, '도형'은 중노동을 시키던 형벌, '유형'은 죄인을 귀양 보내 던 형벌을 말하며, '속전'은 죄를 면하기 위해 바치는 돈이고 '관'은 엽전을 묶어 세던 단위로 한 관은 엽전 열 냥을 뜻했다.

◉ 여자와 남자의 절도죄에 차등을 둔 이유는?

형조(刑曹)의 보고를 받은 성종은 영돈령(領敦寧) 이상의 관원에게 의 논하여 보고하라고 명했다. 이에 정창손·한명회·심회·윤사흔·윤필상·홍 응·노사신·이극배·윤호 등은 "남자는 절도나 강도를 범하면 그 폐단이 점점 커지는 것이 두려워 가볍게 논죄할 수가 없지만, 여인은 단순한 절도에 지나지 않습니다"라며 다음과 같이 아뢰었다.

"형률을 제정한 뜻이 이미 상세합니다. 조선에서는 예로부터 한결같이 형률 조문에 따라 결단하였으니, 형률이 아닌 것으로 시행할 수는 없습니다. 강도의 아내를, 살고 있는 고을에 영원히 머물게 하거나 혹은 온 가족을 먼 곳으로 옮기게 하는 것도 폐단을 구제하는 법이므로 이를 빙자하여 갑자기 새 법을 세울 수는 없을 것입니다."

대신들의 의견에 따르면 조선시대에는 절도죄를 저지른 남자와 여자의 처벌에 차등을 두었는데, 이는 같은 범죄에 대한 남녀의 차별이 아니라 죄질에 차이를 두었음을 의미했다. 즉 같은 절도죄라도 남자가 저지른 절도는 대형 사건이 많았지만, 여자는 대부분 단순 절도였기 때문에 새로 법을 만들지 않아도 된다고 대신들이 아뢰었고, 이를 성종이 받아들인 것이다.

그렇다고 여성들의 절도죄를 모두 단순 사건으로 처리한 것은 아니었다. 죄질이 무거운 여성의 절도죄는 자자(刺字)를 면하게 해주었지만, 등급을 더하여 처벌했다. 그리고 여성들이 더 엄격한 처벌을 받을 때도 있었다. 예를 들면 조선시대 이혼제도의 근간이 된 칠거지악(七去之惡), 즉 공식적으로 아내를 쫓아낼 수 있는 7가지 잘못에는 '아내가 절도를 한 죄'가 포함되어 있었다.

궁중 여인들의 절도죄에 대한 처벌도 매우 엄격했다. 문종 1년(1451) 3월 24일, 절도를 저지른 무수리의 처벌에 대해 임금과 대신들 사이에 논의가 이루어진 일도 있었다.

무수리는 궁중에서 나인(內人)의 잔심부름을 하던 여자 종으로 문종이 "소금이라는 무수리가 절도죄를 범했으니 장(杖) 60대를 때리고 자자(刺字)하라"고 형조에 명하자, 도승지 이계전(李季甸) 등이 "율문(律文)에 부녀의 범죄는 모두 자자를 면하게 하였고 조선의 법에도 부녀는 자자하지 않는데, 무수리 소금의 절도죄는 진실로 무거우나 차라리 등급을 더하여 죄를 묻고 자자는 면제함이 어떻겠습니까?"라며 자자하는 것에는 반대했지만, 무수리의 절도죄를 중하게 다스리는 것에는 찬성했다.

이에 문종은 "궁 안에서 여자가 절도를 범하면 형장(刑杖)을 치고 자자하여 도로 궁내로 들이는 것이 이미 궁중의 정한 법이다. 소금은 절도뿐 아니라 행동거지가 심히 착하지 못하니 이제 죄를 물어 내쫓고자 하는데 어떠한가?"라고 대신들의 의견을 물었다.

하지만 이계전 등은 "신 등은 궁중의 법을 알지 못하나 법사(法司, 형조와 한성부)에 붙이지 아니하고 죄를 다스린다면 궁중의 법으로 논해야 하고, 만약 법사에 붙이면 법사는 법으로만 집행할 것입니다. 부녀의 자자는 율문에 없는 바인데, 법 밖의 일로 법사에 명하니 도리에 어떠합니까? 등급을 더하여 죄를 정한 뒤 몹시 고되어 견디기 어려운 일을 맡김이 적당합니다"라며 법에 있는 대로 처벌하는 것이 옳다고 아뢰었다.

다만, 좌부승지(左副承旨) 이숭지(李崇之) 혼자 "이미 궁중에 정한 법이 있고, 이 또한 가볍게 고칠 수 없으므로 비록 법사에 명하였을지라도 궁중의 법으로 처단하는 것이 불가능한 것은 아닙니다"라며 궁중에 거처하는 특수성을 고려하여 별도의 규범을 적용할 수 있다고 아뢰었다. 그러나 다수의 대신이 반대하자 문종은 이계전 등의 논의에 따랐다.

천도(遷都)에서 천릉(遷陵)까지, 풍수지리에 숨은 뜻은?:

지리/풍속

어찌 술법 따위로 길흉을 점치는 사람의 말만 믿으시겠습니까?

이성계와 정도전이 처음으로 의견을 달리하다

조선 건국 과정에서 이성계(李成桂)와 정도전(鄭道傳)의 관계는 임금과 재상의 관계를 대표적으로 상징했다. 특히 이성계는 평생을 전쟁터를 누비며 진두지휘한 명장이었으나 중앙정치에서는 앞에 나서기보다 신흥 사대부 등 개혁 세력 뒤에서 든든한 버팀목 역할을 하였고, 새로운 나라를 구상하게 되면서부터는 정도전과 정몽주가 재상으로서 좌우에서 지원한다면 더없이 완벽하게 국가를 운영할 수 있을 것으로 기대했다.

끝까지 고려에 충절을 지켰던 정몽주가 사망하자, 정도전에 대한 이성계의 믿음과 기대는 더욱 커졌다. 정도전 역시 조선 건국 과정에서 매 시기 중요한 역할을 하며 이성계의 기대에 부응했다. 건국 후에는 모든 분야에서 국가의 기틀을 마련하기 위해 동분서주했으며 태조는 이런 정도전의 의견이라면 무엇이든 들어주었다. 누군가 두 사람의 관계를 오해하거나 의도적으로 이간질했을 때도 전혀 흔들리지 않았다. 그야말로 "환상의 호흡을 자랑하며 임금과 재상의 위상을 정립했다"고 평가할 만하다.

그런데 건국한 지 한 달도 되지 않아 두 사람 사이에 처음으로 의견 차이가 발생했다. 다름 아닌 천도(遷都) 문제였다. 천도란 왕조 국가에서 왕이 거처하는 곳이자 한 나라의 수도를 옮기는 것을 말한다.

새로 세운 나라의 수도를 정하는 일은 모든 면에서 전 왕조의 잔재를 청산하고 새 출발을 한다는 점에서 특별한 의미가 있었다. 그러나 천도가 단순히 새로운 곳에다 궁궐을 지어 왕과 대신들이 거처를 옮기는 일이 아니었기에 아무 때나 마음먹는다고 할 수는 없었다.

천도에는 한 나라의 수도로서 적합한 위치 선정과 왕조 국가에 걸맞은 도시 설계 등 철저한 계획이 필요했고, 막대한 재정이 들어갔다. 여기에 천도에 대한 명분과 민심의 지지도 대단히 중요했다. 이외에도 천도를 실행에 옮기기 위해서는 사전에 챙겨야 할 일이 많았으므로 어렵게 건국에 성공한 신생 국가로서는 부담이 컸다.

개국 후 한 달도 지나지 않은 1392년 8월 13일, 태조는 대신들에게 "새 도읍지를 물색하여 보고하라"고 엄명을 내렸다. 제대로 논의조차 이루어지지 않은 상황에서 건국과 동시에 천도를 명한 것이다. 정도전은 민생 안정이 우선이라며 천도에 반대했다. 하지만 태조는 끝까지 천도 의지를 꺾지 않았다.

이제까지 수많은 위기를 극복하는 과정에서 이성계가 보여준 태도를 생각하면 매우 의외였다. 그동안 그는 고려의 권신들을 상대할 때도 신중하고 인내하는 모습을 보였고, 왕으로 즉위할 때도 끝까지 사양하는 태도를 고수했다. 즉위식이 끝난 후에는 집으로 돌아가 한 달여간 출퇴근

했다는 이야기가 전할 만큼 자신의 의지대로 밀어붙이기보다는 민심을 먼저 생각하고 행동했다. 여기에 고려 말기의 피폐해진 민생까지 고려하면 천도라는 크나큰 사업을 실행에 옮기는 것은 무리일 수밖에 없었다.

정도전을 비롯해 태조를 지원한 개국공신 등 측근들까지 천도에 반대한 이유도 이러한 현실을 외면할 수 없었기 때문이다. 그런데도 태조는 "나는 이미 도읍을 옮기기로 결심했다"는 말 이외에는 구체적으로 천도하려는 이유를 설명하지 않았다. 건국 과정에서 보여준 그의 모습과는 달리 시종일관 단호했고, 고집스러움까지 느껴질 정도였다.

⊜ 이성계는 왜 끝까지 천도를 고집했나?

이성계가 천도를 추진한 데에는 나름의 이유가 있었다. 예를 들면 첫째, 비록 개국에 성공하여 왕으로 즉위했으나 개성에는 역대 고려 왕들의 능을 비롯해 곳곳에 고려왕조의 흔적이 남아 있었다. 따라서 새 왕조인 조선이 뿌리내리기 위해서는 상당한 시간이 필요했고, 때로는 고려의 잔재들이 조선을 흔들 수 있다는 우려도 존재했다.

둘째, 조선 건국이 선위(禪位)에 의한 무혈혁명의 절차를 밟았지만, 그동안 숱한 정치투쟁으로 피바람이 불어닥쳤던 개경에서 왕으로 생활하는 일이 편치 않았을 것이다.

셋째, 당시 개경에는 인구가 50만 명이 넘었던 것으로 전하는데, 이들 중에는 4백 년이 넘는 동안 개경에서 기득권층으로 자리 잡은 집안 등 고려 때의 잔존 세력이 포함되어 있었다. 특히 개경에 마련된 특권적 공간에 안주해 온 귀족 출신일수록 천도에 대한 반대가 심했던 것도 신경이 쓰일 수밖에 없었다. 참고로, 후에 조성된 수도 한양은 인구가 10만 명 규모였다.

마지막으로 고려 말기에 수도 개경의 지기(地氣)가 쇠하여 고려가 멸망할 것이라는 '풍수도참설'의 성행이었다. 그러나 '어디로 천도할 것인가?' 등 검토해야 할 것들이 한둘이 아니었고, 민심과 대신들의 의견을 통합하는 문제도 쉽지 않았다. 여기에 천도라는 기회를 이용해서 임금의 눈에 들려는 자들까지 가세하면서 분위기가 과열될 우려도 있었다.

이미 빠르게 진행 중이던 계룡산의 새 수도 건설 공사를 중단할 정도로 풍수지리의 영향력도 무시할 수 없었다. 당시 하륜이 "도읍은 마땅히 나라의 중앙에 있어야 할 터인데, 계룡산은 지대가 남쪽에 치우쳐서 동면·서면·북면과는 서로 멀리 떨어져 있습니다"라고 지적하면서 풍수지리를 내세워 공사를 멈춰야 한다고 태조에게 다음과 같이 보고한 것도 그 예였다.

"신(臣)이 일찍이 아버지 장례를 치르면서 풍수 관계의 여러 서적을 대강 열람하였는데, 지금 계룡산 땅은 '산은 정북(正北)과 정서(正西) 사이에서 오고 물은 정동(正東)과 정남(正南) 사이에서 흘러간다'고 하오니, 이것은 송나라 음양 지리학자 호순신(胡舜臣)이 일렀던, '물이 장생(長生)을 어그러뜨려 쇠하고 패망함이 곧 닥치는 땅'이므로 도읍을 건설하는 데는 적당하지 못합니다."

이때가 조선이 건국된 다음 해인 태조 2년(1393) 12월 11일이었다. 실록에는 "하륜의 보고를 받은 태조가 조사 후 새 도읍의 역사(役事)를 그만두게 하니, 중앙과 지방에서 크게 기뻐하였다"고 할 정도로 새 도읍지 공사로 인한 부담이 컸음을 알 수 있다.

그런데도 태조는 여전히 천도에 대한 의지를 꺾지 않았고, "고려왕조의 여러 산과 언덕의 길흉을 다시 조사하라"며 서운관(書雲觀, 천문·기후 관측 따위를 맡아보던 관아)에 저장된 고려왕조의 숨겨진 기록과 문서까지 모두 하륜에게 주어, 자세하게 살펴서 천도할 곳을 다시 정하여 보고하라고 엄명을 내렸다.

⊜ 국가의 미래는 사람이 정치를 어떻게 하느냐에 달려 있다

태조 2년(1393) 7월 10일에는 태조의 명에 따라 지리 도참에 관한 서적을 모아 연구하는 음양 산정도감(陰陽刪定都監)도 설치되었다. 이 기구는 고려시대에 편찬한 지리 서적들이 서로 내용이 다르고 학자마다 주장이 같지 않아 무엇이 옳은지 판단하기 위해서 두었지만, 사실은 새로운 도읍지를 찾기 위해 풍수지리 서적을 조사하고 연구하는 것이 목적이었다. 여기에 정도전을 비롯해 권중화·성석린·남은·정총·하륜·이직·이근·이서 등 학문은 물론 풍수지리에도 능통했던 개국공신과 중신들을 대거 참여시킬 정도로 태조의 천도 의지는 확고했다.

태조는 대신들을 거느리고 새 도읍지로 거론되는 곳을 직접 방문하여 지세(地勢)도 살펴보았다. 이 과정에서 정도전은 '풍수지리상의 명당을 찾자면 개경이 으뜸이니 굳이 천도할 필요가 없다'며 천도 논의를 정면으로 반박했다.

정도전은 하륜이 '무악(毋岳)이 국토의 중앙에 있는 데다 뱃길이 통하며, 우리나라 옛사람이 적은 길흉화복의 글과 부합되는 바가 많고, 중국의 여러 풍수 책 설명과도 모두 비슷하게 들어맞는다'며 현재 서울의 신촌과 연희동 일대의 무악을 새로운 도읍지로 추천했을 때도 '무악이 지리적으로 장점도 있으나 골짜기 속에 끼어 있어 궁궐·관청·시장·종묘·사직 등을 건설할 만한 공간이 충분하지 않아 임금의 거처로는 편리한 곳이 아니다'라며 태조에게 천도에 관한 논의를 멈출 것을 건의했다. 그러나 태조는 "만일 무악이 좋지 않다면 다른 자리를 찾아 보고하라"고 엄명을 내리며 화까지 냈다.

해를 넘겨 태조 3년(1394)에 태조가 재상들에게 도읍을 옮겨 갈 만한 터를 각각 글로 써서 올리게 하자, 8월 12일 정도전은 태조에게 "신은 음양술수(陰陽術數)의 학설을 배우지 못하였는데, 이제 여러 사람의 의견이 모두 음양술수를 벗어나지 못하니 신은 실로 말씀드릴 바를 모르겠습니다. 맹자의 말씀에 '어릴 때 배우는 것은 장년이 되어서 행하기 위함이다'라고 하였으니, 청컨대 평소에 배운 바대로 말하겠습니다"라며 다음과 같이 아뢰었다.

"주나라 성왕이 겹욕(郟鄏)이란 산이 있는 곳에 도읍을 정하니 곧 관중(關中, 중국에서 가장 오랜 기간 수도인 서안이 있던 지역)으로, 30대 8백 년을 전하였습니다. 11대손인 평왕 대에 이르러 주나라가 일어난 지 449년 만에 낙양으로 천도하고, 진나라 사람이 서주 옛 땅에 도읍하였는데, 주나라는 30대 난왕에 이르러 망하고 진나라 사람들이 이를 대신하였습니다. 이로써 보면 30대 8백 년이라는 주나라의 운수는 지리에 있는 것이 아닙니다."

이어서 정도전은 중국 한나라의 건국과 관련한 역사적 사례를 들어 '국가의 미래는 사람이 정치를 어떻게 하느냐에 달려 있다'며 풍수지리에 의한 천도 논의를 다음과 같이 비판했다.

"한나라 고조가 항우와 함께 진나라를 칠 때, 한생(韓生)이 항우에게 관중에 도읍할 것을 권하였으나 항우가 궁궐이 다 타버리고 사람이 많이 죽은 것을 보고 좋아하지 않았습니다. 이에 어떤 사람이 술수로 항우를 달래되 '담장 밖에서 방울을 흔들면 소리는 들려도 그 모습은 보이지 않으니, 부귀함을 이루었으면 고향 산천으로 돌아가야 합니다'라고 하므로 항우가 그 말을 믿고 (고향인) 동쪽 팽성으로 돌아가고, 한 고조는 유경의 말 대로 서쪽 관중에 도읍을 정하였는데, 항우는 멸망하였으나 한나라의 덕은 하늘과 같았습니다. 이후로 우문씨(宇文氏)의 주나라와 양견(楊堅)의 수나라가 서로 이어가면서 관중에 도읍하고, 당나라도 역시 도읍하여 덕이 한나라와 같았으니 이것으로 말하면 (나라를) 잘 다스리는 것과 혼란스러움은 사람에게 있는 것이지 지리의 성함과 쇠퇴함에 있는 것이 아님을 알 수 있습니다."

〰 한 나라의 도읍은 술수를 헤아려 얻는 것이 아니다

정도전은 중국의 역대 도읍지에 대해서도 다음과 같이 설명했다.

"중국에서 천자(天子)가 된 사람은 많으나 도읍한 곳으로는 서쪽은 관중(關中)으로 신(臣)이 말한 바와 같고, 동쪽은 금릉(金陵)으로 진나라·송나라·제나라·양나라·진나라가 차례로 도읍하였으며, 중앙에는 낙양(洛陽)으로 양나라·당나라·진나라·한나라·주나라가 계속 이곳에 도읍하였고, 송나라도 도읍하였는데 대송(大宋)의 덕이 한나라와 당나라에 못지않았습니다. 북쪽에는 연경(燕京)으로서 대요(大遼)·대금(大金)·대원(大元)이 다 도읍하였습니다."

그는 중국 역사에서도 천하의 넓은 땅 가운데 오직 수도로는 서쪽에 관중, 동쪽에 금릉, 중앙에 낙양, 북쪽에 연경 4곳뿐이라며 "한 나라가 일어날 때 어찌 술법(術法)에 밝은 사람이 없었겠습니까? 다만 제왕이 도읍한 곳은 자연히 정해진 곳이 있으며, 술법으로는 구할 수 없습니다"라며 풍수지리에 의존한 천도 논의를 비판했다.

그리고 "우리나라는 삼한(三韓) 이래의 옛 도읍으로서 동쪽에는 계림(경주)이 있고 남쪽에는 완산(전주)이 있으며, 북쪽에는 평양이 있고 중앙에는 송경(개성)이 있습니다. 그런데 계림과 완산은 한쪽 구석에 있으니 어찌 나라의 도읍을 그렇게 치우친 곳에 둘 수 있습니까? 또 평양은 북쪽이 너무 가까워서 도읍할 곳이 못 된다고 생각합니다"라며 우리 역사에서 역대 도읍지 역시 모두 4곳뿐인데 도읍지로 마땅한 곳은 원래부터 있는 것이지 풍수설로 얻어지지 않으며, 왕조가 교체되더라도 도읍지는 몇 군데 중에서 선택할 수밖에 없기에 새로운 수도를 추천하라는 태조의 엄명에도 불구하고 개성을 추천한 이유를 설명했다.

이와 함께 정도전은 태조에게 민생 안정이 우선이고, 천도 문제는 시간을 두고 때를 살피어 논의할 것을 다음과 같이 건의했다.

"전하께서 기강이 무너진 고려의 뒤를 이어 처음으로 즉위하시어 아직 백성들의 삶이 회복되지 않았고 나라의 터전도 굳지 못하였으니, …위로는 하늘의 뜻을 살피시고 아래로는 사람이 해야 할 일을 하며 적당한 때를 기다려서 도읍 터를 보는 것이 아주 완전한 계책이며, 조선의 왕업이 무궁하고 신(臣)의 자손도 함께 영원할 것입니다."

그리고 풍수지리는 사람에 따라 의견이 다르다고 지적하면서 "지금 지기(地氣)의 성쇠를 말하는 자들은 마음속으로 깨달은 것이 아니라 다 옛사람들의 말을 전해 듣고서 하는 말이며, 신이 말한 바도 옛사람들이 이미 징조를 경험한 말입니다"라며 천도는 풍수지리가 아니라 그동안의 역사적 경험을 바탕으로 정통 유가(儒家)의 합리주의에 입각해야 한다는 원칙을 강조했다.

💬 왕이 훌륭한 정치를 한다면 복은 구하지 않아도 스스로 이루어진다

정도전은 태조의 엄명에도 불구하고 "어찌 술법 따위로 길흉을 점치는 사람의 말만 믿을 수 있고 선비의 말은 믿을 수 없겠습니까? 바라옵건대 전하께서는 깊이 생각하시어 백성을 살피시고, 그런 후에 점(占)을 따져보아 불길함이 없도록 하소서"라며 풍수지리에 의존한 천도 논의보다는 민생을 챙기는 등 정치를 잘하는 것이 중요하다고 강조했다.

풍수지리에 대한 정도전의 비판은 그가 유학을 신봉하는 원칙주의자였기 때문이 아니라 고려가 멸망하고 조선이 건국된 문제와도 깊은 관련이 있었다.

지리와 예언을 혼합하여 왕조의 흥망을 예언했던 풍수지리와 도참사상은 고려에서 풍수도참설로 발전했다. 특히 고려는 건국 초기부터 풍수도참설에 따른 '지기쇠왕론(地氣衰旺論)'에 근거해 위기가 닥칠 때마다 천도론이 제기되었다. 심지어 '정치적 위기의 원인이 지덕(地德)의 쇠퇴에 있고, 이는 풍수도참설에 의지한 천도를 통해 극복할 수 있다'며 부강한 국가가 저절로 도래한다는 낙관론이 팽배할 정도였다.

이러한 사회 분위기에 대해 최승로(崔承老)·윤택(尹澤)·이제현(李齊賢) 등 고려의 대표적 유학자들은 '왕이 훌륭한 정치를 한다면 복은 구하지 않아도 스스로 이루어지고, 재앙은 기도하지 않아도 스스로 소멸할 것'이라고 비판했다.

그런데도 역대 고려 왕들은 이들의 말에 귀 기울이지 않았다. 특히 고려 말기에 들어서면 풍수도참설을 내세워 국가의 혼란을 극복하려는 천도론이 더욱 자주 거론되었다. 따라서 정도전으로서는 고려의 멸망에도 큰 영향을 미쳤다고 비판받던 풍수도참설에 더욱 민감할 수밖에 없었다.

그러나 한양으로 천도가 확정되는 과정에서 여전히 풍수지리와 관련한 다양한 의견들이 나왔고, 민간에서도 무학대사 등 태조와 개인적으로 인연이 각별한 사람들이 등장하는 일화가 전할 정도로 사람들의 관심을 끌었다. 반면에 민생 안정이 우선이라며 천도에 반대했던 정도전은 비록 태조의 천도 의지를 꺾지는 못했지만, "풍수지리에 의존한 천도 논의를 잠재우며 사람이 살기에 충분한 공간과 교통 등 도시의 기능성과 과학성에 무게중심이 실리도록 만들었다"는 평가를 받았다.

대표적인 예로 정도전은 한양으로 천도가 결정되자 태조의 명을 받아 새로운 수도 건설에 주도적으로 참여하여 한양을 성리학과 민본주의 철학을 담은 도시로 건설했다. 즉 궁궐과 함께 관청·성곽·성문·도로 등 공적 시설은 물론, 민가와 시장 그리고 각 건축물의 이름과 지명에 이르기까지 유교의 이념을 철저하게 반영함으로써 "교조적으로 지켜내려 했던 유교적 합리성이 불교적이고 풍수지리적인 신비주의를 극복했다"는 평가를 끌어낸 것이다.

태조 역시 한양을 건설한 정도전의 공을 인정하면서 유학의 으뜸이요, 나라를 세우는 공도 으뜸이라는 의미를 담은 "유종공종(儒宗功宗)"이라고 칭찬을 아끼지 않았다.

한편, 기공식이 있은 지 1년 만인 태조 4년(1395) 9월 드디어 경복궁과 종묘가 완공되고, 12월에는 개경에서 한양으로 천도가 이루어져 오늘날까지 6백여 년을 이어오고 있다. 한 나라의 수도가 결정되는 과정에서 풍수지리에 의한 이야기들만 난무했다면 조선의 건국은 시작부터 역사적으로 커다란 오점을 남길 뻔했으나, 정도전의 노력으로 바로 잡았다는 점에서 다시 한번 주목하지 않을 수 없다.

도읍지로서 명당은 송악이 첫째요,
한양이 다음입니다

⬮ 한양 천도는 태조의 집념이 만들어냈다?

조선은 한양으로 천도하기까지 주변의 반대와 여러 가지 난관이 있었다. 이 과정에서 태조의 의지와 추진력은 단연 돋보였다. 태조는 집요하게 천도를 추진하면서도 끝까지 대신들을 앞세웠고, 이들의 의견을 물어 결정하는 모양새를 취했다. 태조 3년(1394) 8월 11일 〈태조실록〉의 기록도 그 예이다.

이날 태조는 대신들과 함께 무악을 둘러보고 하룻밤을 보냈다. 당시 판서운관사(判書雲觀事) 윤신달(尹莘達)과 서운 부정(書雲副正) 유한우(劉旱雨) 등이 태조에게 "지리의 법으로 보면 여기는 도읍이 될 수 없습니다"라고 아뢰자, 태조는 "너희들이 함부로 옳거니 그르거니 하는데, 여기가 만일 좋지 못한 점이 있으면 문서에 있는 것을 가지고 말해 보라"며 근거를 대라고 따지듯이 명했다.

당황한 윤신달 등이 물러나서 의논하고 있는데 태조가 다시 유한우를 불러서 "이곳이 끝내 좋지 못하냐?"라고 물었다. 유한우가 "신이 보는 바로는 실로 좋지 못합니다"라고 답하자 태조는 "여기가 좋지 못하면 어디가 좋으냐?"라고 다시 물었다.

이에 유한우가 "신은 알지 못하겠습니다"라고 하자 태조는 "네가 서운관이 되어서 모른다고 하니, 누구를 속이려는 것인가? 송도의 지기(地氣)가 쇠하였다는 말을 듣지 못하였느냐?"라며 화까지 냈다. 유한우는 "이것은 도참(圖讖, 앞날의 길흉을 예언하는 술법)으로 말한 바이며, 신은 단지 지리만 배워서 도참은 모릅니다"라고 답하여 급한 상황은 모면했으나 태조를 설득하지는 못했다.

그런데 태조가 "옛사람의 도참도 역시 지리를 따져 말한 것이지, 어찌 터무니없이 근거 없는 말을 했겠느냐? 그러면 너의 마음에 쓸 만한 곳을 말해 보라"며 대안을 내놓으라고 몰아붙이자, 유한우는 "고려 태조가 개성에 있는 송산(松山) 명당에 터를 잡아 궁궐을 지었는데, 중엽 이후에 오랫동안 명당을 폐지하고 임금들이 여러 번 이궁(離宮)으로 옮겼습니다. 신의 생각으로는 명당의 지덕(地德)이 아직 쇠하지 않은 듯하니, 다시 궁궐을 지어서 그대로 송악에 도읍을 정하는 것이 좋을까 합니다"라며 개성을 추천했다.

하지만 태조는 "내가 장차 도읍을 옮기려고 하는데, 만약 가까운 곳에 길지(吉地)가 없다면 삼국 시대의 도읍도 또한 길지가 됨직하니 합의해서 알리라"고 명할 만큼 이미 개성에 대해서는 마음이 떠난 듯했다.

태조는 좌시중(左侍中) 조준(趙浚)과 우시중(右侍中) 김사형(金士衡) 등 재상들에게도 "이미 고려 말기부터 '송도의 지기가 쇠하였다'는 말이 돌았는데, 풍수지리를 내세워 다시 명당이라고 말을 바꾼 이유는 엄하게 징계하지 않았기 때문이다'라고 경고하면서 이렇게 엄명을 내렸다.

"서운관이 전조(고려) 말기에 '송도의 지덕이 이미 쇠했다'라고 여러 번 상서하여 한양으로 도읍을 옮기자고 하였다. 근래에는 계룡산이 도읍할 만한 땅이라고 하므로 민중을 동원하여 공사를 일으키고 백성들을 괴롭혔는데, 이제 또 무악이 도읍할 만한 곳이라 하여 와서 보니 유한우 등은 좋지 못하다 하고, 도리어 송도가 명당으로 좋다고 하면서 서로 논쟁하여 국가를 속이니 이것은 일찍이 징계하지 않은 까닭이다. 경 등이 서운관 관리를 시켜 도읍이 될 만한 곳을 말하여 알리게 하라."

≡ 3번의 천도가 이루어지다

태조의 명으로 새 도읍지를 검토한 겸판서운관사(兼判書雲觀事) 최융과 윤신달·유한우 등은 "우리나라 내에서는 부소(扶蘇, 송악) 명당이 첫째요, 남경(南京, 한양)이 다음입니다"라고 보고했고, 같은 해 8월 12일에는 여러 재상이 의논하여 천도가 옳지 않다고 아뢰었다. 그러나 태조는 "내가 개성으로 돌아가 소격전(昭格殿, 도교의 보존과 도교 의식을 위해 설치한 관서)에서 의심을 해결하리라"며 자신이 직접 알아보겠다고 천명하고는 남경으로 행차하여 천도할 만한 곳을 살폈다.

그 후 마침내 한양으로 천도가 결정되었고, 태조 4년(1395) 개경에서 한양으로 천도가 이루어졌다. 이것이 조선시대에 이루어진 3번의 천도 가운데 첫 번째 천도였다.

두 번째는 정종 1년(1399), 한양에서 다시 개경으로 도읍을 옮긴 천도였다. 이때의 천도는 왕자의 난으로 권력을 장악한 이방원(李芳遠)의 힘으로 왕위에 오른 정종에 의해 급작스럽게 이루어져, 특별히 천도에 대한 논의 과정이 없었다. 또한 조선이 건국되고 10년도 지나지 않아 왕자들 사이에 권력투쟁이 벌어졌다는 점에서 민심과 정국의 불안 요인을 수습해 보려는 의도로 해석되는 면이 있기에 이때의 천도는 정상적인 절차를 밟아 진행된 것으로 보기에는 무리가 있다.

마지막으로 세 번째는 태종 5년(1405), 개경에서 또다시 한양으로 도읍을 옮긴 천도로, 환도(還都)이기도 했다. 따라서 한양으로 되돌아가는 것에 대한 충분한 명분이 필요했고, 이러한 분위기는 천도를 논의하는 과정에서 풍수지리 등이 끼어들 여지가 충분했다. 1400년 12월 22일 〈정종실록〉에 임금이 천도 문제를 거론하면서 서운관에 명하기를 "술수(術手)에 관한 그림이나 서적을 모두 금하라"고 한 것도 그 예였다.

그런데 태종이 1400년 12월 7일에 즉위하였고, 〈정종실록〉이 정종 2년(1400) 12월 말까지 작성되었다는 점을 고려하면 이 내용은 태종이 즉위한 지 며칠 되지 않아 내린 명이었다.

이날 태종은 평양백(平壤伯) 조준·창녕백(昌寧伯) 성석린 등 문신 10여 인에게 "불행히 화재가 있었으니, 경 등은 서운관의 비밀 도적(祕密圖籍)을 상고하여 천도를 의논해 아뢰도록 하라"고 명했는데, 대신들 사이에 의견이 분분했다. 당시 우정승 하륜이 "마땅히 무악에 도읍하여야 합니다"라며 여전히 풍수지리를 내세워 한양이 아닌 다른 곳으로 천도를 주장하는 의견까지 나왔다.

그러자 태종은 다시 대신들에게 "지금 길흉화복의 예언이나 술수(術

數)의 말이 이러쿵저러쿵 그치지 않아 인심을 현혹하게 하니, 어떻게 처리할까?"라고 물었다. 재상들은 모두 "따를 수 없습니다"라고 했고, 다만 대사헌(大司憲) 김약채(金若采)만이 "그대로 따라야 합니다"라고 했다. 이에 태종이 대신들에게 "신도(新都, 한양)는 부왕께서 창건하신 것이니, 어찌 따로 도읍을 세워서 백성을 수고롭게 하겠는가?"라고 말하고는 서운관에 명하여 술수(術數)·지리(地利)에 관한 서적을 감추도록 명했다.

이처럼 당시에도 천도와 관련해서 여전히 풍수지리와 도참사상이 영향을 미쳤고, 특히 관련 서적을 근거로 제시하며 혼란을 더했다. 그 때문에 태종이 술수와 지리 서적을 모두 감추도록 명한 것이다.

그러나 환도가 곧바로 이루어지지는 못했으며, 태종 5년(1405) 8월 3일 태종이 "의정부에서 재상들이 의논하여 다시 한양으로 돌아가는 것을 검토하라"는 명을 내리면서 다시 구체적인 천도 논의가 이루어졌다. 그런데 의정부에서 흉년을 이유로 천도에 반대하자, 이번에는 태종이 종묘사직과 도참사상까지 거론하면서 "나는 이미 도읍을 옮기기로 결심했다"고 직접 천도 의지를 밝히며 밀어붙였다.

⊜ 천도는 왕권과도 연관이 있었다

당시 태종은 대신들에게 《음양서》에 이르기를, '왕씨(王氏) 5백 년 뒤에 이씨(李氏)가 일어나서 남경(南京, 한양)으로 옮긴다'고 했는데, 지금 이씨의 흥한 것이 과연 그러하니, 남경으로 옮긴다는 말도 믿지 않을 수 없다. 또 지난번에 궁궐터를 정할 때도 의견이 분분하여 결정되지 않으므로 내가 몸소 종묘에 나아가 점쳐서 이미 길한 것을 얻었고, 이궁(離宮)이 이미 이루어져 천도할 계획이 정하여졌다. 장차 10월에 한경(漢京, 한양)으로 옮길 것이니 본궁(本宮)에 거처하지 않겠다'라며 마치 대신들에게 통보하듯 천도 일정까지 발표했다.

또한 태종은 "한경(한양)은 부왕(태조)께서 새로 세우신 땅인데, 기묘년에 조박(趙璞)이 상왕(上王, 정종)께 청하여 갑자기 송도에 와서 지금까지 돌아가지 못하고 있으므로 죄는 조박에게 있다'고 덧붙이며 더 반대하면 죄를 묻겠다고 경고했다.

태종 5년(1405) 8월 9일에는 '본궁이 좁아서 대궐을 지키던 장교가 노숙한다'는 이유로 거처를 다시 경덕궁(敬德宮)으로 옮기며 천도를 재촉했다. 경덕궁은 조선 건국 후 태조가 자신이 개성에서 거처하던 집을 넓혀 붙인 이름으로, 한양으로 천도할 때까지 이곳에서 신하들의 조회를 받았다. 따라서 태종은 이미 천도 절차를 밟고 있었고, 대신들에게도 "우리 태상왕(태조)께서 새 도읍을 창건하셨으니, 이것은 이씨의 바꿀 수 없는 나라 수도이다'라며 다음과 같이 천도를 기정사실화했다.

"상왕(정종)께서 송도로 옮겨 오신 뒤로 돌아가지 않은 것이 지금 7년이나 되어, 아버님이 시작하고 아들이 조상의 사업을 이어받는 도리에 어긋났으니 과인의 죄이다. 지난가을에 송도에 음산한 요기의 재앙이 있기에 신도(新都)에 가서 종묘에서 점을 보아 이미 길한 것을 얻었고, 금년 봄에 또 가서 궁궐을 수리하는 것을 보니 공사가 거의 마무리되어 옮겨 갈 계책이 정하여졌다. 한양 천도를 평민에서부터 대대로 문벌이 좋은 집안까지 모두 불가하다고 말하는데, 이것은 살고 있는 땅을 편안하게 여기고 딴 곳으로 옮기기를 싫어하는 뜻이다."

당시 천도에 대해 대신들만이 아니라 개성에 거주하는 백성들의 여론도 좋지는 않았다. 이런 분위기를 알고 있던 태종은 종묘사직과 풍수도참설까지 내세워 천도의 명분을 얻으려 했고, 한편으로는 여론을 의식해 "개국 군주이자 아버지 태조가 한양 천도를 결단했으니 마땅히 자식으로서 다시 돌아가는 것이 옳다"며 마치 제2의 건국을 선언하듯 천도를 추진했다.

그러자 공조 판서(工曹判書) 한상경(韓尙敬)은 "반경(盤庚)이 도읍을 옮긴 것은 이해(利害)가 매우 밝은 일이었으나, 평민에서부터 대대로 문벌이 좋은 집안 모두가 오히려 살고 있는 땅을 편안하게 여기고 옮기기를 싫어하였습니다"라며 중국의 사례를 들어 태종을 지원하고 나섰다.

반경은 상(商)나라의 17대 왕 양갑(陽甲)의 아우로, 양갑의 뒤를 이어 왕위에 올랐다. 당시 상나라 도읍은 하북(河北)에 있었는데, 반경은 즉위하자마자 쇠약해진 상나라의 정치적 혼란을 잠재우고 나라를 부흥하기 위해 새로운 도읍지로 천도를 계획했다. 그러나 이미 상나라는 네 차례나 천도를 경험한 적이 있었기에 신하들과 백성들은 반경의 천도 계획을 비난하고 원망했다.

그런데도 반경은 "나라의 영광을 재건하기 위해서는 도읍지를 황하(黃河) 이북으로 옮기고, 탕왕의 옛 땅을 되찾아야 한다"는 자신의 신념을 굽히지 않았다. 마침내 천도를 실천에 옮긴 그는 황하를 건너 남하(南下)한 후 성탕(成湯)의 고도(故都)로 옮겨 호(亳)에 도읍하고, 국호(國號)를 은(殷)으로 고쳐 28년 동안 재위했다. 따라서 한상경은 형 정종에게 왕위를 물려받은 태종의 천도 의지를 중국 역사를 통해 명분을 부여하며 적극적인 동의를 표한 것이었다.

⊜ 반대 여론을 물리치고 천도를 단행하다

한상경의 발언이 끝나자 태종은 "금년에도 옮기지 않고 명년에도 또 옮기지 않아서 그럭저럭 시간만 흘려보낸다면, 송도의 인가(人家)는 날로 조밀해지고, 한읍(漢邑, 한양)은 더욱 말라 황폐해질 것이니 장차 어찌할 것인가?"라며 이런저런 이유로 천도를 미루다가는 개성은 더 번화해지고, 한양은 더 쇠락해져서 천도할 기회를 잃어버릴 것이라며 다음과 같이 선언했다.

"음양가(陰陽家)가 말하기를 '송도는 임금과 신하의 분별이 없어지는 땅'이라고 한다. 사람들이 모두 '흉년이 들어서 옮길 수 없다'고 말하는데, 이것은 흉악한 마음을 가진 사람들이다. 황해도와 경기도는 비록 가뭄으로 인한 재난과 피해가 있지만, 그 나머지 도는 흉년이 아닌데 흉년이라고 말하여 천도하려는 뜻을 배격하는 자는 나라를 사랑하지 않는 신하이다."

태종의 의지를 읽은 병조 판서 남재(南在)는 "어찌 흉악한 마음을 가지고 배격하는 자가 있겠습니까?"라며 천도 분위기를 조성했고, 태종은 "지난번 천도에 대한 논의가 있었는데, 신도와 무악은 모두 나쁘고 개성이라야 좋다고 하였으니 이것은 흉악한 마음을 가진 자의 말이다"라며 풍수지리적으로 개성이 도읍으로 적합하다는 논리는 결국 '조선을 따르지 않겠다'는 뜻으로 이는 '나라를 사랑하지 않는 신하', 즉 역적이라는 말까지 꺼냈다.

그러나 며칠이 지난 8월 11일, 권근이 "흉년이 들어 천도할 수 없습니다"라며 반대하고 나섰다가 태종이 받아들이지 않자 다시 "천도는 삼정승 이외의 모든 벼슬아치와 의논하고, 일반 백성들에게 의논하여 모두 가 (可)하다고 한 뒤에 정하여야 합니다"라는 상소를 올리는 등 천도에 반대 하는 여론 또한 만만치 않았다.

태종은 "종묘에 고하고 태상왕(태조)께 아뢰어 큰 계책이 이미 정하여 졌으니, 어떻게 고칠 수 있겠는가?"라며 종묘와 당시에도 생존해 있었던 태상왕에게도 이미 보고된 국가 대사라고 강조하면서 대신들에게 "지금 글을 올려 천도를 말리는 사람이 있는데, 이것은 다른 사람의 지휘(指揮) 에 따른 것이다. 한양은 개국 초기에 창건한 것이니, 자손이 마땅히 유지 하여 지켜야 한다. 어리석은 백성들은 다만 이사하는 괴로움만 알고 구차 히 편안하게 있으려고 한다. 사대부로 일의 이치를 아는 자라면 무슨 마 음으로 저지할 수 있겠는가?"라며 반대하는 자들을 배후에서 조종하는 누군가가 있다는 혐의까지 거론하면서 천도를 밀어붙였다.

이처럼 한양 천도는 개경에 삶의 기반이 있는 백성과 고려 때 개성에 서 관직을 지내며 뿌리내린 기득권층일수록 반대가 심했고, 이들의 여론 을 무시할 수만은 없었던 태종은 즉위한 지 5년이 지나서야 분위기 전환 을 시도하며 천도를 강행했다.

결국 그해에 한양 천도가 이루어질 수 있었던 데에는 강력한 왕권으 로 천도에 힘이 실린 데다, 명분을 제시하고 여론을 형성하는 과정에서 풍수지리와 도참사상이 여전히 영향력을 발휘했기 때문이다. 풍수지리는 이후에도 주기적으로 등장한 천도론에 영향력을 행사하기는 했지만, 이 러한 분위기는 정국의 불안과 비례할 뿐이었다. 즉 풍수지리와 도참사상 은 앞날에 대한 희망을 찾아볼 수 없을 때 더욱 기승을 부렸다.

💬 왕의 행차를 가로막고 천도를 주장했으나 …

한양 천도 후 3백여 년이 지난 숙종 38년(1712) 4월 12일 〈숙종실록〉에는 "풍수 괴변으로 천도론을 주장했다"는 기록도 보인다. 당시 숙종이 북한산성에 행차했는데, 군복 차림의 수어 군관(守禦軍官) 김정휘(金廷輝)가 갑자기 나타나 무릎을 꿇고 '잠시 행차를 멈추고 자기의 말을 들어 달라'며 행차를 가로막아 주변 사람들까지 깜짝 놀라게 했다.

현장에서 체포되어 옥에 갇힌 김정휘는 형조의 조사를 받는 과정에서 "한양은 벼를 심는 데에 마땅한 고장이며 곡신(穀神)은 곧 직신(稷神. 곡식을 맡아보는 신)으로서 반드시 골짝에 의지하여 물을 머금고 엎드려야만 수명(壽命)이 길어지는데, 단군 이래로 조선을 도와 보호하는 신령이 곤욕을 받아 산마루를 타고 갔으므로 수명이 짧아지는 조짐이 됩니다"라며 한양의 지기(地氣)가 한 나라의 국도로서 적합하지 않다는 이유를 내세우며 천도를 주장했다.

그러자 형조에서는 '그 말이 요사하고 간사하며, 도리에 어긋난다'며 의금부로 옮겨서 역적 등 중죄인을 신문하기 위해 설치하던 국청을 열었다. 김정휘는 여기서도 "3백 년을 두고 국왕께서 성현의 뜻을 잇고 신령의 뜻을 이어 평생토록 아무런 탈이 없다는 말이 어린아이가 배우는 책에 보이니, 성현과 신령의 뜻을 이어받고 접대한 후에야 만세무강(萬世無彊)의 땅이라 이를 수 있습니다"라며 다음과 같이 자신의 주장을 반복했다.

"전일(前日)에 신령을 접대한 일이 없었기에 북한산성에서 4월에 때아닌 안개가 끼고, 신령이 굶주림을 견디지 못하여 사직(社稷)의 제사를 빼앗았습니다. 이 일을 꿈속에서 말하는 자가 있었는데, 깨고 나니 기억이 나지 않았습니다. 한양은 청파(靑坡) 뒤 산맥이 점차 미약해져서 회복할 기약이 없는데, 하늘이 한양을 도우사 무진생(戊辰生)의 용띠 왕(경종)이 다시 났으니, 이는 반드시 하늘의 뜻에 응하는 왕으로서 한양 회복의 조짐이 될 것입니다."

김정휘의 조사를 마친 의금부는 숙종에게 보고하면서 "그 말이 터무니없고 망령되어 무어라 할 것이 없으나 신령이 사직의 제사를 침탈하였다느니, 한양 회복의 기약이 없다는 등의 말은 모두 지극히 요사하고 간악하므로 청컨대 형신(刑訊, 죄인의 정강이를 때리며 심문하는 일)하여 사실을 밝혀낼 수 있도록 하소서"라고 청했다.

보고를 받은 숙종은 "죄인이 진술한 범죄 내용이 지극히 망측하다. 각별히 엄하게 형벌을 가하라. 이는 반드시 배후에서 조종한 자가 있을 것이니, 또한 철저하게 조사하라"고 명했다. 그러나 그 외의 기록은 보이지 않고, 다만 〈숙종실록〉에 "김정휘는 열 차례 형신을 받았으나 불복(不服)하고 죽었는데, 형신을 받을 때 몹시 횡설수설하였고 간혹 임금의 선위를 말하기도 했다"고 기록하여 정상적인 사람이 아니었다는 결론이 난 것으로 보인다.

파주 교하현으로 가야겠다!

💬 문제는 법을 바로 세우고 정치를 제대로 하는 것이다

한양으로 재천도가 이루어진 후 세종과 성종 대를 거치면서 한양은
조선의 수도로 자리 잡았고, 한양에 뿌리를 내린 명문가들도 생겨났다.
그리고 조선 중기가 지나면서 왜적의 침입이나 역모 사건 등의 위기를 겪
게 되자 간혹 풍수지리를 내세워 '민심을 추스르고 정치적 안정을 도모
하기 위해 천도를 해야 한다'는 주장도 나왔다. 하지만 천도의 실행 여부
보다는 정치적 논쟁으로 그치는 경우가 대부분이었다.

광해군 4년(1612) 11월 15일, 음양·복서·점술 등의 지식으로 길흉을
점치는 술관(術官) 이의신(李懿信)이 광해군에게 상소를 올려 '임진왜란과
역적의 반란이 잇달아 일어나고 조정이 당쟁으로 갈라지며 사방의 산이
붉게 물든 것은 한양의 왕성한 기운이 쇠해진 것이니 도성을 경기도 파
주 남서부 지역에 있는 교하현(交河縣)에 세워야 한다'며 천도를 주장하여

논란이 일어난 일도 있었다.

당시 광해군은 "예조에서 천도에 대해 의논하여 보고하라"고 명했으나 예조 판서(禮曹判書) 이정귀(李廷龜)는 "삼가 이의신의 상소를 보건대, 장황하게 늘어놓은 말들이 사람을 현혹할 뿐 무슨 뜻인지 헤아릴 수 없습니다"라며 이의신의 상소가 말도 되지 않는다고 인신공격까지 했다. 그러면서 "풍수의 설은 경전(經傳)에 나타나지 않은 말로, 괴상하고 아득하여 본디 믿을 수 없습니다. 그런데 이제 예언과 술법에 나오는 근거 없는 말들을 주워 모아 까닭도 없이 나라의 도성을 옮기자 하니 역시 괴이합니다"라면서 풍수지리를 내세운 천도론을 비판했다.

또한 이정귀는 "한양의 도읍은 화악(華岳, 삼각산)에 기대어 한강에 임하였으며, 지세는 평탄하고 도로의 거리는 균일하여 배와 수레가 모두 모이는 중심지로서 천연의 비옥한 토지와 굳건한 성곽 등 지리적 우수함은 나라에서 으뜸이니, 이야말로 전후(前後)의 중국 사신도 모두 칭찬한 바였습니다"라며 한양은 지기가 쇠한 것도 아니고 한 나라의 수도로서 충분한 조건을 갖추었으며, 중국의 사신들도 인정한 명당 터라고 강조했다.

그는 "우리 성조(聖祖, 태조)께서 나라를 세우려고 터를 마련하면서 여러 해 동안 수많은 장소를 돌아보고 이곳에 정하였으니, 깊고 먼 계략을 어찌 미미한 일개 술관(術官)과 비교해 논의할 수 있겠습니까?"라며 태조가 한양으로 천도하는 과정까지 거론했다.

이어서 그는 "2백 년이 되도록 나라는 태평하고 백성은 편안하였으며 다스림은 융성하고 풍속은 아름다워 실로 평생토록 흔들리지 않을 터이니, 복을 누리며 살만한 땅이 아니고 무엇이겠습니까? 그런데 지금 이의신은 임진년의 병란과 역변이 계속하여 일어나고, 조정의 관리들이 분당

(分黨)하며, 사방의 산들이 벌거벗은 것이 국도(國都) 탓이라고 합니다"라며 한낱 술관 따위가 근거도 없는 이유를 내세워 천도를 거론하고 있다고 거세게 몰아붙였다. 그뿐만 아니라 왜란과 변란이 발생한 것도 '문제는 법을 바로 세우고 정치를 제대로 하는 것이지 풍수지리에 있지 않다'며 다음과 같이 주장했다.

"아, 풍신수길(豐臣秀吉)의 하늘까지 닿은 재앙은 실로 천하에 관계된 것이며, 역적의 변괴가 일어난 것도 나라의 수도와는 아무런 관계가 없습니다. 사람들이 국법을 두려워하여 도끼를 들고 가지 않으면 산의 나무는 저절로 무성할 것이며, 편협되고 사사로운 마음을 버리고 왕도를 바로 세우면 조정의 의논은 서로 마음을 터놓고 협의될 것입니다. 이는 모두 임금과 신하, 위와 아래 모두가 힘써야 할 바입니다. 고금 천하에 어찌 이를 이유로 수도를 옮기는 일이 있었습니까?"

◉ 당당한 국가가 어찌 일개 필부의 허망한 말을 믿는단 말입니까!

이정귀는 이의신이 주장한 풍수지리에 대해서도 "설사 풍수의 설을 받들어 믿을 만하고, 가능치도 않은 일들이 낱낱이 맞는다 하더라도 도성을 옮기는 일은 막중 막대한 일이니, 비록 동진의 복서가(卜筮家) 곽박(郭璞)이 건의하고 당나라 때 지리에 밝았다는 이순풍(李淳風)이 계책을 세웠다 하더라도 섣불리 의논하지 못할 것입니다"라며 모든 게 사람에 달린 것이지 풍수지리와는 아무런 관계가 없으며, 풍수지리를 믿는다고 해도 천도를 경솔하게 거론하는 것이 아니라고 통박했다.

그리고 "이의신의 방술(方術)에 대한 수준을 아는 사람이 누가 있습니까?"라며 이의신의 능력을 거론하면서 "듣건대, 이의신은 상당히 말재주가 있고 문자도 제법 알기에 신선의 술법인 방술(方術)을 적은 글이나 책에 의지해 큰소리치고 있으나 실상은 그와 같은 부류의 사람들도 비웃는 자가 많다고 합니다. 여염과 사대부 사이에 묏자리와 집터를 지정해 준 것도 대부분 효험이 없다고 하니, 그가 곽박이나 이순풍과 같지 않음은 분명합니다"라며 이런 이의신의 말을 듣고 천도를 논의하는 것 자체가 말이 되지 않는다면서 광해군에게 이렇게 아뢰었다.

"그가 이른바 교하는 복지(福地)이고 한양은 흉하다고 한 말에 대해 세상에 알 만한 자가 없으니 누가 능히 가리겠습니까마는, 당당한 국가가 어찌 일개 필부의 허망한 말을 선뜻 믿어 2백 년의 굳건한 터전과 그곳에 살고 있는 수많은 백성을 일거에 떠돌이로 만들 수 있겠습니까? 이 상소가 들어오면서부터 사람들이 불안한 마음과 뜬소문에 동요되어 더러는 '성상께서 이 말을 믿는다'고 하고, 더러는 '새 궁궐에 나가지 않는 것은 이 말 때문이다'라고 하여 모두 놀라고 현혹되니 분위기가 좋지 않습니다."

이정귀는 이의신이 근거도 없이 쓸데없는 말로 천도를 주장하여 백성들을 불안에 떨게 했고, 임금은 이의신의 말에 정신을 빼앗겨 중심을 잡지 못하고 혼란만 더하고 있다고 지적하면서 다음과 같이 고려의 역사적 사례까지 거론하며 광해군을 압박했다.

"이단(異端)이 국가에 해독을 끼치는 일이 예로부터 그러했으니, 고려 말엽에는 요사스러운 승려 묘청(妙淸)이 음양의 설로 임금을 현혹하기를 '송경(松京, 개성)은 왕업이 이미 쇠퇴하였고 서경(西京, 평양)에 왕기(王氣)가 있으므로 도읍을 옮겨야 한다'고 하여 드디어 새 궁궐을 서경 임원역에 지었으나 끝내는 유참(柳旵) 등의 변란이 일어나고 말았습니다. 예전의 일도 이와 같은데, 어찌 경계할 일이 아니겠습니까?"

여기서 유참은 고려 중기의 반역자이다. 인종 4년(1126) 이자겸(李資謙)의 난이 진압된 후에도 국내외 정세는 계속 불안했는데, 유참은 그때 서경 출신 승려 묘청이 풍수지리설을 내세워 서경 천도를 주장하다가 개경 귀족 세력의 완강한 반대로 실패하자 묘청·조광(趙匡) 등과 함께 서경에서 반란을 일으켰다. 그러나 결국 아들 유호(柳浩)와 함께 살해되었다.

🗨 정치를 잘못하면 매년 천도를 한다고 좋아지겠는가?

이정귀는 고려의 실패한 역사를 되풀이하지 않기 위해 "나라의 터전을 장대하게 하고 영원한 명(命)을 비는 방도는 정치와 함께 형벌을 밝히고 나아갈 때와 머물 때를 살피는 것, 백성을 사랑하고 풍속을 도탑게 하는 것, 내정을 잘 닦고 외적을 물리치는 일뿐입니다. 이 도리를 반대로 한다면 해마다 도읍을 옮긴들 위태롭고 어지러움만 불러들일 것입니다"라고 강조했다.

또한 이정귀는 "이의신이 말하기를 '인사가 가지런히 되지 않는 것은 그 원인이 길흉화복의 운수에 있다'고 하였는데, 이는 임금이 인사에 힘쓰지 않고 운에만 의지하게 하려는 것이니 이것이야말로 망국의 말이라

할 수 있습니다"라고 지적하면서 "신(臣)들이 예관(禮官)이 되어 예에 벗어난 말들을 다시 의논하지 못하겠으니 성상(聖上)께서는 요망한 말들을 물리치고 멀리하여 마음을 바르게 하고, 속히 법궁(法宮, 임금이 거처하는 궁궐)에 나아가 뭇사람들의 의심이 풀리도록 하소서"라며 광해군이 직접 이 문제를 해결하라고 주청했다.

이정귀는 비록 예의를 갖추어 광해군에게 아뢰었지만, '나라가 잘되고 못되는 것은 정치를 어떻게 하느냐에 달려 있다. 정치를 잘못한다면 매년 천도를 한다고 좋아질 리 없으며, 단지 운에만 의지해서는 나라가 망하는 길밖에 없다'며 마치 광해군을 추궁하는 듯한 느낌이 들 정도로 천도론에 강력하게 반발했다. 이정귀의 발언은 개인의 감정이 실린 것이 아니라 안타까움을 담은 충언이었고, 예조 판서로서 대신들을 대표한 발언이기도 했다.

천도를 주장한 이의신은 광해군의 두터운 신임을 받았던 풍수가로, 당대의 대표적 풍수가인 박상의(朴尙毅)와 쌍벽을 이루었다고 전한다. 따라서 대신들은 천도를 주장한 이의신의 뒤에는 광해군이 있는 것으로 보았다.

이의신을 비판하고 나선 이정귀는 문장으로 이름 높았던 가문에서 태어나 집안의 가르침을 받으며 성장했고, 유년 시절부터 남다른 문학적 자질을 보여 일찍부터 주변의 기대를 받던 인물이었다. 이후 과거를 통해 관직 생활을 시작한 그는 병조 판서와 예조 판서를 거쳐 우의정과 좌의정 등 조정의 중요한 직책을 두루 역임했고, 중국어에도 능통하여 명나라 사신이나 지원군을 접대할 때 조선을 대표하여 활동하는 등 외교에서도 중요한 역할을 했다.

후세의 역사가들은 이런 이정귀를 가리켜 "임금을 도와 백성을 윤택하게 하는 치군택민(致君澤民)의 이상과, 글로써 나라를 빛내는 관인 문학(官人文學)을 성실히 몸으로 실천했다는 점에서 사대부 문학의 모범을 보였다"며 맡은 바 직무에 충실하고 유능했던 관리로 평가하고 있다.

당시 천도론이 등장했던 이유는 왜적의 침입과 변란 등으로 인한 나라의 혼란이었다. 그런데 이를 극복하는 방안으로 이의신이 풍수지리를 내세워 천도론의 명분으로 삼았다면, 이정귀는 "정치를 잘하면 될 일이다"라며 이의신의 주장을 일고의 가치도 없는 허무맹랑한 소리라고 비판하면서 광해군의 결단을 촉구한 것이다. 따라서 천도론에 대한 광해군의 태도도 대단히 주목된다.

⊜ 왕이 있는 곳에는 반드시 기(氣)가 따르기 마련입니다

대신들이 천도에 거세게 반대하자 광해군은 "예로부터 새로 도성을 세운 제왕이 많았으니 본디 세웠던 도성을 아주 버린다는 뜻은 아니다"라며 대신들이 우려하듯 파주 교하로 완전히 천도하는 것이 아니라면서 "내가 이의신의 방술이 정교하다고 믿는지 아닌지를 예관이 어떻게 아느냐?"고 되물으며 자신은 이의신을 맹신하지 않는다고 했다. 그러면서 "새 궁궐로 옮기려고 하였으나 내전(內殿)이 상(喪)을 당하였고, 역모와 반역 사건이 계속되어 틈이 없었다"며 새로 조성한 한양의 궁궐로 옮기지 않은 것도 풍수지리 등 대신들이 말하는 이유 때문이 아니라고 해명했다.

이어서 광해군은 "그런데 이제 터무니없고 근거도 없는 말로써 이 말을 믿는다고 임금의 언행을 지적하고, 또 '법궁(法宮)'에 나가지 않는 것이

이 말 때문이다'라고 하니 너무 놀랍다. 앞으로는 이러한 말들을 경솔하게 내지 말라"며 대신들이 임금에게 지나치다고 반박했다. 하지만 광해군은 천도에 대한 논의를 철회하지 않았고, 삼정승을 비롯해 승정원과 삼사(三司)의 대신들은 끈질기게 광해군의 천도 의지를 물고 늘어졌다.

이러한 분위기는 태조와 태종이 천도를 단행했던 분위기와도 비교된다. 대신들을 앞세워 천도를 추진했던 태조와 태종은 강력한 왕권을 기반으로 분명한 정치적 명분을 내세웠고, 기득권층을 포함해 개성에 삶의 터전이 있던 일반인들의 반대 여론을 종묘사직과 풍수도참 사상까지 동원하여 잠재웠기 때문이다. 이에 비해 광해군은 대신들에게 천도를 검토하라고 명했으나 풍수지리가 논란만 부추겼을 뿐 정치적 명분이 약했으며, 강력한 왕권이 뒷받침되지도 못했다. 여기에다 한양에 뿌리내린 기득권층의 존재도 무시할 수 없었고, 여론도 광해군 편이 아니었다.

해를 넘겨 광해군 5년(1613) 2월 23일에는 사헌부와 사간원 양사(兩司)에서 상소를 올려 "이의신은 하찮은 일개 술관일 뿐이므로 그의 주장이 요망하고 거짓되며 미덥지 아니하여 변론할 것도 없지만, 그중에서도 이른바 왕기(王氣)가 다하였다는 말은 과연 신하로서 감히 할 수 있는 것입니까? 임금이 있는 곳에는 기(氣)가 반드시 따르기 마련인데, 이미 다하였다고 말한다면 이는 이의신이 임금이 있는 줄 알지 못하고 종묘사직이 있는 줄 알지 못하는 것입니다"라고 이의신을 공격했다.

이와 더불어 "생각건대, 우리 조정이 나라를 세운 지 지금 2백 년이되었습니다. 태평한 정치가 고금에 뛰어났는데, 중간에 운수가 꽉 막혔다가 다시금 왕의 영험함을 떨쳤으니 아름다운 기운이 여전히 성(盛)하다는 것을 미루어 알 수 있습니다"라고 주장하면서 '한양은 왕기가 이미 다

하였다'는 말은 왕을 부정하는 역적이나 할 수 있는 발언이라며 이의신의 처벌을 주청했다.

그러나 양사를 포함해 천도에 반대하는 대신들의 목표는 이의신을 앞세운 광해군이었다. 대신들이 초지일관 이의신을 하찮은 존재로 여기면서 광해군에게 그를 벌하고 법궁(法宮)으로 속히 옮길 것을 주장하는 등 임금의 결단을 요구한 것도 그 예였다.

광해군은 임진왜란으로 모든 궁궐이 소실된 데다 즉위 후에도 궁궐이 복원되지 않자 성종이 대군 시절 가족과 함께 지내던 집을 임시거처로 삼았는데, 바로 현재의 덕수궁인 정릉동 행궁이었다. 이후 불에 탄 경복궁 대신 창덕궁을 복원했으나 광해군은 이곳으로 돌아가기를 주저했던 것으로 전한다. 광해군 5년(1613) 1월 1일 사관은 그 이유를 "반정(反正)으로 노산군과 연산군이 폐위된 곳이기 때문이다"라고 기록하였으며, 혹자는 '임진왜란과 정여립(鄭汝立)의 반란'을 그 원인으로 꼽기도 한다.

⊜ 목표는 광해군이었다?

대신들의 반대에도 불구하고 이의신은 처벌받지 않았고 그 때문에 논란만 지속되었는데, 이는 천도론을 주장한 이의신의 뒤에 광해군이 있다는 사실을 대신들도 알고 있었음을 의미했다. 심지어 대신들은 이의신이 임진왜란과 여러 차례의 모반 사건 그리고 격화한 당쟁과 한양 근처 산림이 황폐해진 이유 등을 한양의 지세가 노쇠해졌기 때문이라고 주장하면서 '강화도와 인접해 전략상 유리하고 풍수지리적으로 길지에 해당한다'며 새로 천도할 곳으로 파주 교하 지역을 지목한 것도 광해군의 의지가 반영된 사실임을 알고 있었다.

광해군이 왜 교하 지역을 선택했는지는 구체적으로 알 수 없다. 다만 광해군은 천도를 통해 정계 개편을 시도하려고 했던 것으로 보이며, 한양에 대해서는 이미 마음이 떠난 듯했다.

반면에 이정귀와 이항복(李恒福) 등 양식 있는 대신들은 '한양은 입지 조건이 천혜의 요지인 데 비해 교하는 평탄한 지형이라 외적의 방어에 불리하고, 많은 인구를 지탱하기 위한 음용수(飮用水)와 연료·재목의 조달이 어려우며, 천도로 인해 민심의 동요와 국고의 고갈을 초래할 수 있다'며 교하 지역이 수도로 적합하지도 않고 천도할 만한 여건도 갖추어지지 않았다는 등의 이유로 천도를 반대했다.

실록에는 광해군 5년(1613) 정월에 "왕(광해군)이 이의신에게 교하의 일을 상소하도록 은밀히 명하였다. 심지어는 관상감 부정(觀象監副正) 정사륜(鄭思倫)에게 상소할 날을 가려 부치게 하였기 때문에 비록 온 조정이 다투어 탄핵하였으나 끝내 따르지 않은 것이다'라는 기록도 보인다.

정사륜은 광해군의 두터운 신임을 받았던 점술가로 '광해군이 모든 일을 그의 말을 들어 행하였으며, 날마다 궁궐에서 부정한 귀신에게 지내는 제사(음사, 淫祠)를 행하였고, 관상감 부정으로 있으면서 도읍을 교하로 옮기려고 시도했을 때도 관여하였다'는 비판을 받았던 인물이다.

이처럼 광해군의 천도를 지지하는 대신들은 많지 않았으며, 지속해서 반대 상소가 올라왔다. 심지어 양사에서는 "괴이한 의견으로 감히 요사스러운 설을 일으켜 위로는 임금의 귀를 기만하고, 아래로는 뭇사람의 마음을 당혹스럽게 하는 바람에 나라 안팎이 놀라 기상(氣象)이 참혹합니다'라며 광해군이 이의신을 내세워 진행하고 있는 천도 논의를 중단할 것을 주장하면서 다음과 같은 상소문을 올렸다.

"그러므로 이의신의 살을 만 갈래로 찢어도 그 악함을 징계하기에 부족한데 성상께서는 죄를 주지 않을 뿐만 아니라 오히려 그 설을 믿으시고, 심지어 가서 살피라는 명까지 내리셨습니다. 무릇 교하는 일개 작은 현(縣)인 데다 포구에 치우쳐 있어 성을 쌓고 관청을 만들기에 결코 적당한 장소가 아닙니다. 이러한 것을 이웃 나라에 들리게 해서는 안 될 일입니다. 이의신의 죄를 도저히 용납하기 어려우니 법률에 따라 정죄(定罪)하시고, 가서 살피라는 명을 빨리 취소하소서."

하지만 이 같은 대신들의 반대에도 광해군은 천도 의지를 꺾지 않았다. 또한 대신들이 '이의신을 처형하라'며 거세게 반발하는 것에 대해서도 "이의신은 자기의 술(術)로 충성스러운 말을 다한 것뿐이니 무슨 죄줄 만한 일이 있는가? 무릇 일이 지나치면 잘못되는 법이다. 번거롭게 논하지 말라"고 일축했다. 그러자 다시 해를 넘긴 광해군 6년(1614) 1월 14일, 양사에서 다시 '천도설을 지어낸 이의신을 법대로 처벌하라'는 상소를 올리며 거듭하여 광해군의 결단을 촉구했다.

☰ 대신들의 승리(?)로 끝나다

양사에서 올린 상소에는 "이의신은 모질고 악한 자입니다. 그는 흉측한 말을 퍼뜨리며 마을마다 돌아다니면서 요사한 짓을 하고, 가는 곳마다 재앙이 생겨나게 하니 향인들이 천한 물건으로 여겨 버렸습니다"라며 이의신을 물건 취급하면서 "그가 복을 누리며 살 만한 땅이라고 핑계 대고 옛 가업을 옮겼다가 재앙에 걸려 파산하니 사람들이 다 웃음거리로 여기고 있습니다. 그가 스스로 복을 구하려고 했다면 마땅히 하지 않는 바가 없었을 것인데도 아무런 효력 없이 해(害)만 끼치는 것이 이 지경에 이르렀으니, 그 사람됨이 형편없고 술업(術業)이 정밀하지 못한 것을 대략 알 수 있습니다"라며 거세게 공격했다.

그뿐만 아니라 "이제 또 종묘사직(宗廟社稷)에까지 화를 옮겨, 일찍이 조정에서 2백 년간 단단히 지켜온 신성한 왕업(王業)의 토대를 작은 고을 (교하 지역)로 옮기게 하려고 뜬소문을 퍼뜨리고 미덥지 못한 술법을 앞세워 임금의 귀를 현혹하고 있습니다"라며 한 나라의 수도로서 조건도 갖추지 못한 지역을 거론하면서 왕을 부추겨 나라를 망하는 길로 들어서게 하고 있다며 다음과 같이 몰아붙였다.

"…고려 말엽에도 한 요망한 중(묘청)이 천도의 설을 지어내자, 당시 임금과 신하가 그 술책에 빠져서 여지없이 패하여 끝내는 나라를 망하게 하고야 말았습니다. 어찌 이처럼 밝은 세상에 또다시 이런 괴이한 자의 변이 있을 줄 생각이나 하였겠습니까?"

양사에서는 상소를 마무리하면서 "이것이 신들이 더욱 분하게 여기고 있는 일로서 신들의 상소를 들어주시지 않으면 그만두지 못할 일입니다. 어렵게 여기지 마시고 빨리 법에 따라 죄를 정하도록 명하소서"라며 '이의신을 처형하라'는 자신들의 요구를 임금이 들어줄 때까지 멈추지 않겠다고 경고했다. 이때도 광해군은 "번거롭게 굴지 말라"며 양사의 상소를 물리쳤으나 광해군의 의지는 결국 무산되고 말았다. 다만 이때의 천도론은 "조선 후기 사회불안에 따른 풍수도참설의 유행과 한양의 지기가 쇠약해졌다는 의식이 보편화하는 계기가 되었다"는 평가를 받는다.

한편, 실록에 따르면 교하 지역의 풍수지리와 관련한 기록은 광해군이 천도를 거론하기 10여 년 전인 선조 33년(1600)에도 보인다.

당시 선조의 정비(正妃)인 의인왕후(懿仁王后)가 사망하자 10월 1일 '왕비의 능을 어디에 조성할 것인가?'를 놓고 대신들과 논의하는 과정에서 교하현 뒷산이 거론되었고, 다음 날인 10월 2일에는 교하현 가차리가 거론되었다. 10월 7일에는 묏자리로 거론된 곳을 둘러본 대신들이 교하현의 세 곳을 '모두 쓸 만한 곳'이라고 보고했다.

10월 10일에는 선조가 교하현의 이문통(李文通)을 거론하면서 "교하현의 새로운 땅에 세력 있는 사대부들의 분묘가 많이 있다고 하는데, 누구누구의 것이 있는가? 빠짐없이 문서로 작성할 것을 감사에게 명하라"고 하면서 다른 여러 일들을 살피라고 덧붙였다는 기록도 보인다. 당시 사관은 "상(선조)께서 여러 신료가 굳이 쓰지 말자고 고집하는 것을 의심한 까닭에 이런 전교를 내린 것이다. 이에 삼공(三公)이 모두 벌벌 떨며 그곳을 쓸 만한 곳이라고 말하였으니, 장차 저런 정승들을 어디에 쓰겠는가?"라며 선조의 쓸데없는(?) 고집에 아무 말도 하지 못한 재상들의 무능을 지적하는 글을 덧붙여 실록에 남겼다.

이 기록은 선조의 왕권과 삼정승을 포함한 대신들의 태도 등 당시의 상황을 말해주고 있지만, 한편으로는 교하 지역이 선조를 비롯해 사람들의 주목을 받을 정도로 터가 좋았음을 의미했다.

숭례문 밖으로 운하를 파서 배가 다니게 하소서

💬 다시 무악에 신도시 건설을 주장하다

하륜(河崙)은 성리학을 공부한 신흥 사대부였지만, 관상이나 풍수지리 등 잡학에도 대단히 밝았던 인물로 전한다. 특히 그는 풍수지리를 내세워 빠르게 진행되던 계룡산 신도시 건설을 중단시킨 것으로 유명하다. 조선 개국에 참여하지 않아 한직에 머물러 있던 하륜은 이때의 일로 중앙 정치에서 주목받게 된다.

이후 그가 무악(毋岳)을 새로운 도읍지로 강력하게 추천하면서 태조가 재상들에게 무악을 둘러보고 올 것을 명한 일도 있었다. 태조 3년(1394) 2월 23일, 무악을 돌아보고 온 권중화(權仲和) 등이 '무악은 땅이 좁아 도읍을 옮길 수 없다'고 보고하자 하륜은 "무악은 명당으로 비록 좁은 듯하지만, 송도의 강안전(康安殿)과 평양의 장락궁(長樂宮)과 비교한다면 조금 넓은 편이 될 것입니다. 또한 고려왕조의 비밀스러운 기록과 중국에서 쓰는 지리(地理)의 법에도 모두 꼭 들어맞습니다"라며 풍수지리를 내세워 무악으로의 천도를 주장했다.

이에 태조는 "내가 친히 보고 정하겠다"며 대신들을 이끌고 직접 무악에 행차하여 지세를 살펴보았다. 그러나 정도전 등의 반대로 무악은 도읍지로 선정되지 못했고, 이후 하륜은 한양 천도 과정에서 특별한 역할을 하지는 못했다.

1400년 12월 22일에는 앞서 12월 7일에 즉위한 태종이 조준과 성석린 등 10여 명에게 "천도를 의논하고 아뢰도록 하라"고 명했는데, 당시는 개성으로 천도했던 시기여서 천도와 관련하여 풍수지리 등 여러 가지 말들이 돌았고, 제2차 왕자의 난으로 실권을 완전히 장악한 태종이 다시 한양으로의 환도에 관심을 기울였기 때문에 대신들 사이에서도 천도는 민감한 문제로 떠올랐다.

이러한 분위기에서 왕자의 난에서 공을 세우며 태종의 최측근으로 부상한 우정승(右政丞) 하륜은 참서와 풍수지리 등을 내세워 "마땅히 무악에 도읍하여야 합니다"라며 무악을 새 도읍지로 건설하자고 재차 건의했다.

이 자리에서 태종은 풍수지리에 대한 대신들의 의견을 물었고, 재상을 포함한 대신들 대부분이 '풍수지리를 따를 수 없다'고 대답하자 "참서(讖書)들이 없어지지 않고 후세에 전한다면 사리(事理)를 밝게 보지 못하는 자들이 반드시 깊이 믿어 다시 분위기를 현혹할 것이다"라며 풍수지리 등에 의존한 천도 주장으로 민심이 혼란스러워지지 않도록 술수와 지리에 관한 서적을 감출 것을 명했다. 물론 이러한 분위기는 하륜의 주장에 힘이 실리지 않았음을 의미한다.

⊜ 용산강에서 남대문까지 운하 건설을 건의하다

하륜은 태종을 가장 가까이에서 보좌하며 최고의 권세를 누린 인물로, 풍수지리 등에 조예가 깊었지만 이와 관련해 특별히 역사적으로 주목할 만한 내용은 전하지 않는다. 다만 태종 13년(1413) 7월 20일에 "의정부 좌정승 하륜 등이 운하(運河)를 팔 것을 청하며 임금에게 아뢰었다"는 기록이 보인다.

당시 그는 "마땅히 경기의 군인 1만 명, 한양 안에서 대장(隊長)·대부(隊副) 4백 명, 군기감(軍器監)의 별군(別軍) 6백 명, 모두 1만 1천 명을 징발하여 물고기를 기를 수 있는 연못을 파고, 숭례문 밖에는 운하를 파서 배를 통행하게 하소서"라며 용산강에서 남대문까지 이른바 운하 건설을 위한 대토목공사를 하자는 건의문을 태종에게 올렸다.

용산강은 무악에서 발원한 만초천이 만나는 한강 일대로, 현재의 용산구 원효로4가 부근의 원효대교가 놓인 곳이다. 용산강은 용호 또는 용산진이라고도 하며, 〈태조실록〉에는 건국 초기인 태조 3년(1394) 11월 10일, "임금(태조)이 용산강에 거동하여 종묘(宗廟)의 재목을 살펴보았다"는 기록으로 보아 한양을 건설할 때 종묘에 쓰일 재목이 이곳을 통해 들어올 정도로 규모가 컸다는 사실도 알 수 있다.

이듬해인 태조 4년(1395) 윤 9월 16일에는 "(태조가) 용산강에 혼자 말을 타고 외출하려다가 간관이 '홀로 경솔히 납시지 마소서'라고 아뢰어 중지했다"는 일화도 전하며, 태조 6년(1397) 8월 8일에는 "(태조가) 용산강에 거동하여 사수감(司水監, 군선의 건조와 수리를 관장하고 배로 물건을 실어 나르는 것을 감독하기 위해 설치된 관아)에서 병선(兵船)을 만드는 것을 시찰하였다"는 기록도 주목된다. 조선 초, 왜구의 침몰이 잦아 수군(水軍)을 강화하고

군선을 많이 건조했다는 사실을 생각하면 사수감이 있던 용산강 주변의 의미를 충분히 짐작할 수 있기 때문이다.

또한 《세종실록지리지》에는 "용산강은 숭례문 밖 서남쪽 9리에 있다. 배로 실어 온 세곡(稅穀)을 거두어들이는 곳으로 군자 강감(軍資江監, 군량미를 관리하던 창고)과 풍저 강창(豊儲江倉, 세곡을 보관하던 창고)이 있다…. 경상·충청·강원 및 경기 상류에서 배로 실어 온 곡식이 모두 이곳을 거쳐 한양에 다다른다"고 기록되어 있어 지방에서 올라온 조운선이 이곳에 정박했고, 군자감에서 관리하는 곡식 창고가 있을 정도로 규모가 크고 중요한 역할을 담당했던 포구였음을 확인할 수 있다.

그뿐만 아니라 고려 말기까지 용산강 일대에는 10리나 되는 긴 호수가 있었으며, 연꽃이 만발하여 개경에서도 왕족과 선비들이 연꽃을 구경하려고 이곳을 방문할 정도로 경치가 좋았던 것으로 전한다.

조선 건국 후 한양 천도가 이루어졌을 무렵에는 건너편 염창 부근의 모래언덕이 무너져 용산강의 호수가 사라졌고, 조수(潮水)가 들어오면서 지방의 세곡 수송선이 모두 용산강으로 밀려들어 성황을 이루었다. 그런데도 현대인들에게 마포나루나 서강에 비해 용산강이 잘 알려지지 않은 이유가 있었다.

시간이 지날수록 용산강 부근의 한강 수위가 점점 낮아지고 염창 모래언덕에도 진흙이 쌓여 조수가 들어오지 않자, 각 도에서 올라오는 조운선이 하류인 마포 또는 서강 방면으로 가서 정박하였다. 그런데 하류의 건의문을 본 태종이 "우리나라 땅은 모두 모래와 돌이므로 물이 머물러 있지 않으니, 중국 운하를 본받을 수는 없다. 내일 내가 의논해 보겠다"라고 말하고는 경회루(慶會樓)에 나가 의정부 대신들에게 말하기를 "숭례문에서 용산강까지 운하를 파서 배가 다니게 한다면 진실로 다행한 일이다. 다만 모래땅이므로 물이 항상 차지 못할까 의심스럽다. 경 등은 어떻게 생각하는가?"라고 물었다.

태종의 질문을 받은 대신들은 '가능하다'고 아뢰었고, 특히 박자청(朴子靑)은 "땅은 모두 물을 댈 수 있는 논이라 새지는 않을 것입니다. 운하를 파는 공사는 1만 명이 참여하면 한 달을 넘지 않을 것이니, 청컨대 시험하여 보소서"라며 긍정적으로 답변했다.

⬚ '왕이 허락하지 않았다'고 기록으로 남기다

박자청은 태종 때 궁궐 건물의 신축과 개보수 등의 공사를 도맡아 처리하며 기술 관료로 뛰어난 능력을 인정받은 인물이다. 그는 그 공으로 벼슬이 공조 판서(工曹判書)를 거쳐 세종 때는 종1품까지 오르는 등 "토목공사의 감독 업무를 잘 수행한 공으로 요직에 발탁될 수 있었다"는 평가를 받았다.

그러나 박자청과 달리 의정부 찬성사(議政府贊成事) 유양(柳亮)은 "용산강은 도성과 가까운데 어찌 백성들을 괴롭히겠습니까?"라며 궁궐과 가까운 곳에서 많은 인원을 동원해 대규모 토목공사를 벌여 백성들을 힘들게 하는 것은 옳지 않다는 이유로 반대했다. 이에 태종은 하륜의 건의를 윤허하지 않았다. 실록에는 "임금이 인력(人力)을 쓰는 어려움을 깊이 알고 있었던 까닭에 일을 중지하고 거행하지는 않았다"고 그 이유를 기록하고 있다.

이후 60년이 지난 성종 4년(1473) 6월 3일, 성종은 "용산강 하류를 개척할지 여부를 조사하여 보고하라"며 다음과 같이 명했다.

　"용산강에 대창(大倉)을 설치한 것은 배를 이용해서 물건을 실어 나르기 편하기 때문이었다. 그런데 근래에 큰물로 인하여 용산강 하류에 모래가 쌓이고 수심이 얕아져서 선박이 상류로 올라갈 수 없게 되었다. 그 때문에 물건을 실어 나르는 배가 서강에 정박하고, 배에 싣고 온 미곡을 수레로 운반하게 되니 어찌 대창을 설치한 본뜻이겠느냐? 요사이 강가에 사는 백성 중에는 각기 자신의 이익을 위하여 강을 파서 개척하려는 자가 많으나 힘이 모자라서 중지시켰다. 원상(院相)과 해당 부서는 현지를 돌아보고 사정을 살펴서 운하 건설 여부를 보고하게 하라."

이처럼 용산강 하류에 모래가 쌓이면서 큰 배의 출입에 장애가 발생하자, 성종은 운하 건설을 검토하며 원상과 재상을 포함해 담당 부서에서 조사하여 보고할 것을 명했다. 조사를 마친 대신들은 '용산강 부근의 모래를 퍼내는 일은 농사철에 백성들에게 부담을 주지 않도록 해야 하며, 모래를 퍼내고 시간이 지나면 다시 모래가 쌓일 것'이라고 성종에게 보고했다.

성종 16년(1485) 윤 4월 11일에는 시독관(侍讀官) 송질(宋軼)이 성종에게 "용산강의 모래가 메워진 곳을 보니, 물이 줄 때는 모래를 파내어 뚫어서 배가 다니게 할 수 있으나 큰물이 갑자기 이르면 강 양쪽 기슭이 서로 씻기고 모래로 다시 메워져 막힐 것입니다. 생각건대, 비록 힘을 써서 뚫는다 해도 헛되이 수고만 하고 효과가 없을 것입니다"라며 부정적으로 보고했다. 이에 성종은 동부승지(同副承旨) 이조양(李調陽)에게 "내일 그대가 그곳에 가서 살펴보라"고 명했다.

그러나 실록에 더는 기록이 없는 것으로 보아 검토 결과 특별한 의견이 없었고, 포구로서 용산강의 효용성은 점차 떨어졌던 것으로 보인다. 이후 실록에는 용산강과 관련해서 대부분 "가뭄으로 인한 기우제를 지냈다"는 기록만이 전할 뿐이다.

⬚ 기우제에서 근대의 한강 철교까지 …

용산강에서 기우제는 조선 초기부터 지냈고, 고종 1년(1864) 6월 3일 "용산강과 저자도(楮子島)에 일곱 번째 기우제를 행했다"는 기록이 보이는 등 조선 말기까지 이어졌다. 그리고 용산강과 함께 기우제를 지냈다는 저자도 역시 주목된다.

저자도는 '닥나무가 많이 자라는 섬'이라는 의미가 담겨 있고, 경치가 매우 좋았던 것으로 전한다. 현재의 금호동과 옥수동 남쪽 한강에 있어서 '옥수동섬'이라고도 불렸으며, 여름철에는 금호동(무쇠막)에서 나룻배로 건너다녔다. 해마다 장마철이면 섬이 완전히 물속에 잠겼으나 1965년 이전까지는 강변에서 수영과 물놀이를 즐길 수 있었고, 빨래터로도 이용되었다.

섬과 강 건너 압구정(狎鷗亭) 사이에는 샛강이 있었다. 압구정은 한명회의 호로, 그의 정자(亭子)가 있었던 곳으로도 유명하다. 압구정에 올라서면 남산을 비롯해 삼각산과 청계산, 우면산 등 한양을 둘러싸고 있는 명산들을 한눈에 조망할 수 있었다. 그 때문에 압구정과 관련한 시가 몇백 편이나 될 만큼 문인들의 발길이 많이 이어졌고, 중국 사신들도 압구정을 구경하고 싶어 했다고 한다.

이처럼 저자도와 용산강은 빼어난 풍경과 함께 기우제를 지낼 정도로 신성한 분위기를 자아냈는데, 기우제 효과도 보았던 것으로 전한다. 고종 때에도 기우제를 지낸 후 비가 내리자 예조에서 고종에게 "…3일 안에 용산강과 저자도의 보사제(報謝祭, 기우제를 지낸 뒤에 비가 오면 3일 안에 돼지를 잡아 행하는 제사)를 지내야 하는데, 입추(立秋)를 기다렸다가 날을 받아 거행하는 것이 어떻겠습니까?"라고 건의하여 고종의 허락을 받았다는 기록도 보인다.

고종 43년(1906) 8월 17일에도 기우제를 지낸 후 비가 오자, 김사철(金思轍)이 용산강에서 보사제를 지낼 것을 다음과 같이 건의했다.

"다섯 차례 경건한 기도를 올리고 나서 단비가 내리기 시작했고, 별우제를 지낸 뒤에 새벽부터 아침까지 계속 비가 내려 거의 세 치나 왔습니다. 안타까이 갈망하던 끝에 골고루 적실 만큼 (비가) 왔으니 백성들의 농사를 생각할 때 참으로 더없는 다행입니다. 이에 기우제를 멈추고 종묘와 사직단에 보사제를 택일하여 행해야 할 것입니다. 그리고 재차 정성을 다하여 기도한 후 3일 안에 한 치나마 비를 내려주었으니 용산강과 저자도에도 똑같이 보사제를 지내는 것이 어떻겠습니까?"

이처럼 용산강에서는 20세기 초까지도 기우제를 지냈으며, 비가 오면 그에 대한 감사의 제사를 지낼 만큼 영험한 곳으로 주목받았다.

그러나 용산강 인근에 근대를 대표하는 상징인 기차가 강을 건널 수 있도록 한강 철교가 건설되고, 순종 2년(1909)에는 "당분간 둑도(뚝섬)에서 용산 철교까지의 한강 유역에서 고기잡이하거나 옷을 빨거나 기타 세척을 하거나 똥·오줌·배설물·쓰레기, 그 밖의 오물을 버리는 것을 금지한다. 이 명을 위배한 자는 10원 이하의 벌금 혹은 20일 이하의 구류에 처한다"며 근대 법령인 내부령(內部令) 제6호가 발표되는 등 점차 새로운 시대의 물결 속으로 빨려 들어갔다.

한편, 저자도는 한강이 범람할 때마다 압구정동 일대가 수몰되자 1970년 초 현대건설에서 압구정동 공유수면을 매립하는 데 저자도의 흙을 채취하여 사용했다. 이후 압구정에 아파트가 건설되고, 저자도는 물속에 잠기게 되었으나 현재 퇴적 현상에 의해 이 자리에 흙이 조금씩 쌓이고 있다고 한다.

능을 어디로
옮기는 게 좋겠는가?

🗨 세조에게 쫓겨날 뻔하다

천릉(遷陵)이란 왕릉을 옮기는 것을 말하며, 흔히 자연재해로 능이 훼손되거나 도굴 등 예상하지 못한 외부 요인이 발생했을 때 검토되었다. 그러나 천릉은 중국의 명·청대에도 사용하지 않은 특수한 용어로 우리나라에서는 조선시대 이후에 주로 거론되었다.

조선에서는 천릉을 두고 임금과 대신들 사이에 첨예한 논쟁이 벌어지기도 했다. 특히 풍수지리가 논란을 더욱 부추겼고, 왕릉을 조성하는 과정에서부터 서로 다른 주장이 나오기도 했다.

그런데 성리학을 숭상하는 조선시대에, 이단으로 배격했던 풍수지리를 이유로 천릉을 주장하여 논란을 일으켰다는 것은 모순이었다. 더구나 천릉은 대규모 인력과 물자가 집중되는 등 국가적으로 부담이 컸는데도 조선 전기가 지나면서 종종 논란의 대상이 되곤 했다.

풍수지리를 동원한 천릉의 명분은 '이미 사망한 능 주인의 명복을 빌며, 불행을 차단하고 더 나아가 나라와 왕실의 복을 기원한다'는 것이었다. 하지만 그 이면에는 살아 있는 왕의 권력과 왕실의 존엄성을 강화하는 수단으로 활용하려는 정치적 의도가 숨어 있었다. 조선 왕릉이 단순히 문화재로서의 가치를 넘어 "정치권력의 역학 관계가 투영되어 있었고, 풍수지리는 정치권력의 강화를 논리적으로 뒷받침하거나 정당화하는 등 이데올로기적 공간 담론으로 기능했다"는 평가를 받는 이유도 여기에 있다.

조선에서 가장 먼저 천릉을 단행한 왕은 태종으로, 태조의 두 번째 부인 신덕왕후(神德王后)의 정릉(貞陵)이 그 대상이었다. 물론 신덕왕후는 사망 뒤 왕비의 자격을 박탈당했기에 공식적으로 천릉이라는 용어를 사용하기에는 무리가 있으나 태종의 정치적 의도가 작용하여 능을 옮긴 것은 사실이다.

이후에는 천릉만이 아니라 왕릉을 조성하는 과정에서도 풍수지리를 이유로 능의 장소 선정 과정부터 논쟁이 벌어졌고, 때로는 관련자들에게 책임을 물어 탄핵하는 등 정치적으로 반대파들을 제거하거나 정계 개편을 통한 정국 전환용으로 활용되기도 했다.

천릉에 대한 논란과 관련해서 세조와 서거정의 일화도 대단히 흥미롭다. 서거정은 이미 6세에 글을 읽고 지을 정도로 신동이었다고 하며, 관직 생활을 하는 동안에는 세조에게 "(능력이) 보통 사람이 아니다"라는 평가를 받았다. 그러나 역사에서 서거정을 주목하는 이유는 단순히 그가 똑똑했기 때문만은 아니었다. 그는 왕에게도 잘못된 것은 직언을 서슴지 않았다.

성종 19년(1488) 12월 24일 그가 사망했을 때 실록에는 다음과 같이 기록하고 있다.

"하루는 세조가 여러 신하와 함께 후원에서 활쏘기를 하였는데, 서거정이 세조에게 말하기를 '신하와 짝지어 활을 쏘면 사리와 체통을 잃을까 두렵습니다. 또 업무를 보는 정전(正殿)이 있어 여러 신하를 맞이할 수 있는데, 하필이면 활을 쏘며 듣기 좋은 말을 듣고 사정을 살펴야 하겠습니까?'라고 했다."

아마도 이날의 모임은 세조가 '임금으로서 무예를 숭상하고 대신들과 활달하게 소통하고 있다'는 모습을 강조하려는 의도였던 것으로 해석된다. 그런데 서거정은 세조의 면전에서 임금의 모순된 행동을 직언했다.

그 때문에 천하의 세조도 당황했는지 〈세조실록〉에는 "예조 판서 이승손(李承孫)을 돌아보며 '서거정의 말이 사실과 다르고 사태를 알지 못하니, 내치는 것이 어떻겠는가?'라며 서거정을 물러가게 하려고 했다"고 기록되어 있으며, 이승손이 이를 말렸다고 한다.

🗨 왕이면 되었지 더 무엇을 바란단 말입니까?

이승손은 세조에게 "서거정의 말이 지나치기는 하나 옛말에 '임금이 밝으면 신하가 곧다'는 말이 있듯이, 전하께서 지혜가 밝으시기에 서거정이 그 말을 한 것입니다. 신은 깊이 하례드립니다'라고 재치 있게 대답했다. 이렇게까지 말하는데 세조로서도 더는 말하지 않았고, 험악해질 수도 있었던 상황을 모면(?)하게 된다.

서거정은 그 뒤로도 관직 생활을 하면서 능력을 인정받았고, 명나라에 사신으로 갔을 때도 주변으로부터 "참으로 뛰어난 재주를 가진 사람이다", "이 사람의 문장은 중원(中原)에서 구하더라도 많이 얻을 수 없다"는 등의 찬사를 받았다. 그러나 그는 자만하지 않았고, 세조에게도 여전히 직언을 아끼지 않았다.

서거정은 유학뿐만 아니라 "풍수(風水)와 사람의 생년월일과 태어난 시간으로 운명을 추산하여 길흉을 판단하는 성명(星命)의 학설에도 능통했다"고 하며, 세조 14년(1468) 왕릉을 옮기는 문제로 논의가 이루어졌을 때의 재미있는 일화도 전한다.

당시 세조의 아버지 세종과 어머니 소헌왕후(昭憲王后) 부부의 영릉(英陵)이 풍수지리적으로 좋지 않다는 이유로 대신들 사이에서 '마땅히 능을 옮겨야 한다'는 의견이 나오자, 세조도 천릉을 실행하려고 했다. 하지만 이를 위해서는 분명한 명분과 대신들의 지원이 필요했다. 이때 실록에 "세조가 어렵게 여겨서 서거정을 불러 물었다"는 기록이 있는 것으로 보아 세조의 절박함도 느껴진다.

그러나 세조의 질문을 받은 서거정은 "풍수지리 등은 단순히 이치가 그렇다고 설명하는 것일 뿐 이를 이용하여 앞날을 예측하는 것은 전혀 믿을 것이 못 되며, 더구나 묘를 옮기는 일은 후손들의 복을 빌기 위함인데 왕이면 되었지 더 무엇을 바라겠습니까?"라고 세조에게 반문하면서 "…그러나 이는 중대한 일이므로 성상의 슬기롭고 용기 있는 결단에 달렸을 뿐 신이 감히 억측으로 의논할 바가 아닙니다"라며 세조가 알아서 판단할 일이라고 대답했다.

세조는 서거정의 말에 더는 논리를 찾을 수 없었던지 "경의 말이 옳다. 내가 다시 능(陵)을 옮길 뜻을 두지 않겠다"고 답했다. 아무리 서거정이라고 해도 세조 앞에서 한 나라의 임금에게 한 말치고는 놀랄 정도로 단호했고 세조로서도 생각지 못한 대답을 들었지만, 당시 세조가 서거정의 말을 수용하지 않았다면 아마도 지금까지 수백 년 동안 이때의 일로 조롱(?)의 대상이 되었을 것이다.

세조가 천릉을 하려고 했던 세종 부부의 영릉은 현재 경기도 여주시에 있다. 하지만 영릉이 처음부터 이곳에 조성된 것은 아니었다. 세종은 아버지 태종 곁에 묻히기를 원했고, 부인 소헌왕후가 먼저 사망하자 태종의 무덤인 헌릉 가까이에 소헌왕후의 능을 조성한 후 자신이 사망하면 함께 합장하라고 명했다.

그런데 세종이 사망하여 합장하려고 하자 지관(地官)들이 '풍수지리적으로 불길하다'라는 이유로 능의 자리를 철회할 것을 강력하게 주장했다. 세종이 생존했을 때도 조선 초기 대표적인 풍수 전문가로 꼽혔던 최양선(崔揚善)은 "대모산 자락은 태종이 묻힌 헌릉만 주혈(主穴)이고, 나머지는 곁가지에 불과하다. 이곳은 손님과 주인이 다투는 형상이고, 맏아들을 잃고 손이 끊어질 형세이다"라며 능의 조성에 반대했다.

그러나 세종은 "다른 곳에서 복지(福地)를 얻는다고 해도 조상의 곁에 묻히는 것만 하겠는가?"라며 부모 곁에 묻히겠다는 고집을 꺾지 않았고, 세종이 사망한 후 그의 뜻대로 태종의 능 옆에 있는 능선에 소헌왕후와 함께 묻혔다.

세종 부부의 능은 격실 두 개 사이에 창문을 뚫어 왕과 왕비의 혼령이 통하는 조선 최초의 합장릉으로, 조선 전기 능의 기본으로 평가받는다. 하지만 세종 부부의 능은 세조 대에 들어 다시 옮겨야 한다는 주장이 강력하게 대두되었다. 풍수지리적으로 터가 좋지 않아 왕실 후손들이 요절한다는 이유였는데, 특히 자신의 직계 후손이 왕위를 잇게 하려는 의지가 강했던 세조로서는 천릉에 대한 주장이 신경이 쓰일 수밖에 없었다.

≋ 우여곡절 끝에 천릉이 이루어지다

세종의 사망으로 왕위를 물려받은 장남 문종은 2년 3개월 만인 38세의 젊은 나이에 사망했고, 문종의 장남이자 외아들 단종은 계유정난으로 숙부인 수양대군에게 왕위를 빼앗기고 16세에 죽임을 당했다.

세종의 다섯째 아들 광평대군(廣平大君)은 19세에 요절했고, 셋째 아들 안평대군은 둘째 형 수양대군이 정권을 잡은 후 반역을 도모했다는 죄로 강화도로 유배되었다가 35세에 처형당했다. 여섯째 아들 금성대군(錦城大君) 역시 단종의 왕위를 지키려다가 순흥으로 유배되어 그곳에서 단종 복위를 꾀하였으나 관노의 고변으로 31세에 처형되고 말았다. 세종의 둘째 아들이었던 세조는 평생 피부병으로 고생했으며, 세조의 장남 의경세자(懿敬世子)는 19세에 급사했다.

이에 당시 지관들은 '영릉 터에 자리 잡은 고개가 지맥을 끊는 형세이므로 후사가 끊어질 위험이 있다'는 이유로 능을 옮길 것을 주장했다. 그러나 세조는 서거정의 반대도 있었고, 안평대군과 함께 자신이 영릉의 터를 직접 선정했다는 책임감 때문인지 능을 옮기지는 않았다.

세종 부부의 능은 세조가 사망하고 예종이 즉위한 후에도 논란이 완전히 가라앉지 않았다. 예종은 천릉에 소극적이었고 관심도 없었지만, 남이(南怡)의 옥사 등으로 경색된 정국을 전환하려는 의도에서 권신 한명회 등이 나서 예종 1년(1469) 전격적으로 천릉이 이루어졌다.

당시 영릉은 여주로 옮겨졌으며, 인근에 있던 신륵사는 영릉의 원찰(園刹)이 되었다. 그리고 세조 비 정희왕후가 시아버지 세종의 은혜에 감사한다는 의미를 담아 사찰명을 보은사(報恩寺)로 바꾸었으나 이후 성리학이 조선에 뿌리를 내리면서 왕릉의 원찰 제도가 사라져 신륵사라는 옛이름을 되찾게 된다.

영릉은 영월에 있는 단종의 능과 개성에 있는 정종 부부의 능 다음으로 도성에서 멀리 떨어져 있다. 하지만 단종의 능과 정종 부부의 능 위치는 조선의 왕릉 가운데 예외에 해당해서 영릉은 왕릉 가운데 한양과는 가장 먼 곳에 조성된 능이라고 할 수 있다.

그런데도 위치는 당시 도성에서 뱃길로 하루거리일 정도로 교통이 좋고, 산세는 모란꽃 봉오리가 둘러싼 형상에 몸을 돌린 용이 정남향으로 바라보고 있으며, 그 주변은 봉황이 날개를 펼치고 알을 품듯 능을 감싸고 있어 풍수지리적으로 최고의 명당으로 꼽힌다. "영릉 덕분에 조선왕조의 국운이 1백 년은 더 연장되었다"는 이야기가 전하는 것도 그 예이다.

그렇다고 영릉의 지기(地氣)가 세조의 가족까지 지켜주지는 못한 듯하다. 세조의 장남으로 세자에 책봉된 의경세자가 일찍 사망하여 둘째 아들이 왕위를 물려받아 예종으로 즉위했으나 즉위 14개월 만에 20세의 나이로 요절했고, 예종의 장남 인성대군은 3세에 사망했다.

그 때문에 영릉은 천릉 후에도 다시 논란이 있었으나 실제로 천릉이 이루어지지는 않았다. 조선시대에 천릉이 이루어진 것은 세종의 영릉과 중종의 계비 장경왕후(章敬王后)의 희릉(禧陵) 그리고 중종의 정릉(靖陵) 등 단 3번에 불과하다.

🗨 풍수지리를 내세웠으나 정쟁만 남다

천릉의 실행 여부와 관계없이 천릉에 대한 논란은 주기적으로 일어났다. 특히 왕릉의 조성이나 천릉은 풍수지리가 논란을 더욱 부추겼다. 하지만 "알맹이(?)는 빠지고 논란을 위한 논란만 남았다"라고 할 정도로 풍수지리는 표면적인 이유에 불과했고, 임금과 대신 또는 대신과 대신 사이에 정치적인 의도가 크게 작용했다. 선조 33년(1600) 선조의 정비 의인왕후(懿仁王后)가 사망하여 장례를 치르는 과정에서 9월 6일 총호사(摠護使) 이헌국(李憲國)이 선조 앞에서 했던 다음과 같은 발언도 그 예였다.

"난리(임진왜란)를 치른 뒤로 유명한 술사들은 거의 다 없어졌습니다. 지금 이른바 김여견(金汝堅)·김덕원(金德元)·송건(宋健) 등은 뒤늦게 배운 사람들로 지리를 잘 알지 못하며, 이의신이란 자도 술사 축에는 들지 못하는 신인(新人)으로 나라에서 쓰는 법규를 알지 못합니다. 박상의란 자 역시 여러 차례 불렀으나 오지 않아 끝내는 잡아다 심문하기에 이르렀는데, 그가 술업(術業)을 잘 안다고 하는 사람도 있으나 글을 모르는 자이니 믿기 어렵습니다."

이헌국은 성질이 곧고 완고하여 임금 앞에서도 말하고자 하는 바를 피하거나 숨기지 않았던 관리였다. 선조 31년(1598)에는 이조 판서(吏曹判書)를 제수받았으나 끝내 사양하여 취임하지 않았고, 이듬해에는 선조가 다시 우의정에 임명하면서 "이조 판서를 사양하는 자를 내가 보지 못하였는데, 이 사람이 두 차례나 사양하니 가히 정승을 할 만한 사람이다"라고 했다는 이야기도 전한다.

이헌국은 이후 선조가 좌의정을 삼을 정도로 두터운 신임을 받았으며, 의인왕후가 사망했을 때는 국상(國喪)에 관한 모든 의식을 총괄하는 총호사의 임무도 수행했다.

이날, 이헌국이 선조와 논의하는 자리에는 관상감 제조(觀象監提調) 한응인(韓應寅)과 예조 판서 이호민(李好閔)도 함께했다. 따라서 이때 이헌국의 발언은 개인 의견이 아니라 국상 관계자들을 대표했고, 임진왜란 이후 첫 번째 국장(國葬)이라는 점에서 왕실은 물론 나라의 위상을 재정비하는 의미도 있었다.

이헌국이 "난리로 유명한 술사들이 모두 사라졌다"고 한 이유도 관심을 모았다. 당시 능의 조성은 풍수지리로 인한 논란이 심각했으나 의견들을 정리하는 것조차 쉽지 않았다. 임진왜란으로 풍수가들이 사망하거나 일본으로 끌려갔고, 사람들의 입에 이름이 오르내리던 풍수가들은 아직 경험이 많지 않아 신뢰하기 힘들었다. 즉, 논란을 잠재울 풍수 대가가 없었던 것이다.

이헌국이 거론한 박상의란 자는 조선 중기 유학자이면서도 일찍이 임진왜란이 일어날 것을 예언했고, 민가에서는 묏자리를 잡는 것과 관련해 유명한 일화들이 전할 정도로 풍수지리학의 대가로 인정받았으나 그가 왕비의 능을 조성하는 과정에서 왕의 명에 응하지 않은 것으로 보아 논란의 이면에는 정치적 의도가 작용했던 것으로 보인다.

여기에 더해 선조의 태도도 문제였다. 선조는 임진왜란이 궁궐의 기(氣)가 다하여 생긴 것으로 보고 선조 27년(1594), 명나라 군대와 함께 조선에 들어온 명나라 장수의 책사이자 풍수지리 전문가 섭정국(葉政國)에게 자문을 구하면서 나라 전체의 풍수에 관해서까지 의견을 물을 정도로 의지했다. 선조는 같은 해 6월 27일 사망한 의인왕후의 능을 어디에 조성할 것인가를 놓고 논란이 벌어졌을 때도 섭정국을 불렀다.

이에 이헌국은 "상(선조)께서도 우리나라에는 지리에 정통한 사람이 없다는 것을 아시고 섭정국을 청해 잘 살펴보게 한 다음 결정하게 하셨습니다"라며 선조가 섭정국까지 왕릉 조성에 참여시킨 것을 거론하면서 "그러나 산(山)을 보는 방법이 우리나라와는 아주 달라, 다들 이 사람(섭정국) 말만 믿고 막중하고 막대한 일을 결단하기가 어렵다고 판단하고 있습니다. 날이 갈수록 여러 말들이 물 끓듯이 일어나고 있는데, 하필 말 많은 자리를 다시 만들어서 뒷날의 후회를 남긴단 말입니까?"라며 섭정국으로 인해 의인왕후의 장례 절차가 진전되지 못하고 오히려 논란만 가중되었다고 지적했다.

당시 1차로 포천 신평이 왕릉 자리로 지목되었을 때 지관들과 대신들의 의견이 갈리자, 선조는 이의신의 의견을 택했으나 섭정국의 반대로 원점으로 돌아갔다.

그러다가 시간에 쫓긴 관계자들이 2차로 태조의 능인 건원릉 부근 동쪽에서 능을 조성할 곳을 찾았다. 하지만 여기서도 능선별로 의견이 갈려 선조는 이의신의 의견대로 3번째 능선을 택했다. 이때가 11월 13일이었다. 결국 추운 겨울인 12월 22일에야 의인왕후의 장례를 치르고 능을 조성하였으며, 주요 공사는 다음 해 봄으로 미루게 된다.

결과적으로 이헌국이 '섭정국의 능력과 관계없이 중국의 풍수 이론이 우리나라와 같지 않고, 지형도 중국과 우리나라가 다르다'라고 지적한 것은 충분한 이유가 있었다.

💬 왜 기록을 남기지 않았을까?

이헌국이 "조선에서 세 번 천릉한 것이 모두 사람들의 말로 인해 일어났으니, 국사가 불행함을 어찌 말로 다할 수 있겠습니까?"라고 천릉에 대한 논란을 거론하면서 "지금 장례를 마치기도 전에 사람들의 말이 이와 같으니, 비록 억지로 (자리를) 쓴다고 하더라도 뒷날의 걱정거리가 반드시 있을 것입니다. 의심하여 지체하지 마시고 속히 명을 내리소서. 여러 대신과 의정부 및 육조의 판서를 어명으로 불러들여 각기 의견을 아뢰도록 하여 가부를 결정하는 것이 마땅합니다"라며 선조의 결단을 촉구한 발언도 주목된다.

이날 이헌국의 발언은 '능의 조성과 관련한 논란으로 시간만 지체될 뿐 장례 절차가 진전을 보이지 않고 있고, 그 이유는 풍수지리를 내세워 떠들어대는 사람들의 말이 문제이며, 능이 조성된 후에도 언제든 정치적 이유로 다시 논란이 일어날 수 있다'는 점을 지적한 것이다.

그런데 선조는 이날도 "사람들이 잘 살펴보기 위해 나갔으니 우선 그들이 돌아오기를 기다린 다음 결정하겠다"며 즉답하지 않고 회의를 마무리하려고 했다. 선조는 왜 이와 같은 미온적인 태도를 취했을까?

이제까지의 경험에 따르면, 왕이나 신하 모두에게 왕릉의 조성은 확실한 정치적 명분에 풍수지리적 해석이 더해질 때 힘이 실렸다. 반면에 대신들의 지원과 강력한 권력이 뒷받침되지 않은 주장은 힘을 얻지 못했다. 비록 논란 끝에 천릉이 이루어지기는 했지만, 그동안 세 번의 천릉과 관련한 기록을 구체적으로 남기지 않은 것은 어떤 이유에서건 제대로 절차를 밟아 진행되지 못했음을 의미했기 때문이다.

인조 8년(1630) 3월 29일, 성종과 계비 정현왕후의 선릉을 옮겨야 한다는 논란이 일어났을 때 춘추관 당상(春秋館堂上) 조익(趙翼)은 "신(臣)들이 강화부(江華府)에 가서 실록에 실린 영릉·희릉·정릉을 옮길 때의 일들을 고찰하여 문서를 작성하여 보고하라는 명을 받들었습니다. 그러나 실록에 실린 내용이 매우 간략하였습니다…. 당초에 도감(都監)의 글이 분명치 못해서 그런 것인지, 아니면 사관이 기록한 바가 잘못되어 그렇게 된 것인지 알지 못하겠습니다…"라며 능을 옮긴 날짜와 복제(服制)조차 명확하지 않은 등 천릉과 관련하여 남겨진 자료들에 빠진 내용이 적지 않고, 심지어 세 번의 천릉을 기록한 내용 간에도 차이가 크다고 보고했다.

조익은 '능을 옮긴 이유와 담당 부서 및 관리 등의 구체적인 기록이 없다'고 지적하면서 천릉의 이유를 다음과 같이 아뢰었고, 선조는 더 할 말이 없었는지 "알았다고 답하였다"고 한다.

"영릉과 희릉을 옮기는 것에 대해서는 풍수설이나 광중(壙中, 시체가 놓이는 무덤의 구덩이 부분)의 돌로 인해서라고 그 이유가 기재되었으나 정릉을 옮긴 까닭은 싣지 않고 있으니 이것은 크게 누락된 부분이라 할 것입니다…. 이 역시 매우 소홀한 점들입니다. 다만 정릉을 옮기고 상을 내릴 때 천릉도감(遷陵都監)·산릉도감(山陵都監)의 관리만 거론되고 빈전도감(殯殿都監)은 없었으며, 도청(都廳)과 낭청(郎廳)만 지칭될 뿐 국가의 공사를 감독하고 독촉하고자 임시로 임명한 감조관(監造官)은 없었습니다. 생각건대, 개장(改葬, 무덤을 옮김)과는 다른 것이어서 두 도감만을 설치하고 감조관도 뽑지 않아서 그런 것인가 합니다."

3부

금주령과 과거 합격에도 사연이:

민생/교육

백성들이 작은 기쁨을 누리며
즐기는 것은 보장되어야 한다

💬 조선 건국과 함께 금주령이 시행되다

조선시대에는 큰 가뭄이 들거나 굶어 죽는 백성이 나오는 기근은 물론, 한 해의 농산물 수확이 평년 수준을 밑도는 흉작이 예상되면 임금과 대신들이 대책을 논의하면서 예외 없이 금주령을 함께 거론했다. 여기에는 당시 술의 원료가 대부분 쌀이나 밀 같은 곡물이었기 때문에 식량이 되는 곡물을 한 톨이라도 더 아껴야 했고, 동시에 왕부터 일반 백성까지 모두가 말과 행동을 조심하고 절제하는 생활을 함으로써 하늘의 노여움을 풀고 굶주린 이들을 위로한다는 의미가 담겨 있었다.

금주령은 대체로 가뭄이 심한 봄과 여름에 반포되어 추수가 끝나는 가을에 해제되었으나 때로는 10월에서 12월 사이에도 시행되었다. 또한 금주령의 결정은 보통 중앙정부에서 검토하여 발표했지만, 특정 지역의 상황이 좋지 않을 때는 지방 관찰사들의 건의로 시행되기도 했다.

금주령이 시행되면 왕이 솔선수범하면서 각별한 관심을 기울이는 등 금주령은 조선 건국 직후부터 실시된 대표적인 법령 가운데 하나였다. 1392년 새로 나라를 세우자마자 흉작으로 인하여 금주령을 내렸다가 이듬해인 태조 2년(1393) 2월, "지금 매우 춥고, 사신이 한양에 들어오니 의금부의 영을 해제하라"는 태조의 명이 있었고, 이후 거의 매년 금주령의 발령과 해제가 반복되었다. 태종 대에도 20여 차례가 넘을 만큼 금주령이 자주 내려졌으며, 법령도 점차 구체적으로 정비되었다.

특히 태종 1년(1401)에는 오랫동안 가뭄이 계속되자 태종이 "비록 금주령을 내렸으나 술을 마시는 자가 그치지 않으니, 이것은 과인이 술을 끊지 않아서 그런 것이다"라며 즉위 초부터 스스로 금주를 하여 모범을 보였다. 세종 대에는 특별히 자연재해 등을 당하지 않더라도 농사철에는 금주령을 시행했다.

그러나 금주령이 내려져도 술의 제조와 음주가 허용되는 예외 조항이 있었다. 예를 들면 나라에서 지내는 제사·사신 접대·상왕(上王)에게 올리는 술 등 국가적으로 중요한 행사 등이 이에 해당하였고, 일반 민가에서는 혼인과 제사, 노인이나 병자의 약 등으로 쓰는 경우 그리고 술을 팔아 생계를 유지해야 하는 빈민들에 대해서도 묵인된 것으로 전한다.

금주령이 내려지면 지방에서는 비교적 엄격하게 지켜졌다. 그러나 한양에서는 공·사의 연회가 금지되고 과도한 음주로 인한 술주정 등을 제재하는 정도의 통제는 되었으나 사대부와 관료 사회에서는 잘 지켜지지 않았고, 단속도 사실상 어려웠다. 그 때문에 금주령이 내려지면 다양한 위반 사례들이 조정에 보고되었다. 음주 가무(飮酒歌舞)나 기생과 관련한 문제는 대표적인 예였고, 예외 조항의 적용이나 적발 당시의 상황 그리고 처벌 수위를 놓고 임금과 대신들 사이에 의견 차이도 적지 않았다.

태종 1년(1401) 5월 2일에 '황상(黃象)이 주모(酒母)가 있는 술집에 들어가 기생과 함께 술을 마시다가 사헌부에 적발되었으니 금주령을 위반한 죄로 처벌해야 한다'는 보고가 올라가자, 태종은 황상이 공신 황희석(黃希碩)의 아들이라는 이유로 태형과 감옥살이를 면해 주는 대신 한양과 가장 먼 국경 지역의 영흥부로 유배를 명했다.

세종 3년(1421) 1월 4일에는 예조에서 '시제(時祭) 때에도 산소에서 차(茶)를 쓰고 술을 쓰지 못하도록 하자'며 금주령을 더욱 강화할 것을 건의했다. 당시 세종은 "제사에 술 쓰는 것은 금하지 말라"며 허락하지 않았지만, 유교 사회에서 중요하게 여기는 덕목까지 규제하자는 의견이 나올 정도로 금주령의 예외 조항에 대한 논란이 끊이지 않았다.

📣 법에 차별이 있어서야 되겠는가?

세조 3년(1457) 3월 29일에는 장령(掌令) 김명중(金命中)이 세조에게 다음과 같이 보고한 일도 있었다.

"요사이 부정한 귀신에게 지내는 제사를 금지하지 않아 부녀자들이 장구와 현관(絃管, 관악기와 현악기)으로 앞에서 인도하여 북치고 춤추기까지 하며, 또 악공과 광대들을 춤과 노래로 놀게 하여 대낮의 크고 번잡한 곳에서도 부끄럽게 여기는 것이 없으니, 이 풍습을 커지게 할 수는 없습니다. 지금 지방에 심한 흉년이 들었으니, 청컨대 술을 금하게 하소서."

이에 세조는 다음과 같이 사헌부를 질타했다.

"부녀자들이 만약 그렇다면 사헌부에서 어찌 이를 금지하지 않는가? 하찮은 소민(小民)들은 겨우 한 번 술에 취했다고 해서 그것으로 논박(論駁)을 당하고, 호화롭고 편안한 생활을 누리는 사람들은 술을 마시지 않는 날이 없는데도 논박을 당하지 않는다면 이런 법은 시행하여도 이익이 없을 것이다."

비록 세조가 금주령의 시행에서 형평성과 공정성을 지적하며 김명중의 요청을 받아들이지 않았지만, 금주령 위반을 다스리는 것이 나라의 기강을 세우는 일과 직접적인 연관이 있다는 이유로 처벌을 주장하는 대신들도 적지 않았다. 다만, 그들은 권세가보다 일반 백성을 주목한 듯했다. 그 때문에 임금과 대신들의 의견이 달라 논란이 계속되기도 했다.

같은 해 4월 22일에는 김명중이 다시 세조에게 "남녀 7~8인이 술에 취하여 거문고를 타고 노래를 부르며 서로 희롱하고 춤추면서 궐문 앞을 지나가는데, 대도(大都) 가운데서 조금도 두려워하고 꺼리는 것이 없어 신(臣) 등이 사헌부에 있다가 이 소리를 듣고서 잡아들였으니, 청컨대 이들을 국문(鞫問)하소서"라고 보고한 일도 있었다.

그러나 세조는 김명중에게 "무릇 미천한 백성은 근심하지 않으면 노래를 부르는데, 어찌 감히 백성들의 형편이나 처지를 딱하고 어렵게 만들고는 즐거워하지 못하도록 하겠는가? 내가 전일에 '미천한 백성이 모여서 술 마시는 것을 금하지 않는다'고 이미 교지(敎旨)로 내렸는데, 그대들이 어찌 함부로 잡아들여 아뢰는가?"라고 질책했다.

김명중은 "성상께 아뢰지 않고서 잡아들인 것은 신(臣)이 실로 죄가 있습니다. …올해는 한재(旱災)가 있어서 보리와 밀 이삭이 패지 못하여 흉년이 들고 물건값이 뛰니, 신(臣)은 술을 금하는 것이 옳다고 생각합니다"라고 아뢰었다. 그러자 세조는 "장령 김명중이 교지(敎旨)를 거스르고 위세를 함부로 부려, 나무랄 때도 항거하여 쟁론(爭論)하면서 (임금을) 공경하는 마음이 조금도 없으니, 그것을 추국(推鞠)하여 아뢰라"라고 의금부에 명했다.

김명중이 비록 격식을 갖추어 자기의 잘못이라고 인정했지만, 세조는 김명중이 명을 어기고 마음대로 백성들을 잡아들였다고 화까지 내면서 중죄인으로 취급했다. 하지만 이날의 논란은 김명중이 왕명을 어겼다기보다는 세조가 그렇게 몰고 가는 경향이 있었다.

김명중은 기강과 풍속을 바로잡는 사헌부 관리로서 법을 엄격하게 집행하여 나라의 기강을 세우려고 했고, 동시에 한재로 인한 일 년 농사의 흉년을 걱정했다. 반면에 세조는 '근심 걱정을 하지 않으면 노래를 부르게 되니 백성들이 작은 기쁨을 누리며 즐기는 것은 보장되어야 한다'는 점을 강조했다.

◉ 금주령에도 유흥을 즐기는 관리들이 있습니다

세조는 자기의 뜻을 제대로 파악하지 못한 김명중에게 '관리로서 위세를 행사했다'는 죄까지 물었다. 그런데 사관이 〈세조실록〉에 남긴 기록에는 "이때 금령(禁令)이 자못 간략하여 무당의 풍속이 성행하였으니, 도성의 남녀가 떼 지어 술 마시는 것에 싫증남이 없었다. 매번 술자리를 벌이면 반드시 음악을 베풀었고, 해가 저물어서야 헤어져 돌아갔다"라고 당시의 사회 분위기를 전하면서 다음과 같이 덧붙였다.

"남녀가 길거리에서 노래하고 춤추며 큰 소리로 '태평 시대의 즐거운 일'이라고 떠들었다. 귀한 신분의 집안 부인들도 그대로 따라 해서 장막을 크게 설치하고는 아들과 며느리를 다 모아 위세를 부리며 사치를 다투는 것이 매우 극진하였다. 진달래꽃이 필 때 특히 많아지니, 이름하기를 '전화음(煎花飮)'이라고 하였다."

사관에 따르면 '흥청망청한다'는 분위기가 느껴질 정도였으나 세조는 당시 상황을 다르게 해석했던 것으로 보인다. 즉, 피의 숙청을 불러온 계유정난을 통해 왕위에 오른 지 3년 만에 "백성들이 큰 소리로 태평 시대의 즐거운 일이라고 떠들었다"며 이른바 '태평성대'를 강조하고 싶었는지도 모른다.

이 일이 있고 나서 이틀 후인 4월 24일 의금부에서 "장령 김명중은 마땅히 불경(不敬)의 죄로 벌을 받아야 합니다"라고 보고하자, 세조가 "김명중을 용서한다"는 특명을 내리면서 "다만 김명중은 좌천하고, 그와 더불어 의논한 집의(執義) 김계희(金係熙)·장령(掌令) 권형(權衡)·지평(持平) 김기(金琦)도 아울러 논죄(論罪)하지 말라"고 명한 것도 그 예라 하겠다.

이처럼 조선 전기까지는 일반적으로 금주령이 내려지면 대신들은 엄격한 법 적용을 주장했지만, 임금은 처벌에 관대한 면이 있었다. 달리 말해 임금의 입장에서는 이른바 정치적 판단도 감안할 필요가 있었다. 예를 들면 되도록 백성들의 일상생활에 지장이 가지 않게 배려해야 했고,

한편으로 백성들이 술로 힘들고 고달픈 현실의 삶을 위로 받는 등 술을 마시는 이유도 다양했기에 금주령을 내리고 단속하는 문제가 그리 간단하지만은 않았던 것이다.

성종 6년(1475) 8월 7일에는 사헌부에서 성종에게 "제용감 주부(濟用監注簿) 조구서(曹九敍)는 금주령이 내렸음에도 자기 집으로 10여 명의 관리를 불러 유밀과(油蜜果)와 함께 법으로 금한 고기를 장만하여 술을 마셨으며, 기생과 악공을 불러 음악 소리가 대궐 안에까지 들렸습니다"라고 보고하면서 조구서를 법에 따라 '장 1백 대와 도형 3년에 처하며 고신(告身, 임명장)을 빼앗고 관련자들도 법에 따라 엄하게 처벌할 것'을 아뢴 일도 있었다. 그러나 성종은 조구서의 장형(杖刑)을 면제하고 지방으로 유배 보내면서 나머지 관련자도 도형과 장형을 면하게 하거나 서반(西班, 무반)에 귀속되도록 명했다.

성종 9년(1478) 4월 7일에는 대사간 김자정(金自貞)이 "올해 두 번 흙비의 변(變)이 있어 전하께서 마음을 가다듬고 반성하여 이를 삼가시면서 금주는 허락하지 않으시니, 하늘의 꾸지람에 공손히 답하는 바가 아닙니다. 모여서 술 마시는 법은 이미 세웠으니, 사치를 금하는 법도 세워서 거듭 밝히는 것이 옳습니다"라며 하늘에서 이상 징후를 보이며 경고하는데도 금주령을 강화하지 않는 성종의 조치에 이의를 제기했고, 대신들이 이에 동조하면서 오랜 시간 논쟁이 이어졌다.

🗨 한 사람이라도 억울한 자가 나와서야 되겠는가?

이날, 장령 박숙달(朴叔達)은 한발 더 나아가 "지금의 공경대부(公卿大

夫)는 잔치하고 노는 것을 일삼아 강 위에 정자(亭子)를 짓고 왕래하면서 즐기니, 만일 중국 사신이 와서 보면 필시 이르기를 '나라 사람들이 놀고 잔치하는 것에만 관심을 기울인다'고 할 것입니다"라며 벼슬이나 작위가 높은 사람들이 권세와 부(富)를 이용해 유흥을 즐기며 사치를 일삼고 있으니, 엄격하게 법을 적용하여 금지해야 한다고 아뢰었다.

그러나 성종은 "술을 금하는 까닭은 비용을 줄이고자 하는 것인데, 만약 술을 금하는 영(令)을 내리면 비록 한 병의 술을 가진 자라도 구속당할 것이니 원망하는 자가 많을 것이다"라며 철저한 법 집행으로 억울한 사람이 생겨나는 등 의도하지 않은 부작용이 발생할 수 있다고 우려했다.

또한 공경대부들의 지적에 대해서도 "또 당(唐)나라 때도 재상이 곡강(曲江)에 나가 노는 일이 있었으니, 일 년 동안 근심하고 수고하였는데 하루도 즐기지 못하게 하는 것이 옳겠는가? 비록 놀며 쉴 수 있는 곳이 있다고 하더라도 무엇이 해롭겠는가?"라며 평소 열심히 일했으니 때로는 휴식도 필요하다며 재상들의 노고를 위로하는 의미를 강조했다.

그러자 영사(領事) 한명회가 "성상의 하교가 지당합니다"라고 동의했고, 노사신(盧思愼) 역시 "신(臣)이 소유한 논밭(전장, 田莊)도 강변에 있는데 신의 조부(祖父)가 지은 정자를 물려받아 신도 때로 왕래하고 있습니다. 강변에 인가(人家)가 있는 것을 중국 사람이 본다고 해서 무슨 좋지 못함이 있겠습니까?"라며 한명회를 지원했다.

지사(知事) 이극배(李克培) 역시 "중국 조정에도 누대(樓臺)가 있으며, 지금의 재상들이 비록 정자를 가지고 있을지라도 임무가 중한 자라면 어느 여가에 가서 놀겠습니까?"라며 중국 사례까지 들어 거들었다. 그러나 박숙달도 물러서지 않았다.

박숙달은 《역경(易經)》에 '신하가 어려움을 무릅쓰고 충성을 다하는 것이 자기를 위해 하는 것이 아니다'라고 하였고, 《시경(詩經)》에 '밤낮으로 부지런하여 한 사람을 섬긴다'고 하였으니 높은 관직에 있는 자는 마땅히 충성을 다하고 게으르지 않아야 할 것인데, 날마다 잔치하며 술 마시는 것을 일삼는 것이 옳겠습니까?'라고 신하 된 자의 도리를 강조하며 공경대부들이 솔선수범해야 한다고 반박했다.

이어서 처음 문제를 제기했던 김자정 역시 "금주령은 마땅히 세워야 합니다. 술을 금하는 것이 작은 일인 것 같으나 낭비하는 것을 막아 절약하는 데에는 이보다 좋은 것이 없습니다. 지금의 사람들이 대개 사치를 숭상하여 정자(亭子)를 분수에 넘칠 정도로 아름답게 꾸미니, 청컨대 철거하게 하소서"라고 주청했다.

이날 대신들의 의견은 세조 대부터 권력의 핵심에 있던 한명회를 비롯해 이른바 권신(權臣)들을 견제하는 분위기도 느껴진다. 그러나 성종은 "태평 시대에 공경대부가 어찌 항상 근심하고 걱정만 할 필요가 있겠는가? 함부로 음탕한 짓을 하지 아니함이 옳으나 혹시 놀고 휴식한들 무엇이 해롭겠는가?"라며 대신들의 의견을 받아들이지 않았다.

💬 공경대부들에 대한 정치적 견제인가?

이날 성종의 발언이 공경대부들, 즉 권신을 옹호하는 듯 보이자 박숙달은 "태평 시대에 임금과 신하가 근심하고 두려워할 것은 바로 태평함을 길이 보전하는 길입니다. 만약 스스로 태평 시대라고 이르면서 경계하고 두려워할 줄을 모른다면 어찌 태평함을 끝까지 보존하겠습니까?"라고 반박하며 물러서지 않았다.

이극배 역시 "모여서 술 마시는 법을 이미 세웠으니, 사치를 금하는 법도 세워서 거듭 밝히는 것이 옳습니다"라고 동의했으나 성종은 "이미 법을 세웠으니 오직 사헌부의 검찰(檢察)만 있을 뿐이며, 술을 금하는 것은 아직 천천히 하라"며 허락하지 않았다.

그러자 박숙달은 "신이 삼가 보건대, 전하의 다스림이 점점 예전만 못합니다"라고 성종에게 따지듯이 되물으면서 "창원군(昌原君)이 마음대로 사람을 죽여 신 등이 죄를 청하였으나 들어주지 아니하시고, 정인지(鄭麟趾)가 스스로 가난하다고 말하여 임금을 속였으므로 신 등이 죄를 청하였으나 또한 들어주지 아니하셨습니다…. 전하께서 언론(言論)을 듣는 것이 점점 처음과 같지 아니합니다"라며 이전에 있었던 일까지 거론하고 나섰다.

박숙달이 말한 창원군은 세조와 유일한 후궁으로 전하는 근빈 박씨 사이에서 태어난 아들로, 성종에게는 작은아버지가 된다. 창원군은 어릴 때부터 성격이 방탕하여 궁중 예법을 무시하고, 재상을 욕보이는 등 자주 문제를 일으켰다. 성종 8년(1477)에는 온천에서 목욕한다며 온양(溫陽)으로 갔다가 공주(公州) 등지로 돌아다니면서 수령의 접대를 받는 등 민폐를 끼친 일로 제재 받았고, 이듬해에는 자신의 여종이 음란하다는 이유로 살해하여 처벌받았다가 곧 사면되는 등 여러 차례 탄핵을 받았다.

정인지는 수양대군을 지지하여 계유정변으로 세조가 왕위에 오르자 좌의정에 발탁되었고, 세조 13년(1467)에는 원상(院相)에 임명되어 세조의 측근으로서 권세가의 자리에 올랐다. 또한 성종의 즉위에도 공을 인정받아 공신에 책봉되었으며, 원로대신 대접을 받았다.

하지만 대간(臺諫, 대관과 간관을 아울러 이르던 말)들이 '한미한 가문 출신으로 재화를 늘리는 데 전념하여 치부(致富)했다'고 비판하자, 같은 원로 대신이었던 한명회 등이 '정인지의 재산 증가는 장리(長利, 곡식이나 돈을 높은 이자로 놓음)에 불과했으니 큰 흠이 될 수 없다'며 옹호한 일도 있었다. 따라서 박숙달의 발언이 공경대부의 권세 남용을 비판하는 중견 관리들의 의견을 대표했다면, 성종의 발언은 대신들의 갈등과 대립으로 논란이 커지는 것을 차단하려는 듯했다.

어린 나이에 즉위한 성종은 이제 성인이었고, 군왕은 말단 관리부터 공경대부까지 모두를 아우르는 자리라는 것을 잘 알고 있었다. 이날 대신들의 주장에 대해 성종이 "대간의 말은 반드시 다 따라야 하는가?"라고 따질 정도로 군왕으로서 자기 의견이 더욱 분명해진 것도 그 예였다.

그러나 권신 한명회가 "대간의 언론(言論)은 주상께서 취하거나 버리거나 하시면 될 뿐입니다"라며 성종을 지원했고, 이극배는 "대간의 말이 옳으면 따르고 옳지 않으면 버리는 것인데, 창원군은 가까운 친족이고 정인지는 대신이므로 전하께서 죄주지 아니하시는 것은 부득이한 데서 나온 것입니다…. 취하고 버리는 것은 전하께 달려 있습니다"라고 성종을 대신해서 상황을 정리하며 논란을 마무리할 정도로 권신들은 여전히 조정에서 영향력을 발휘하고 있었다.

한편 이날의 논의는 기본적으로 금주령의 철저한 시행을 놓고 대신들과 성종 사이에 의견 차이가 있었으며, 성종은 자신의 입장에서 한발도 물러서지 않았다. 그 때문에 양쪽이 팽팽하게 맞섰으나 이후 금주령의 시행과 처벌 등 구체적인 법 적용을 놓고 논의가 계속되면서 결국 관대했던 임금의 태도에도 변화가 나타나기 시작했다.

금주령을 어긴 죄로
목을 베는 것은 지나친 일입니다!

〰️ 원로대신들의 예우인가, 사치인가?

금주령을 언제까지 시행할 것인지 그리고 예외 조항은 어디까지 둘 것인지는 대단히 민감한 문제였다. 금주령을 오래 시행한다고 반드시 좋은 것도 아닌 데다가 사대부와 일반 백성에게 똑같이 적용되지 않는 경우도 있었고, 사대부 사이에서도 원로대신을 포함한 특권층과 일반 관리에게 적용되는 법에 차이가 있었기 때문이다. 때로는 이러한 문제를 놓고 임금과 대신들 사이에 논쟁이 벌어지기도 했다.

성종 16년(1485) 9월 5일, 집의(執義) 강거효(姜居孝)가 성종에게 "요사이 문신(文臣)이 제술(製述)하는 날 시관(試官)과 문신들에게 술을 내리신다고 하는데, 신은 무지한 백성들이 모두 궐내에서 술을 쓰는 것으로 여기고 다투어 서로 마시려고 할까 봐 염려스럽습니다"라고 우려를 표명한 일이 있었다. 여기서 '제술'이란 문신들이 시나 글을 짓는 것을 이르는 말로, 이렇게 임금이 감독관과 문신들을 격려하는 뜻에서 술을 하사하는 일은 문인 중심 사회에서는 특별한 의미가 있었다.

이날 성종은 "가을 기운이 이미 깊었고 농사일도 정해졌으니, 하늘의 경계를 삼갈 때가 아니다. 또 날이 점점 추워지는데, 늙은 재상들이 대궐에 들어오면 약주(藥酒)가 없을 수 없다. 이같이 부득이 술을 쓰면서 민간에서 술 쓰는 것을 금하는 것은 불가하지 않겠는가?"라며 궁궐 내에서 약주를 허락했으니 백성들에게도 금주령을 해제할 때가 되었다면서 강거효의 건의를 수용하지 않았다.

그러자 이번에는 검토관(檢討官) 김수동(金壽童)이 나서서 "만약 금주를 해제한다면 무지한 백성들이 술을 숭상(崇尙)하는 것을 그치지 아니하여 후일의 계책이 되지 못하고, 그 폐단이 작지 아니할 것이니 금주령은 해제할 수가 없습니다"라며 반대했다.

이에 성종은 "흉년에 일반 백성들이 금주를 범하여 죄를 받거나 납속(納贖, 죄를 면하고자 돈을 바침)하는 것은 모두 불쌍하고 가엽다. 또 듣건대 무사(武士)의 무리가 금주를 두려워하여 과녁에 활을 쏘아 맞히지 못한다고 하는데, 예사(藝射, 활쏘기)를 강론할 때는 모름지기 술의 힘을 빌려야 하는 것이니 지금 이를 없애는 것 또한 불편하다"며 금주령에 대한 대신들과의 논의를 마무리 지었다.

이처럼 금주령은 문인들의 격려와 원로대신들에 대한 예우 그리고 무인들이 활을 쏠 때 등 사회의 상층부에 속하는 양반 계층에 상대적으로 관대한 경향이 있었고, 한편으로는 예외 조항과 처벌 수위를 결정하는 데 임금의 판단이 커다란 영향을 미쳤다. 그러나 그 기준은 독단적으로 결정하는 것이 아니라 당시의 여러 가지 상황을 고려했다. 예를 들면 백성의 생활고 등 경제 상황이나 불만 등의 여론뿐 아니라 나라의 기강 및 왕권과 신권의 역학 관계 등을 살폈다. 하지만 위반자의 적발과 처벌 과정에서 법 적용이 애매하다는 지적을 받기도 했고, 예외 조항을 악용하는 사례도 계속해서 발생했다.

이에 대신들은 이전보다 더 엄격하게 금주령을 시행할 것을 계속 건의했으며, 임금들도 금주령 시행에 적극적으로 나서면서 금주령에 따른 통제가 점차 강화되었다. 중종 32년(1537) 4월 15일 사헌부에서 중종에게 "지금 가뭄 기운이 매우 심하니, 무릇 노쇠한 사람이 약으로 먹는 것과 혼인이나 제사 이외에는 한 병의 술을 가지는 것도 일절 금지하기를 바랍니다"라고 건의하자 중종이 허락한 것도 그 예였다.

🗨 조선 전기가 지나면서 통제가 강화되다

중종 36년(1541) 11월 13일에는 중종이 직접 나서 "누룩의 매매를 엄하게 금하자고 하였는데, 만일 드러내놓고 시장에 마구 내다 판다면 금지하는 것이 마땅하다"며 술의 제조에 필요한 누룩의 매매를 금하라는 명을 내렸다. 또한 단속을 빌미로 백성들에게 피해를 주는 관원이 생겨나는 등 일반 백성의 생계에 지장을 초래하는 폐단에 대해서도 다음과 같이 구체적으로 지적했다.

"대체로 술을 빚는 것은 마시기 위해서가 아니다. 옛날의 일이나 술을 경계하는 글을 보면 술은 제사를 위해서 만드는 음식인데, 점점 마시는 것을 숭상하면서 문란한 지경에까지 이르러 허비되는 것을 생각지 않고 갈수록 더하니, 보통 때라도 옳지 못한 일인데 더구나 흉년이 든 때이겠는가? 몰래 서로 매매하는 것을 한성부에서 금하게 한다면, 이를 금지하는 아전들이 그것을 핑계로 무고한 사람을 함부로 잡아다 관에 고발하여 매를 때리기도 하고, 벌금을 물리기도 하는 등 폐해가 많을 것이다."

그러면서 중종은 "철저하게 조사하여 엄하게 책임을 묻겠다"며 다음과 같이 명했다.

"누룩의 매매를 엄격히 금하려면 백성들에게 널리 알려야 하니 방(榜)을 붙여 알게 하라. 품계가 높은 상급 관아와 육조(六曹)에 소속된 각사(各司)에서 술을 물 쓰듯 하여 노복들이 생업까지 잃게 되었다는 말도 사실이다. 주모(酒母)를 많이 두는 폐습은 아래에서 받들어 시행하지 않았기 때문에 생긴 것이니 적발해서 엄하게 다스려야 한다. 본래 이런 법이 있는데도 받들어 시행하지 않은 책임이 있으므로 장무관(掌務官, 장관 밑에서 직접 사무를 도맡아 보는 관원)을 모두 추고(推考)하라."

당시 중종은 금주령으로 인한 폐해를 상당히 구체적으로 파악하고 있었고, 그 폐해를 없애려는 의지도 강력했다. 대신들 역시 '한양은 교육이나 정치의 힘으로 풍습을 잘 교화하여 모범이 되어야 하는데, 품계 높은 각 상급 관아와 육조에 소속된 각사에서 주모를 많이 두고 있다'고 지적하면서 "흉년에 곡식을 허비하는 폐단으로는 술을 빚는 것이 가장 심합니다. 각 관청에는 술을 넣어 두는 창고를 혁파하도록 이미 명을 내렸고, 한양 안의 영접과 전송을 맡은 곳에서도 모두 일절 금하고 있습니다"

라며 중종의 명을 그대로 받들었다. 이러한 분위기는 조선 전기와는 달리 금주령을 위반하는 사례와 통제로 인한 부작용이 훨씬 더 심각했음을 의미했다.

⬤ 근본은 버려두고 말단만 다스리는 것은 옳지 않다

이날 대신들은 중종에게 "금주령이 엄격한 듯하나 백성들의 집에서는 여전히 술을 빚고 있으니 온갖 계책을 생각해 보아도 금지하기가 매우 어렵습니다"라고 하면서 다음과 같이 술의 제조를 통제할 것을 건의했다.

"도성의 각 시장에는 누룩을 파는 데가 7~8곳이 있는데 그곳에서 하루에 7백~8백 문(門)이 거래되며, 그것으로 술을 빚는 쌀은 천여 석에 이를 것이니 그 낭비가 참으로 염려됩니다. 누룩을 못 팔게 한다는 것은 사실 어려운 일이고, 재물을 유통하는 길도 영구히 금지할 수는 없으나 이 같은 흉년에는 말리지 않을 수 없습니다. 평시서(平市署, 시전에서 쓰는 자나 저울 등과 물건값을 검사하는 일을 맡아보던 관아)에 명하여 올해 가을까지만 누룩의 매매를 일절 엄금하도록 하는 것이 어떻겠습니까?"

당시 "열 사람이 먹을 식량을 술로 빚으면 한 사람이 마셔서 없앤다"는 말이 돌 정도로 술의 제조는 많은 식량을 소비했다. 따라서 조정에서는 흉년의 징조만 보여도 제일 먼저 금주령을 검토했다. 특히 숙종 대부터 시작된 기후 이상이 영조 대까지 이어지면서 임금들도 금주령에 더욱 각별하게 신경 썼다.

영조 대에는 52년간의 재위 기간 중 40여 년간 금주령을 내릴 정도로 농사 작황이 좋지 않았다. 그 때문에 대신들은 영조에게 "올해의 농사가 크게 흉년이 들었습니다. 하물며 요사이 큰 바람까지 있었으니, 반드시 곡식이 손상된 데 따른 근심이 있을 것입니다. 술을 금하는 것은 다만 하늘의 경계를 삼가는 것뿐만 아니라 민간의 쓸데없는 소비를 줄이는 것입니다"라며 흉년에 대비해 금주령을 시행할 것을 지속해서 건의했다.

영조 역시 "백성들이 먹을 쌀도 부족한데 그 귀한 쌀로 술을 빚어 먹으면 안 된다"며 직접 금주령을 챙겼는데, "우리 역사에서 금주령은 영조 대에 가장 광범위하고 강력하게 실시되었다"는 평가를 받을 정도였다. 그런데도 여전히 금주령을 위반하는 사례들이 적발되었고, 특히 사대부와 권세가일수록 금주령에 대한 경각심이 부족했다.

영조 7년(1731)에는 사간원에서 "곡식과 재물을 소모하는 것은 술에 의한 피해가 가장 심한데 근래에는 금주가 해이해졌으니, 청컨대 단속하소서"라고 건의하자, 영조가 "법이 사대부에게는 행해지지 않고 반드시 상인과 천인에게만 행해지므로, 실로 가슴 아프게 생각한다. 간관이 일찍이 세력 있는 자는 적발하지 못하고 엄히 금지할 것만 청하니, 근본은 버려두고 말단만 다스리는 것이라 하겠다"라고 지적하면서 금주령을 엄격하게 시행하라고 명한 일도 있었다.

금주령은 가뭄이나 홍수 등 특정 상황이 해소되면 풀리는 한시적인 법이었다. 그러나 영조 재위 중반기를 넘긴 영조 31년(1755)에 한 달간 계속된 장마로 홍수가 나는 등의 이유로 흉년이 크게 들면서 그 내용도 많이 바뀌었다.

같은 해 9월 14일 영조가 "다시 생각해 보니, 향촌의 탁주(濁酒)는 바로 한양의 지주(旨酒, 맛 좋은 술로 제사용으로 사용한 술)여서 위로 종묘에 고하고 아래로 반포한 후에는 한결같이 해야 마땅하다. 지역과 군대를 막론하고 제사·연례(讌禮)·호궤(犒饋)와 농가(農家)의 술은 모두 예주(醴酒)로 허락하되 탁주와 보리술은 일절 엄금하라"고 명할 정도였다.

영조가 금주령을 내리면서 거론한 '연례'는 임금이 궁내에서 주기적으로 베푸는 잔치였다. 특히 연례는 좌석 배치와 술의 순배가 품계에 따라 행해지는 등 임금과 신하의 신분을 엄격하게 구분하여 예의와 절차에 따라 진행되는 일종의 의식으로, 여기에는 임금의 권위를 확인하고 신하들의 절대복종을 강조하는 뜻이 담겨 있었다. 그리고 '호궤'는 임금이 군사들에게 술과 음식을 내리며 위로하는 행사로, 이를 통해 왕명에 대한 복종 등 임금에 대한 충성을 확인하는 의미가 있었다.

따라서 영조의 명령에는 봉건사회이자 왕조 국가에서 중요한 의식까지도 감주(甘酒) 사용을 명할 정도로 술을 통제하고, 예외 조항을 빌미로 관아의 벼슬아치와 양반 지주들이 음주 가무를 일삼는 등의 위반 사례를 철저하게 처벌하겠다는 의지가 담겨 있었다.

⬚ 제사에도 술의 사용을 금하다

당시 영조는 나라 전체에 금주령을 내리면서 스스로 궁궐 안에 두었던 술을 모두 없앨 정도로 단호했고, '여러 대신이 모두 영조에게 금주령을 칭송했'고 하지만 반대하는 대신들도 있었다. 전 사간(司諫) 이민곤(李敏坤)은 "태묘(太廟)의 제향에는 술을 없애서는 안 됩니다"라며 술을 사용하지 말라는 영조의 명을 거두어줄 것을 청하는 글을 올리고, 영조를 만나려고 했으나 정원(政院. 왕명의 출납을 맡아보던 관아)에서 막아 만나지 못한 일도 있었다.

이민곤은 영조에게 왕도정치를 촉구하며 직언을 서슴지 않았던 강직한 관리로, 이듬해에도 영조에게 직언하다가 죄를 받아 귀양 가던 중 금성 창도역 숙소에서 하룻밤을 묵었는데 화재가 나서 불에 타 사망하고 말았다. 영조는 이 소식을 듣고 이민곤의 귀양을 풀고 관직을 회복하여 도승지에 추증했다.

정언(正言) 구상(具庠)도 '제사 때 탁주라도 쓰게 해달라'고 청했지만, 영조는 오히려 '금주령을 위반한 자는 중죄로 다스린다'고 공표했고 결국 3개월의 유예기간을 둔 후 영조 32년(1756) 정월부터 전국에 금주령이 시행되었다. 이는 조선 전 시대를 걸쳐 가장 엄격한 것이었다. 심지어 같은 해에 영조는 다음과 같이 명했다.

"임금이 술을 금지한 뒤에도 술 빚는 일이 계속된다고 하여 이후로는 술을 빚다 잡힌 자는 엄하게 심문하여 술을 사서 마신 자를 캐묻되, 술을 빚은 자는 형벌을 면제하여 단지 섬으로 유배만 보내고, 사서 마신 자는 영원히 황폐한 고을의 노비로 소속시킬 것이며, 선비는 유생의 명부에서 이름을 지우고 멀리 귀양 보내고, 중인과 서얼은 수군(水軍)으로 보충하도록 하라."

영조는 금주령을 강화하면서 술을 빚는 일은 완전히 막을 수 없다는 현실적 여건을 고려해 술을 빚는 사람보다 술을 사서 마시는 사람을 신분 고하를 막론하고 더욱 엄하게 처벌할 것을 명한 것이다.

⊜ 정조가 금주령을 완화한 이유는?

영조 34년(1758)에 큰 흉년이 들자, 영조는 더욱 엄격한 금주령을 시행하면서 홍화문(弘化門, 창경궁의 정문)에 직접 나가 백성들에게 금주에 대한 특별담화를 발표했다.

영조 38년(1762)에는 금주령을 어긴 남병사(南兵使) 윤구연(尹九淵)이 참형당하는 일까지 있었다. 당시 윤구연은 술을 제조했거나 술을 마시다가 적발된 것이 아니라 그의 집에서 빈 술병이 나온 것이 전부였다. 그 때문에 영의정 등 삼정승이 나서서 윤구연을 구원하려고 하였으나 화가 난 영조는 대꾸도 하지 않고, 오히려 이들을 파직하고 직접 숭례문에 나가 윤구연을 참형에 처했다.

영조 39년(1763) 6월 23일 〈영조실록〉에는 윤구연의 처형을 기록하면서 당시 조정 분위기를 다음과 같이 전하고 있다.

> "권극(權極)이 금주령을 범한 사람은 목을 베어 매달 것을 청하였는데 얼마 안 되어 남태회(南泰會)가 '남병사 윤구연이 법을 범했다'라고 아뢰어, 임금이 선전관(宣傳官)을 보내 수색하게 하였으나 단지 빈 술병뿐이었다. 그러나 윤구연은 이 때문에 참형되었다. 그래도 금주령을 어기는 사람이 잇따라 사형을 당하는 경우가 매우 많았으므로 조정과 민간에서 모두 두려워하여 감히 말하는 사람이 없었다."

영조는 술을 단속하면서 흔적만 발견되어도 사형에 처할 만큼 잔혹하게 다스렸고, 대신들은 무서워서 제대로 말도 하지 못할 만큼 분위기가 살벌했다. 그런데 이날 영조의 엄격한 금주령 실시에 대해 구상(具庠)이 다음과 같이 아뢰었다.

"금주령을 범한 사람을 사형으로 처단하게 한 전하의 뜻은 영을 어기는 사람이 없게 하기 위한 것이었습니다. 그러나 이익이 있는 곳에는 아무리 엄중한 법과 가혹한 형벌을 가하더라도 백성들이 명령을 따르지 않는 법인데, 더구나 이것은 사형에 해당하는 죄가 아닙니다. 그런데도 사람을 죽인 자와 똑같은 형벌을 내리는 것을 영구한 규칙으로 만드는 일은 후손에게 너그러움을 전하는 뜻이 아닙니다. 청컨대 이제부터 금주령을 범한 무리는 사형을 면하여 주고 그 죄를 헤아려 조처하소서."

이에 영조는 "술의 양이 많고 적음에 따라 금주령을 어긴 죄의 등급을 나누어 처벌하라"며 구상의 의견을 받아들였고, 사관은 이날의 논의를 기록하면서 "…구상이 능히 한마디 말로 임금의 마음을 돌려 비로소 처벌 수위를 낮추라는 의논이 있었기에 식자(識者)들이 구상을 훌륭하게 여겼다"는 평을 남겼다.

그러나 금주령을 위반하는 사례는 계속 증가했다. 영조 46년(1770) 1월 26일 〈영조실록〉에는 "영조가 직접 대궐 문에 나가 여러 방면에서 나이 먹은 남자들을 불러 금주령에 대한 민심을 살폈는데, 어떤 자가 '술에 대한 폐단이 병자년(영조 32년, 1756) 이전보다 심합니다'라고 아뢰므로 술을 많이 빚은 자에게 장형을 가하고, 또 선술집 문간에 다는 지등롱(紙燈籠)도 켜지 못하게 하였으나 끝내 금할 수가 없었다"는 기록도 보인다.

금주령은 정조가 즉위한 후 완화되었다. 이러한 분위기는 정조가 술을 무척 좋아한 것과 연관이 있다는 견해도 있다. 실제로 정조는 '신하들이 만취하지 않으면 집에 돌려보내지 않았다'는 등 다양한 일화의 주인 공이기도 하다. 그뿐 아니라 밤새도록 술을 파는 날밤집, '목로'라는 나무 탁자를 두고 서서 간단히 마시는 선술집, 안주인은 얼굴을 내보이지 않고 팔뚝만 내밀어 술과 안주를 내준다는 팔뚝집 등이 등장할 정도로 "정조 때 주막(酒幕) 문화가 발달했다"는 이야기도 전한다.

그러나 금주령에 대해 역대 임금들이 보여준 태도의 차이는 개인적인 취향 등 사적인 이유만으로 설명하기는 힘들다. 금주령의 시행과정에서 매우 복합적인 요인들이 작용했기 때문이다.

술이 곡식을 낭비한다는 사실을 어찌 모르겠는가?

금주령의 시행은 기본적으로 해당 시기의 사회와 경제 그리고 정치적 상황이 영향을 미쳤다. 그리고 임금과 대신들이 '백성을 어떻게 보느냐?'에 따라 법 집행과 처벌이 달랐다. 예를 들면 백성을 통치 대상으로 보는지, 아니면 백성의 삶을 위해 정치를 하는지에 대한 차이를 말한다.

이러한 차이는 명령을 내리고 법을 집행하여 백성들을 통제할 것인가, 아니면 금주령을 내릴 수밖에 없는 절박한 상황과 이것이 백성들의 삶에 미치는 영향을 고려하여 법을 집행할 것인가로 이어진다. 특히 왕조사회에서는 임금의 명과 법의 집행에 따른 복종을 요구할 것인지, 아니면 백성의 삶과 해당 시기의 상황 등을 고려한 정치적 판단에 기반하여 법을 시행할 것인지를 말한다. 정조의 경우 후자에 해당했다.

정조 16년(1792) 9월 19일 판윤(判尹) 김문순(金文淳)이 후주(酗酒, 술에 취하여 정신없이 말하거나 행동함)에 대한 금지령을 다시 내릴 것을 청하자, 판

중추부사(判中樞府事) 박종악(朴宗岳)은 "곡식의 소비는 술을 빚는 것보다 더 심한 것이 없으니 금주령은 그만둘 수 없을 듯합니다"라고 아뢰었다. 그러나 정조는 "술이 곡식을 낭비한다는 것을 내 어찌 모르겠는가"라며 다음과 같이 말하기도 했다.

"술을 완전히 금지하는 것은 불가능한 일이기에 하우씨(夏禹氏)도 의적 (儀狄)을 멀리하기만 하고 술을 금하지 않았다. 선왕조(영조) 때 권극(權極)의 상소로 법을 일률적으로 적용해 본 적이 있었으나 그때에도 여전히 (사람들이) 술을 마셨다. 그 후 다른 일로 권극을 체포하여 심문하였는데, 선왕이 뜻하신 바를 알 수 있었다. 크게 술을 빚는 일과 가정에서 술을 파는 일을 이미 판윤(判尹)이 금지했고, 이 일을 맡은 관리들이 충분히 처리할 수 있으므로 조정에서 별도의 금령을 내릴 필요는 없다."

여기서 '하우씨'는 중국 하(夏)나라의 임금이고, '의적'은 우왕의 신하로 하나라 때 최초로 술을 제조하였다는 전설상의 인물이다. 전하는 이야기에 따르면 "우왕은 의적이 제조한 술을 받아 마셔보고는 달게 여기면서 '후세에 반드시 술로 나라를 망하게 하는 자가 있을 것이다'라며 의적을 멀리했으나 처벌하지는 않았다"고 한다.

그리고 권극은 영조 38년(1762) 9월 4일 "…아주 심하게 금주의 영을 범한 자는 적발하는 대로 목을 베어 뭇사람에게 보임으로써 일벌백계(一罰百戒)의 방도로 삼을 것을 청합니다"라고 영조에게 건의하여 무리하게 금주령을 시행하게 했고, 이로써 윤구연 등 억울하게 죽는 사람들이 생겨났다는 비판을 받았다. 결국 그는 대신들의 탄핵이 이어지면서 형벌을 받고 흑산도로 귀양 가는 도중 길에서 객사하고 말았다.

정조는 또한 '영조가 엄격하게 금주령을 시행했음에도 술을 완전히 근절시키지 못했다'는 사실에도 주목했다. 그 이유와 관련해서 정조 17년(1793) 2월 8일 "우의정(右議政) 김이소(金履素)가 흉년에 곡식을 허비한다는 이유로 엄하게 술을 금할 것을 거듭하여 청하니, 임금이 백성들을 소란하게 한다는 이유로 난색을 보였다. 다만 한성부에 명하여 성심으로 알아듣게 타일러서 각기 술 빚는 것을 절제하게 하였다"는 기록도 보인다.

김이소는 지조가 있어 옳은 일은 끝까지 추진해 정조의 신임이 두터웠던 인물이다. 그는 외교에도 능력이 뛰어나 청나라에 다섯 번이나 다녀왔으며, 문학에 조예가 깊고 재주가 비상했으나 이를 잘 드러내지 않던 겸손한 관리였다.

그런데도 정조가 그의 진언(進言)을 받아들이지 않았던 이유는 법을 강력하게 시행한다고 효과가 있는 것은 아니며, 더구나 사람이 살자고 시행하는 법인데 사람을 죽이면서까지 법을 집행하는 것은 모순이라고 보았기 때문이다.

면신례의 폐단이 큰데,
이것이 무슨 풍속입니까?

금주령 기간에도 3일간 잔치를 허용하다

조선시대의 과거(科擧)는 문과(文科)와 무과(武科) 그리고 잡과(雜科)가 실시되었다. 그중 문과는 성리학을 지배 이념으로 하여 중앙집권적 양반 관료 체계를 주도적으로 이끌어갈 문반 관리를 선발하는 시험이었다. 따라서 문과는 무과와 잡과에 비해 위상이 상당히 높았고, 사대부라면 과거를 준비하여 문과에 합격하는 것을 삶의 중요한 목표로 삼았다.

그러나 과거는 자주 시행되지 않았으며, 문과는 여러 차례의 시험을 거쳐 최종적으로 소수 인원만 선발되었다. 즉 조선시대에는 500여 년간 229회의 생원과 진사시에서 총 4만 8000여 명이 선발되었고, 이들 가운데 문과에 최종 합격한 인원은 7400여 명에 불과했다. 따라서 과거에 합격하는 것은 낙타가 바늘구멍을 통과하는 것에 비유될 만큼 어려운 일이었기 때문에 개인은 물론 가문의 영광으로 여겼으며, 나라에서도 '인재를 얻었다'는 의미로 임금이 직접 잔치를 베풀었던 국가적인 경사였다.

태종 17년(1417) 4월 8일에 경복궁 경회루에서 문·무과 복시(覆試, 초시에 합격한 사람이 2차로 보던 시험)를 시행했는데, 당시 금주령이 시행되고 있었음에도 태종은 "전례(前例)에 따라 3일에 한하여 경사스러운 일을 축하한다"며 특별히 3일간 술 마시는 것을 허락한 것도 그 예였다.

과거 합격자를 배출한 집안에서도 성대하게 잔치를 벌였다. 이를 유가(遊街)라고 했는데, 과거 급제자는 어사화(御賜花)를 꽂은 관모를 쓰고 말을 탄 채 광대를 앞세워 풍악을 울리며 3일 동안 거리를 돌아다니는 일종의 거리 행진을 벌였다. 그리고 좌주(座主)·선진자(先進者)·친척(親戚) 등 과거에서 자신을 선발한 시험관과 물심양면으로 지원해 준 선배 문인, 집안의 친척들을 찾아다니며 인사했다.

과거에 합격한 후 처음으로 관직에 나가는 과정에서는 일종의 신고식 또는 통과의례를 거쳤는데, 상당히 비용이 많이 들고 절차도 까다로워 애를 먹었다. 연산군 6년(1500) 8월 29일 의정부에서 "새로 들어온 사람의 학대를 금하는 것이 나라의 법전(法典)에 기재되어 있으니 법령이 엄하지 않은 것이 아닙니다. 내금위는 왕궁을 지켜야 하므로 사람의 선발이 가장 중요한데, 가난한 집안의 아들들은 비록 뛰어난 재주가 있더라도 선발될 수 없습니다. 새로 온 사람이 치러야 하는 행례(行禮)를 감당하기가 어렵기 때문입니다"라고 연산군에게 보고한 일도 있었다.

행례, 즉 신고식은 한 번으로 끝나지 않았다. 심한 경우 정식 출근도 하기 전에 술과 안주를 집에서 가져와 대접하기를 10여 차례나 했다. 신고식 차원에서 선배 관리가 신임 관리에게 돈이나 곡식 따위를 요구하는 것을 징구(徵求), 신임 관리들을 열흘에서 길게는 한 달까지 연속해서 억지로 숙직을 서게 하는 것을 초도(初度) 그리고 신고식을 하면서 술과 안주를 많이 준비시키는 것을 면신(免新)이라고 하는 등 다양한 용어들도 생겨났다.

신임 관리들이 이를 무시하거나 소홀히 하면 선배 관리들이 '뜻대로 되지 않았다'며 배척하여 좌석의 끝자리에도 참여하지 못하게 했다. 그 때문에 신임 관리들은 "차라리 재산을 망치더라도 꼭 풍성하게 많이 준비하게 되고, 가난한 사람들은 아예 희망을 버리고 포기하게 되니 이것이 무슨 풍속입니까?"라고 호소할 정도로 폐해가 극심했다.

심지어 "그 근원은 대개 육조(六曹)의 낭관(郎官, 정랑과 좌랑)과 사관(四館, 성균관·예문관·승문원·교서관)에서부터 시작되었는데, 육조 중에서는 이조와 병조가 으뜸이고 사관(四館) 중에서는 예문관(藝文館)이 더욱 심합니다. 감찰(監察) 또한 보통의 관원이 아닌 데다가 법령이 있는데도 새로 소속된 사람을 침해하는 것이 근래에 더욱 심하니, 관직에 임명되지 않으려는 사람도 있게 됩니다…"라고 보고할 정도로 주요 부서의 신고식일수록 폐해가 더 심각했다.

그 때문에 어렵게 과거에 합격하고도 관직에 나가는 것을 포기하는 일까지 발생했으나 오히려 과거 합격자들이 거쳐야 하는 하나의 관례로 자리를 잡게 되었다.

⊜ 과거 합격자의 잔치를 금할 것을 건의하다

연산군 10년(1504) 4월 9일에는 헌납(獻納) 김지(金祉)가 연산군에게 "지금 가뭄이 심하니 금주령을 내리시기 바랍니다. 그리고 새로 과거에 합격한 자들이 으레 잔치를 베푸는데, 비록 한 가정의 일이기는 하지만 들어가는 비용이 많으니 유가(遊街)를 못 하게 하옵소서"라며 과거 합격 자들이 벌이는 잔치를 금지하자고 건의한 일도 있었다.

그러나 연산군은 "금주령을 내린다 해도 빈궁(貧窮)한 자는 반드시 금령(禁令)에 걸릴 것이요, 세력 있고 부유한 자들은 반드시 뇌물로 면할 것이니 이렇게 되면 도리어 민원만 사게 될 것이다. 각 관사의 관원들 가운데 술을 마시는 자가 있더라도 어떻게 적발할 것인가? 또한 민간에서도 아침저녁 거리를 생각해서 쓰는 것이니 어찌 비용을 허비하게 되겠는가?"라며 금주령의 위반을 적발하기가 쉽지 않고, 처벌과 관련한 법이 공정하게 집행되지 않을 것이라는 이유를 들어 받아들이지 않았다. 그러면서 연산군은 "지금 봄 가뭄이 심한 것은 내가 어질지 못한 소치이다"라며 대신들에게 다음과 같이 되물었다.

"세종께서는 동방의 요·순이라고 하는데도 역시 봄 가뭄이 있었고, 성종께서는 명철하신 임금이셨지만 여러 번 한재(旱災)를 만났다. 무릇 재앙인 것을 재앙이 아니라 하며, 재앙이 아닌 것을 재앙이라 함은 매우 옳지 않은 일이다. 반드시 성탕(成湯, 중국 은나라 임금) 때의 7년 가뭄과 같은 뒤에라야만 재앙이라 할 수 있을 것이다. 또 옛말에 '무덤이 3자[尺] 높이만 되어도 효도가 된다'고 하였는데, 하물며 부모님이 살아계시는데 과거에 급제하여 축하 잔치를 벌이는 것을 금할 수 있겠는가? 또한 그 유래 역시 오랜 것이다."

연산군은 세종과 성종까지 거론하며 "과거에 합격한 후 벌이는 잔치는 오랫동안 이어져 내려온 관례이며 동시에 부모에게 더없는 효도이니 함부로 금지할 수 없다"고 잘라 말하면서 오히려 금주령을 건의한 대간에게 "이는 대간이 경솔한 마음으로 함부로 생각하고 말하는 것이다"라고 질책했다.

연산군의 지적은 과거의 중요성과 함께 현실적인 여건을 고려했다는 점에서 틀린 말은 아니었다. 하지만 이 무렵 대신들과 국정을 논의하는 과정에서 연산군이 보여준 태도에는 문제의 소지가 있었다. 예를 들면 대신들이 시정해야 할 사안을 건의하면 연산군은 "임금을 의심하는 것은 좋은 풍습이 아니다"라며 대신들의 태도를 따졌고, 임금으로서 상황을 구체적으로 파악하기보다는 세종과 성종의 치세와 비교하며 조롱하는 등 대신들의 의견을 무시하는 경향이 있었다.

이후 과거 합격을 축하하는 잔치는 규모가 더욱 확대되어 사회적인 문제로 대두되었고, 결국 중종 28년(1533) 5월 6일 중종은 "금주령이 내려졌으니 유가(遊街)를 금지하라"는 명을 내렸다. 그러나 유가는 이미 하나의 관례로 자리 잡았기 때문에 이 조치가 얼마나 실효성을 거두었는지는 확인하기 힘들다.

또한 관직 생활을 하고 있던 선배들은 과거에 급제하여 처음으로 관직에 나온 사람을 '신래(新來)'라고 하면서 이들에게 일종의 신고식 또는 통과의례를 치르는 과정에서 처음 관리에 임명된 사람을 신속(新屬), 직속 선배 관리인 전임관(前任官)을 선생(先生)이라 일렀으며, 아래 관원이 상관을 맞이하던 예를 지영(祗迎), 처음으로 윗사람을 만나 자신의 이름이 적힌 명함(名銜)을 전하는 것을 투자(投刺)라고 하는 등 여러 가지 용어가 등장할 정도로 절차가 더 복잡하고 까다로워졌고, 시간이 지날수록 그 폐단 역시 심각해졌다.

≋ 신고식이 하나의 관례로 자리 잡다

면신(免新)이라고 해서 새로 관직에 나가는 신입 관원이 선배 관원을 초대하여 음식을 대접하는 것도 관례로 자리 잡았다. 이를 일종의 신고식이라는 의미에서 면신례(免新禮)라고도 했다.

그런데 한 번의 면신례로 신고식이 끝나지 않았다. 부임하는 즉시 허참례(許參禮)라 하여 첫 면신례를 한 후 10여 일 뒤에 다시 면신례를 해야 비로소 선배 관원, 즉 구관원과 자리를 같이 할 수 있었고 여러 차례 반복되기도 했다. 이러한 절차는 선배가 신입 관리에게 상종(相從)을 허락한다고 해서 허참연(許參宴)·면신벌례(免新罰禮)라고도 불렀다.

《용재총화(慵齋叢話)》에 따르면 "과거에 합격하면 먼저 많은 선배 관리들을 초청하여 술과 안주를 성대하게 대접하며 일차 향응을 베풀었고, 열흘쯤 뒤에 '면신례'라는 명목으로 다시 주연(酒宴)을 벌였다"고 한다.

또 "잔칫상은 홀수로 차려야 하는데 3의 수, 5의 수, 7의 수 또는 9의 수까지 이어지기도 했으며, 이 과정에서 선배 관리가 신참 관리에게 인격적인 모독을 가하고 직무와 관련하여 함정에 빠뜨리거나 구타와 같은 육체적인 가혹행위까지 하는 등 여러 가지 방법으로 시험하고 괴롭혔다"고 한다. 그런데도 이러한 절차는 '신참자가 시련을 극복하는 과정을 통해 관리로서의 자질과 능력 그리고 재치를 시험한다'는 이유를 내세워 하나의 관습으로 굳어졌다.

면신례는 본래 '신입 관원의 거만함을 없애고 상하 위계질서를 분명하게 세운다'는 의도에서 생겨난 풍습으로, 그 유래는 고려 말로 거슬러 올라간다. 당시는 정치질서가 문란해서 권문세족의 자제가 가문의 세력에 힘입어 관리 선발 과정을 요식 절차로 만들어버리며 관리에 등용되는 경우가 흔했다. 그 때문에 선배 관리들이 이들의 기를 꺾어 놓기 위해 혹독한 신고식을 거행했는데, 이러한 풍습이 조선 건국 후에도 이어지면서 새로운 절차들이 더해진 것이다.

성종 25년(1494) 9월 22일 도총관(都摠管) 변종인(卞宗仁)이 '아래 관원이 허참례를 행하지 않았다'며 이는 선배 관원을 욕보인 것이니 관직에 나가는 것을 피해 달라고 청하여 훈련원 13명이 파면된 일도 있었다.

중종 9년(1514) 11월 15일에는 대사간 최숙생이 "새로 급제한 사람이 관리에 임명되면 반드시 허참례와 면신례를 해야 하는데, 정응(鄭䧹)은 이 예를 행하지 않고서 갑자기 홍문관 정자(弘文館正字)로 임명되었으니 불편합니다"라고 문제를 제기했으나 중종이 받아들이지 않은 일도 있었다.

정응은 훈구파로부터 조광조(趙光祖)를 우두머리로 하는 사림파로 지목되어 모함을 받기도 했고, 같은 해에는 성리학의 이론서인 《성리대전(性理大全)》을 진강(進講, 왕이나 동궁 앞에서 학문을 강의하던 일)할 수 있는 인물로 추천될 정도로 성리학에 조예가 깊었다.

특히 그는 조광조로부터 크게 쓰일 인물로 촉망받았으며, 기묘사화 이전의 개혁정치 시기에 사림파로서 "전통적 명분을 회복하고 새로운 통치 질서를 세우는 데 기여한 바가 많다"는 평가를 받았다. 이런 정응도 선배 관리의 지적을 받기는 했지만, 그가 면신례를 하지 않고 무사히 넘어갈 수 있었던 것은 특별한 예에 해당했다.

일반적으로 신입 관원의 경우 면신례를 거부하기 힘든 이유도 있었다.

예를 들면 권상일(權相一)은 23세가 되던 숙종 28년(1702) 과거에 도전하여 낙방을 거듭한 끝에 숙종 36년(1710) 31세의 나이에 증광시에 급제했다. 그리고 5개월 후 승문원으로 출근하게 되었는데, 당시 그는 출근하기 전 5일간 40여 명이 넘는 승문원 선배들의 집을 돌며 면신례와 허참례를 했다. 어렵게 과거를 통과하여 꿈에 그리던 관직에 나가면서 임금에게는 충직한 신하로, 백성에게는 필요한 관리가 되기 위해 감당해야 할 절차로 받아들였기 때문이다.

≡ 빚에 쫓기고, 사망자까지 발생하다

율곡 이이(李珥)도 선배 관리들에게 공손하지 못하다는 이유로 면신례를 통과하지 못해 관직에 나가지 못하고 이른바 왕따를 당했다는 이야기도 전한다. 그 때문에 면신례의 폐단을 직접 경험했던 이이는 선조에게 "이러한 악습은 타파해야 합니다"라고 강력하게 주장했고, 조정에서도 여러 번 이를 금지하는 조치를 취했으나 근절되지 않았다. 오히려 면신례의 폐해는 시간이 지날수록 더욱 심각해졌다.

중종 33년(1538) 8월 17일, 사헌부에서 중종에게 "훈련원 참군(訓鍊院 參軍) 이종(李琮)은 모든 신래(新來)가 면신례를 할 때면 친히 그 집에 가서 '내가 곧 관직에 임명되는데 그러면 감찰(監察)이 될 것이니 면신에 쓸 물품을 미리 비축하여 두고자 한다. 그대는 면신에 쓸 물품을 많이 준비하였을 것이니, 나에게 나눠준다면 그대의 면신례 또한 쉽게 하도록 하겠다'고 하는데, 신래들이 거의 다 두려워하여 나눠줍니다. 죄를 물어 벌을 주게 하소서"라고 보고한 일도 있었다. 당시 중종은 "아뢴 대로 하라"고 명하여 조사가 이루어졌으나 이후에도 면신례의 폐단은 지속되었다.

중종 36년(1541) 12월 10일에는 사헌부에서 면신례의 폐단을 다음과 같이 보고했다.

"과거에 급제하여 출신(出身)하는 것은 곧 선비가 처음으로 벼슬길에 나선다는 것이므로 마땅히 예절에 맞는 몸가짐을 갖추고 씩씩한 기상과 굳은 절개를 기르면서 관직에 등용되기를 기다려야 하는 법입니다. 그런데 선배 관리들이 신래라 이름하여 함부로 대하기를, 온몸에 진흙을 바르고 온 낯에 오물을 칠하며 잔치를 차리도록 독촉하여 먹고 마시기를 거리낌 없이 하되, 조금이라도 뜻에 맞지 않으면 심한 모욕을 주는 등 갖가지 추태를 부리고 아랫사람을 매질하는데 그 맷독(초독, 楚毒)은 이루 말할 수가 없습니다."

사헌부에서는 '과거에 급제하여 청운의 꿈을 안고 관직에 나가는 것은 대단히 숭고한 의미가 있으나 면신례의 폐단이 극심하여 그 의미를 찾아볼 수 없다'고 비판하면서 "심지어 신래인 사람들이 밤낮으로 뛰어다니며 음식 따위를 대접하기에 바쁘며, 비천하고 명예를 더럽히고 욕되게 하여 모두 사람으로서는 할 수 없는 수치스러운 일들도 달갑게 여기며 해야 합니다"라며 다음과 같이 구체적인 사례까지 보고했다.

"잔치를 벌이느라 허비하는 물건값이 수만 냥(兩) 되는데, 가난한 선비들은 스스로 마련할 길이 없으면 구걸하여 빌리기를 한양이나 지방 할 것 없이 염치를 돌보지 않고 눈앞에 닥친 일을 해결하기 급급합니다. 그중에 스스로 마련할 수 없는 사람은 간혹 부유한 장사치의 집에 데릴사위로 들어가 이 일을 의뢰하기도 하니, 몸을 망치고 이름을 떨어뜨리는 짓을 함이 이처럼 참담합니다. 또한 선배 관원들은 면신례라는 이름으로 겨울에 물에 집어넣기도 하고, 한더위에 볕을 쪼이게도 하여 병이 들어 생명을 잃거나 고칠 수 없는 병에 걸리는 사람도 있으니 폐해 역시 참혹합니다."

🗨 오랑캐의 풍속에도 이와 같은 짓은 없었다!

이처럼 면신례는 부작용이 심각했음에도 오히려 과거와 관련 없는 관원들에게까지 확산되었는데, 사헌부에서 다음과 같은 사례들을 지적할 정도였다.

"심지어 이러한 풍습이 사대부들 사이에서 먼저 나왔지만, 미관말직 및 잡품(雜品)과 군졸(軍卒), 복례(僕隸, 중앙이나 지방의 사령들이 거느리는 노복)와 같은 미천한 사람들까지도 모두 그렇게 하지 않는 사람이 없고, 감찰 및 법사의 관원들도 세속을 벗어나지 못하여 경쟁하듯 따라 하느라 가산(家産)을 모두 탕진하고도 또한 감당해 내지 못하여 더러는 논밭과 노비를 팔고 더러는 집까지 팔게 됩니다."

면신례에서 금품을 상납받는 것을 법으로 처벌하는 조항도 만들어졌으나 별 소용이 없었다. 사헌부의 보고에 따르면 "폐단이 이처럼 극도에 이르렀는데 혹시라도 고치려고 하는 사람이 있으면 모두 '신래들의 뻣뻣하고 날카로운 기세를 꺾어버려야 한다'고 말을 하니, 이는 더욱 심각한 일입니다"라며 누구도 이러한 폐단을 고치려고 하지 않고 오히려 부추기고 있다고 비판할 정도였다.

중종 36년(1541) 12월 10일에는 사헌부에서 중국과 고려의 사례까지 거론하며 다음과 같이 지적하기도 했다.

"당나라와 송나라 시대를 살펴보건대 과거로 선비를 뽑았지만, 신진 선비들은 은덕과 영화를 누렸을 뿐이고 조금도 굴욕을 당하는 일이 없었습니다. 그런데도 그때의 선비들이 교만하거나 건방져서 부리기 어려웠다는 말은 들어보지 못했습니다. 또 오랑캐인 원나라의 미개한 풍속에도 이와 같은 짓은 없었습니다."

사헌부는 면신례의 의도 자체가 무의미하고 역사적으로도 유래를 찾아보기 힘들며, 고려 말 혼탁한 정치로 인해 생겨난 기이한 현상임에도 불구하고 "그 폐단을 막지 못하여 동방의 예의지국인 조선에서 도리어 이와 같은 미개한 풍습이 되었으니, 매우 수치스러운 일입니다"라고 한탄하면서 다음과 같이 주장했다.

"신래를 함부로 대하는 짓을 금지하는 법이 《대전(大典)》에 실려 있고, 지난날 조정에서 거듭하여 이를 금하라고 내린 명령에 대해 분명하고 적극적으로 대처하지 않은 것은 아니지만, 지금까지 고쳐지지 않고 더욱 심해진 이유는 한갓 폐단을 막으라는 명령만 있고 신래라는 이름은 그대로 있기 때문입니다. 후배와 선배 사이는 품계 하나의 차이도 엄격하므로 상하가 서로 만나면 본래 그만한 예절이 있는 법이니, 진심으로 선배들이 도리를 잃지 않는다면 후배들이 누가 감히 예를 어기겠습니까?"

그러면서 사헌부에서는 중종에게 "이제부터는 신래라는 이름을 없애고, 한결같이 선배와 후배의 예절로 대하게 하며, 허참(許參)·면신(免新), 침학(侵虐, 침범하여 포학하게 행동함)·책판(責辦, 책임을 지워 물건을 마련하게 함) 등의 일을 일체 혁파하게 하소서"라고 건의했다.

💬 '신래'라는 단어의 혁파를 주장하다

사헌부는 또 "하물며 올해는 흉년이 매우 심하여 저자(시장)의 베 한 필 값이 겨우 곡식 두어 되입니다. 이와 같은 때에는 비록 아주 적은 돈이 들어간다 해도 모두 금해야 합니다. 만일 신래라는 이름을 개혁하지 않는다면 법으로도 막기 어려울 것이기에 감히 아룁니다"라며 혁파와 개혁이라는 단어까지 사용하면서 신래를 함부로 대하는 짓에 강력하게 대처해야 한다고 강조했다.

사헌부의 보고를 받은 중종은 "아뢴 말이 매우 마땅하다"며 다음과 같이 명했다.

"이런 폐단 때문에 쓸데없는 허비와 야비하고 심한 모욕을 당하는 일이 많이 있는 데다, 몸이 상하거나 생명을 잃거나 하는 폐해 또한 큰일이다. 이것이 어찌 우연히 생겼겠는가? 단지 한때의 금단만으로는 통렬하게 고칠 수 없을 것이니… 무릇 신래에 대해 사대부로부터 군졸이나 복례(僕隸)까지 모두 마땅히 고치도록 하는 사항을 써넣어서 승전(承傳, 임금의 뜻)을 받들라."

이처럼 중종은 왕으로서 엄명을 내렸지만, 불과 3달 후인 중종 37년 (1542) 3월 15일 김로(金魯)는 여전히 신래의 폐단이 더욱 확대되고 있다며 다음과 같이 보고했다.

"그 폐단이 이와 같아서 가산을 탕진하며 심지어 남에게 빚을 얻어 쓰기까지 하니 이는 결코 청렴을 기르는 방도가 아닙니다. 사람이 욕심스럽고 하는 짓이 더러워지는 것은 바로 그 때문입니다. 지난겨울에 아뢴 바와 같이 큰 부호나 상인의 데릴사위가 되어 종신토록 빚쟁이 몸이 되면 중인 (中人) 이상은 처음 먹은 마음이 변할 리 없겠지만, 중인 이하는 변하지 않을 자가 거의 없을 것입니다. 전례(前例)에, 예문관에서 전임자를 위하여 신래가 잔치를 주선하는 일이 있었습니다. 근래에 승문원이 이를 본받아 30여 명의 권지(權知)까지 나서 제각기 잔치를 요구하니, 한미했던 선비가 첫 벼슬을 하였는데 무슨 수로 이를 마련하겠습니까?"

여기서 김로가 말한 '권지'란 어떤 벼슬의 후보자로, 당시 문과에 급제하면 바로 정식 벼슬을 주는 것이 아니라 분관(分館)이라고 해서 성균 (成均)·교서(校書)·승문(承文)의 삼관(三館)으로 나누어 배치하여 권지라는 이름으로 실무(實務)를 익히게 했다. 지금으로 말하면 권지는 수습이나 서리와 비슷했다. 그런데 이들까지도 선배 관원 노릇을 하며 면신례를 요구했던 것이다.

김로는 또한 과거 합격자들이 벌이는 유가에 대해서도 다음과 같이 비판했다.

　"즉위하신 초에 흉년이 든 해에는 유가를 금하였으므로, 문·무과에 급제한 선비들이 머리에 꽃을 꽂는 것을 부끄럽게 여겨 대궐 문을 나서면 꽃은 뽑아버리고 갓만 쓰고 곧장 집으로 돌아갔습니다. 그런데 근래에 와서는 염치의 도가 없어져서 나라에서 유가하지 말라고 명하는 데도 대낮에 거리를 돌며 조금도 부끄러운 빛이 없습니다. 비단 문·무과만 그런 것이 아니라 생원·진사과를 통과한 나이가 어린 자들까지 이를 따라 하고 있습니다. 그러니 이제부터 3일 동안 유가하는 외에 신래란 명칭을 모조리 없앤다면 그 폐단을 없앨 수 있을 것입니다."

　김로는 과거에서 최종 합격자가 아닌 생원과 진사시에 합격한 어린 유생들까지도 합격 잔치인 유가를 벌일 정도로 확산하고 있으니 신래라는 명칭 자체를 쓸 수 없게 해야 한다며 "풍속이 이 지경에 이르러 고치지 않을 수 없습니다. 이 풍속이 없어진다면 선비들의 버릇이 청렴하고 깨끗해질 것입니다"라고 강력하게 주장했다.

🖱 조선 말기까지 이어지다

　명종 8년(1553) 윤 3월 11일 사간원에서는 "나라에 신래의 폐단을 금하는 법이 있는데도 사람들은 법을 두려워하지 않고 날로 더욱 심해져서 떳떳한 관습으로 되었으니 지금 통절히 개혁하지 않는다면 폐단을 구제하기 어려울 것입니다"라고 하면서 다음과 같이 주청했다.

"승문원·성균관·교서관에서는 2~3일 후에 허참례를 행하고 4~5일 후에 면신례를 행하는데 그사이에 연회를 요구하는 폐단을 일체 혁파하여 영구히 따라야 할 법도나 양식으로 삼고, 법을 어기는 자는 법에 따라 죄를 물을 것이며, 기타 내금위·별시위·우림위·겸사복·제사 습독(習讀) 등과 새로 배속된 인원이 있는 곳에서 신래를 난폭하게 대하는 사례가 있으면 모두 법에 따라 처벌하도록 하소서."

명종은 사간원의 상소를 그대로 허락했다. 그러나 현종 3년(1662) 2월 19일 대사간 서필원·헌납 김만기·정언 박세당 등의 보고에 따르면 '과거에 급제한 뒤 3일 동안 유가하고 문희연(聞喜宴, 과거에 급제한 사람이 가까운 친구와 친척을 불러 베풀던 잔치)을 벌이는 것은 곧 평상시에 해오던 일이지만, 엄청난 흉년을 당한 때에 관례대로 따를 수만은 없으니 유가하는 일이야 갑자기 그만두게 할 수는 없다고 하더라도 창기(倡妓)에게 풍악(風樂)을 잡히거나 연회를 베푸는 일 따위는 일절 금해야 한다'고 건의하면서 면신례의 심각한 폐단도 다음과 같이 비판했다.

"…갓을 찌그러뜨리고 옷을 찢는 등 위엄 있고 엄격한 태도나 차림새를 형편없게 만들면서 못 할 짓 없이 갖가지로 골탕을 먹이고 곤욕을 주고 있습니다. 이런 일이 어느 때부터 시작되었는지는 알 수 없으나 고치지 않고 관례대로 행하고 있는데, 정말 너무나도 근거가 없는 일입니다. 그래서 일찍이 선조조(宣祖朝) 때 금지하여 고치라는 명령까지 있었는데, 지금껏 이 폐단이 없어지지 않고 있으니 다시 밝혀 통렬히 개혁하소서."

현종은 서필원 등의 건의를 받아들여 '면신'이라는 이름으로 벌어지는 폐습을 금지했다.

그러나 현종 6년(1665) 7월 12일 사간원에서 "금령을 지키지 않고 다시 구습을 행한다고 합니다. 해당 관원들에게 무겁게 죄를 물어 일절 금지하게 하소서"라고 보고했고, 심지어 병조 판서 이창의(李昌誼)는 "신래에게 음식과 물건을 요구하는 일이 점점 더 늘어나므로 가난한 무사(武士)가 한 번 면신을 겪은 뒤에는 가산을 탕진하여 지탱하지 못합니다…. 청컨대 모두 철저하게 금하소서"라며 폐습이 더욱 심각해지고 있다는 글까지 올렸다.

이에 현종은 "심한 자를 철저하게 조사하여 엄금하도록 하라"고 명했다. 그런데도 숙종 25년(1699) 11월 22일 사헌부 보고에 "각 군문(軍門)에 단단히 타일러 조심하도록 이르고, 면신례라는 이름으로 신군졸(新軍卒)을 학대하여 술과 음식을 요구하며 전포(錢布, 화폐로 쓰던 천)를 받아내는 폐단을 막아주소서"라고 한 것으로 보아 새로 들어오는 군졸에까지 면신례의 폐단이 확대되었음을 알 수 있다.

당시에도 숙종은 사헌부의 건의를 받아들였으나 역시 큰 효과를 보지는 못했다. 아마도 그 이유 중에는 과거에 최종 합격하는 일이 더욱 어려워졌고, 이러한 분위기는 관직에 나가는 것에 대한 자부심으로 이어진 것과도 무관하지 않은 듯하다.

과거장의 부정행위가 극심하니
감독관을 문관으로 하라

⬚ 부정행위가 더욱 치밀해지다

세종 29년(1447) 3월 16일 의정부에서는 "고려 말기에 과거의 법이 크게 무너져서 시험 보러 가는 사람은 거의 모두 남을 고용하여 대신 답안지를 작성하게 하고, 시험을 관장하는 사람은 자기가 아는 사람을 먼저 뽑는 부정한 짓을 다투어 감행하고도 전혀 부끄러운 줄을 몰랐습니다"라며 과거 시험 부정행위가 고려의 멸망에 큰 영향을 미쳤다고 지적하면서 "조선은 건국 초기에 오랫동안 쌓인 폐단을 제거하고 과목(科目)을 아주 새롭게 하여 지금에 이르기까지 통제를 더욱 엄격하게 하였는데, 법이 오래되어 폐단이 생겼습니다"라며 과거장에서 발생한 부정행위를 세종에게 보고했다.

당시 의정부에서는 "갑자년 과거에서 다른 사람을 시켜 대신 답안지를 작성한 자가 있으므로 자세하게 밝혀서 죄를 묻고 영구히 과거에 응시하지 못하게 법을 만들었으니, 만약 부정행위 금지를 엄격히 (관리)하지 않으면 폐단이 다시 예전과 같아질 것입니다"라며 처벌 규정도 다음과 같이 구체적으로 보고했다.

"과거에서 답안 작성에 다른 사람의 도움을 빌리거나 남을 위해 답안을 작성해 준 사람, 중간에서 답안 작성을 위해 양쪽을 이어준 사람 등은 장(杖) 1백에 도형(徒刑) 3년을 집행하고 영구히 서용(敍用. 벼슬을 잃은 사람에게 다시 관직을 주어 씀)하지 못하게 하며, 감독관을 비롯해 답안지를 회수하는 관원과 아전 등 과거 시험장에서 관련 업무를 수행하는 자들을 철저하게 관리하고, 시험문제를 누출하거나 남의 이름과 필적을 도용하여 답안을 작성한 사람, 고의로 부정행위를 눈감아 준 사람 등도 형률에 따라 죄를 묻고 영구히 서용하지 못하게 하며, 나머지 관아에서 심부름하던 자와 노비 등 법을 어긴 사람도 장 1백에 도형 3년을 집행하여 부정행위를 철저하게 차단해서 과거의 법을 바로잡고, 무과(武科) 시험도 일체 속임수에 관한 일은 위 항목의 예(例)에 따라 시행할 것입니다."

이처럼 조선이 개국한 지 불과 30~40년 만에 과거 시험에서 이런저런 부정행위가 발생한 이유는 그만큼 과거제도가 빠르게 자리 잡았음을 의미했지만, 또 다른 이유도 있었다.

조선에서 선비는 유학을 공부한 후 세상에 나가 배운 바를 실천에 옮기며 정치에 참여하는 것이 최상의 목표였고, 이를 위한 공식적인 방법은 과거가 유일한 통로였다. 따라서 선비라면 대부분 과거를 준비했으나 과거에 합격하는 것은 하늘의 별 따기였고, 시간이 지날수록 응시자가 대폭 늘어 경쟁률이 극심해졌다. 그 때문에 시험 감독관과 답안지를 회수하는 관원 등 각종 임무를 수행하는 관리는 물론 노복들의 실수로 문제가 발생했는가 하면, 의도적으로 부정행위에 가담하기도 하는 등 새로운 부작용들도 생겨났다.

과거 응시생은 폭증하고 합격은 해야겠고 …

연산군 6년(1500) 11월 1일 동지사(冬至使) 성현(成俔)은 "국가에서 공개하여 선발하는 것이 오직 과거 한 가지입니다. 올해 가을 시험에 과거를 본 선비의 수효가 성균관시(成均館試)는 170여 인이고 한성시(漢城試, 한성부에서 실시하던 과거로, 식년 문과 초시 및 생원·진사 초시)는 두 곳에서 각각 5백여 인이나 되는데, 10월 2일에 시험이 끝나고 5일에 방(榜)을 걸었으니 2일 동안 어떻게 낱낱이 과거의 등급을 정할 수 있겠습니까?"라고 연산군에게 보고했다.

그뿐만 아니라 "옛날 송나라에서는 과거 시험이 끝나고 거의 50일이 지나서야 합격자 명단을 발표하여 이를 너무 늦었다고 비난하는 사람도 있었지만, 그래도 시간에 쫓겨 작성하다가 실수로 이름을 누락하는 것보다는 낫지 않겠습니까?"라며 과거 응시자가 급격하게 증가하여 채점에 상당한 시간이 필요하다고 아뢰었다.

이 자리에 있던 영사(領事) 성준(成俊) 역시 "과거에서 책임을 맡은 시관(試官)이 고통스럽게 시험장에 있으면서 하루 동안에 채점해야 하는 답안지가 백여 장이나 되는 까닭으로 그 선발이 정밀하게 되지 못하는 것이니, 지금부터는 시관이 해가 짧으면 답안지 30통(通), 해가 길면 50통의 성적을 평가하도록 규정을 정하여 등수를 매기는 것이 어떠합니까?"
라고 건의하여 연산군의 허락을 받았다.

이처럼 급격한 과거 응시자의 증가는 과거장의 분위기를 엄숙하게 유
지하기 어렵게 만들었고, 이러한 분위기는 부정행위에도 영향을 미쳤다.
그 때문에 임금과 대신들은 논의를 통해 부정행위를 막기 위한 여러 대
안을 마련했다. 중종 7년(1512) 7월 24일, 중종이 과거의 두 번째 시험인
복시에서 역서(易書)를 실시하도록 명한 것도 그 예였다.

'역서'란 과거 응시자들이 제출한 답안지를 서리(胥吏)가 붉은색 글씨
로 다시 베껴 쓰게 한 것을 말한다. 이는 과거 응시자의 글씨체를 채점관
이 알아보고 부정행위를 저지르는 것을 막기 위해서였다. 그런데 첫 시험
인 초시부터 역서를 시행하지 못한 까닭은 응시자가 너무 많아서 서리들
이 모든 답안지를 역서하기에는 무리였기 때문이다.

중종 10년(1515) 9월 23일에는 중종이 직접 "과거 시험에 부정행위를
한 자의 처벌에서 협종(脅從, 위협에 복종함)에 의한 부정행위는 다스리지 말
라"고 명한 일도 있었다.

당시 사헌부는 '요즘 유생들이 성질이 매우 모질고 사나우며 교만하
여 온당한 처사가 아니다'라고 반대하면서 "…경상도가 더욱 심하니 준엄
하게 징계해야 합니다. 우선 낱낱이 엄하게 따져서 조사하면 주범과 종범
이 자연히 가려질 것인데, 만약 미리 협종을 다스리지 못하게 하면 유생
이 예사로 생각할뿐더러 조사하는 관리도 사실을 밝혀내기 어려울 것입
니다'라며 철저하게 조사할 것을 요청했다.

그러나 중종은 "유생이 1백여 명이나 되는데, 만약 모두 추궁하여 죄
상을 조사한다면 도내(道內)가 반드시 소란해질 것이므로 협종에 의한 부

정행위를 다스리지 말라 하였을 뿐 다른 뜻은 없었다"고 그 이유를 설명했다. 즉 응시생의 증가는 부정행위를 조사하는 것 자체를 부담스럽게 만들었음을 의미했고, 특히 지방에서 치르는 초시는 더 심각했던 것으로 전한다.

또한 과거는 주로 한양에서 실시했기 때문에 과거 철이 되면 서로 다른 지역에 사는 친척이나 친지들이 약속하지 않아도 한양에서 만나게 될 만큼 응시생들이 대거 한양으로 모여들어 그야말로 북새통을 이루었다.

📃 과거장에 커닝 페이퍼(?)까지 등장하다

중종 20년(1525) 11월 6일에는 중종이 "근래에 해마다 흉년이 드는데, 내년에 문과와 무과를 볼 사람들이 한양에 모여들면 매우 폐단이 클 것이라고 한다. 봄철에 인원수를 책정하여 초시(初試)를 지방에서 실시하고, 합격자를 대상으로 가을에 복시(覆試)를 실시해서 이들 가운데 다시 합격자를 선발한 후 전시(殿試. 임금이 친히 나와 시행하던 시험)를 보게 한다면 폐단이 없을 듯하다"며 대신들의 의견을 물었다.

이에 영사 권균(權鈞)은 "내년 봄에는 굶주림이 심할 것인데, 과거를 보기 위해 한양으로 사람들이 모였다가 다시 집으로 내려가려면 또한 폐단이 있을 것이니 오히려 추수가 끝난 가을에 한양으로 올라와 시험을 보게 하는 것이 좋겠습니다"라고 제안했다.

동지사(同知事) 허굉(許硡)은 "근래에는 과거가 전혀 엄격하지 않아 책을 가지고 시험장에 들어가는 것을 금하는 법령을 시행하지 않은 지 오랩니다"라며 과거장에서 벌어지는 부정행위에 대해서도 다음과 같이 보고했다.

"국가의 엄정한 시험을 어찌 이렇게 할 수 있겠습니까? 세종조에는 책을 가지고 시험장에 들어가는 것을 금하는 법령을 엄중하게 하여, 필요한 부분만 뽑은 글을 잘게 써서 머리털 속에 감추기도 하고 입 속에 넣기도 하여 과거장에 들어갔습니다. 그런데 지금은 공공연하게 책을 가지고 들어가며 조금도 두려워하거나 기탄없이 하니, 폐단이 적지 않은 듯합니다."

이처럼 조선 전기부터 아주 작은 글씨로 쓴 종이, 즉 일종의 커닝 페이퍼를 만들어 몸속이나 옷 안에 숨겨 과거장에 들어갔는데, 시간이 지나면서 아예 과거장에 책을 가지고 들어가거나 심지어 하인이 책 상자를 짊어지고 응시생을 따라 들어가는 일도 있었다.

그 때문에 중종 34년(1539) 8월 6일 사간(司諫) 권응정(權應挺)은 "우리나라는 과거로 사람을 뽑는데, 물건을 가지고 들어가는 것을 수색하는 금령(禁令)이 엄하지 않아서 책을 과거장까지 가지고 들어가 베껴 쓰니 그 글이 아무리 좋아도 사실은 모두 남이 지은 것입니다. 각별히 더 금해서 책을 가지고 들어가지 못하게 하면, 글이 모두 가슴속에서 나와 실재(實材, 글재주가 있는 사람)가 아닌 자가 없을 것입니다"라고 아뢰었고, 시독관(侍讀官) 임열(任說)도 다음과 같이 건의했다.

"지금의 유생들은 글 읽기는 힘쓰지 않고, 제목이 나오면 오직 예전 우리나라 사람들의 글에서 뽑아 쓰므로 자기 마음에서 나온 글이 없습니다. 심지어 과거장에 책 상자를 지고 들어가서 알 수 없는 것이 있으면 곧 서적을 뒤져 베껴 쓸 뿐 전혀 스스로 짓지 않기 때문에 실재(實材)가 있을 수 없습니다. 지난날 어찌 이것을 헤아리지 않고 법을 세웠겠습니까? 옛 법을 되살려 밝히소서."

이에 보고를 받은 중종은 "반드시 문관을 시험관으로 두어 엄격하게 감독하라"고 명하면서 그 이유를 다음과 같이 설명했다.

"…전에는 대궐 뜰에서라도 이런 자는 잡아내어 죄주었는데 지금은 그렇지 않다. 이는 법이 해이해져 유생들이 당시 풍조대로 따를 뿐 고치지 않는 것이니, 이 법을 다시 밝혀 앞으로는 그런 일을 절대 못 하게 하면 될 것이다. 수협관(搜挾官)을 충의위(忠義衛)와 족친위(族親衛)들로 했기 때문에 저들도 제대로 막을 수 없었고, 유생들도 두려워하는 마음이 없어 고치려고 하지 않았던 것이니, 반드시 문관에게 맡겨야만 막을 수 있을 것이다."

🗩 '감독관을 문관으로 하라'는 이유는?

과거에는 다양한 임무를 수행하는 관직이 있었다. 예를 들면 과거에서 실무를 담당하는 시관(試官)은 시험문제를 출제하고, 과거장의 질서를 유지했으며, 과거가 끝나면 답안지를 채점하여 합격자를 선별한 후 명단을 발표했다. 감시관은 과거에서 부정행위를 적발하는 일을 맡았는데, 사헌부나 사간원에서 차출되었다.

중종이 말한 '수협관'도 부정행위를 방지하는 임무를 수행했다. 이들은 응시생이 과거장에 책을 가지고 들어왔는지를 검사하던 임시 벼슬로,

세종 13년(1431) 2월 25일 과거장에서 부정행위에 대한 상소를 본 세종이 "…그러면 문에 들어올 때 수협관이 엄중하게 수색하여 책을 끼고 들어오지 못하게 하고, 또 벗들과도 상의하거나 묻지 못하게 하면 경서(經書)의 뜻을 모른 채 시험에 합격하는 자는 없을 것이다"라고 말한 것으로 보아 조선 전기부터 과거장에서 부정행위를 감독하는 관리가 있었음을 알 수 있다.

또한 '충의위'는 조선시대 양반 출신의 특수 부대로 세종 즉위년(1418)에 개국·정사·좌명 3공신의 자손들이 주로 소속되도록 만든, 특수층에 대한 일종의 우대 기관이었다. 충의위는 자격만 갖추면 무시험으로 들어갈 수 있었기 때문에 세종 12년(1430) 2월에는 '공신의 자손을 어디까지 인정할 것인가?'를 놓고 세종과 대신들이 치열한 논쟁을 벌이기도 했다.

당시 세종이 "공신의 본처에게 아들이 없다면 비록 천민 출신 첩의 자식이라도 충의위에 들어갈 수 있다"고 하자, 대신들은 "그렇게 되면 양반과 천민이 섞이고, 지위와 신분의 높고 낮음이 문란해집니다"라며 반대했다.

결국 한 달 동안 논란을 벌인 끝에 공신이 본처와의 사이에서 아들이 없으면 양인 출신 첩의 자식이 자격을 이을 수 있고, 이 경우에도 자식이 없으면 천민 출신 첩의 자식이 충의위에 들어갈 수 있는 자격을 주는 것으로 결정되었다. 이처럼 충의위 자격을 놓고 임금과 대신 사이에 논쟁을 벌인 데는 또 다른 이유가 있었다.

충의위는 군사적 실력과는 거의 관련 없이 배치되어 임금의 측근에서 호위할 수 있었고, 일정 기간 복무하면 관리에 등용되어 다른 부서로 옮길 수 있었다. 즉, 충의위는 공신의 자손이라는 이유로 관리로 진출할 수 있는 특권이 부여되었던 것이다.

더구나 성균관의 생원·진사들은 원점(原點) 3백 점을 받아야 성균관 유생들만 볼 수 있는 문과의 초시인 관시(館試)에 응시할 수 있었지만, 충의위에 속한 생원·진사들은 1백~1백 50점만 따면 가능했다. 이처럼 과거를 통해 문과에 합격하는 것보다 충의위를 통해 관직에 진출하는 것이 빨랐기 때문에 충의위에 생원·진사들이 몰리기도 했다.

그리고 '족친위'는 왕실의 친족들로 편성된 군대로, 왕과 왕비, 세자와 세자빈, 선왕과 대비의 친족들이 포함되었다. 따라서 과거 시험장에서 부정행위를 감시하는 임무를 맡았던 충의위와 족친위는 과거와의 인연은 물론 과거제에 대한 인식이 부족했다.

한편, 조선 후기로 갈수록 과거 시험장에는 폭증한 응시생과 함께 이들이 데리고 온 노비 등 일행이 응시생 1명당 수 명에서 수십 명에 이르러 통제에 어려움을 겪었다. 심지어 과거장에 들어가는 과정에서 불상사까지 일어나 향시를 경기도에서 나누어 보자는 건의도 올라왔다. 특히 숙종 36년(1710) 7월 14일, 경기 유생 한중필 등이 "…바라건대 경기도에서 특별히 향시를 베풀어 그 수효를 나누소서"라며 과거 시험을 분산하여 치르자고 올린 상소에는 '과거를 보기 위해 모여든 선비들이 시험장에 들어가다가 짓밟혀 죽기까지 했다'고 지적할 정도로 시험이 시작되기 전부터 그야말로 전쟁을 치렀다.

거기다가 과거장 안에서 좋은 자리를 차지하기 위한 경쟁까지 벌어지면서 정해진 시간에 시험을 시작하여 엄숙한 분위기에서 시험이 진행되기를 기대하기란 무리인 듯했다.

🗣 과거장의 통제에도 어려움을 겪다

순조 28년(1828) 4월 22일에는 순조가 "역서(易書)가 제 역할을 하지 못하고 오히려 폐단만 발생하고 있다"고 지적하면서 "관련 부서의 전·현직 대신들과 홍문관의 대제학·제학·부제학, 예문관의 대제학·제학·직제학, 규장각의 제학·직제학 등 주요 부서의 의견을 종합하여 보고하라"고 명한 일도 있었다.

이에 영의정 남공철(南公轍)은 "역서는 본래 간특한 행위를 방지하기 위하여 마련한 것입니다. 그러나 시험관이 공평하고 선비들이 분경(奔競)하지 않는다면 봉미(封彌)를 하지 않아도 됩니다"라며 다음과 같이 아뢰었다.

"그렇지 못하다면 역서 한 가지만 가지고 어찌 백 가지 방법으로 저지르는 부정행위를 다 막을 수 있겠습니까? 과거장을 엄하게 통제하려면 그 근원을 맑게 하는 방법뿐입니다. 한편으로 생각하면 역서는 당·송의 천자가 친히 시험하던 제과 등록(制科謄錄)을 모방하여 만든 것으로, 시행한 지가 이미 오래되었습니다. 바라건대 널리 의견을 들어보고 처리하소서."

남공철은 "정조의 지극한 우대를 받았고, 정조 치세가 낳은 인재"라는 평가를 받은 관리였다. 그는 순조가 즉위한 후에도 아홉 번이나 이조판서를 제수받았으며, 순조 17년(1817)에 우의정에 올라 14년 동안이나 재상을 지낸 조선 후기를 대표하는 문신이었다. 따라서 그의 말에는 무게감이 있었다.

남공철이 말한 '분경'이란 관리가 되기 위해 대신이나 권문세가를 분주하게 찾아다니는 것을 말하고, '봉미'는 과거에서 부정행위를 막기 위해 답안지에 응시자의 성명·본관 그리고 4대조까지 이름을 적고 응시자의 신원을 알 수 없도록 접어서 풀로 봉한 것인데, 채점이 끝나면 봉인을 뜯어 신원을 확인한 후 합격자 명단을 작성하여 발표했다.

그런데 남공철이 분경과 봉미까지 거론하며 역서만으로 모든 부정행위를 근절할 수는 없다고 말한 것으로 보아, 당시 과거 시험 부정행위가 대단히 심각했음을 알 수 있다.

특히 남공철은 시험 감독이 강화될수록 돈과 권력 등 온갖 방법을 동원하여 부정행위 또한 더욱 치밀해졌다는 사실도 알고 있었다. 그가 '응시생과 감독관 모두가 과거를 시행하는 의미를 되새기고 이를 지키려는 자세가 중요하다'는 원론적인 내용을 강조하면서 주변의 의견을 널리 들어 참고하라고 아뢴 것도 그 예였다.

반면에 판부사(判府事) 이존수(李存秀)는 "과거장의 역서는 법을 만든 의도가 중요해서, 답안지를 역서한 것이 혹시라도 의심나든가 잘못되었을 때는 본래의 초고(草稿)를 한양 도성 밖으로 가져다가 대관(臺官) 앞에서 보이도록 하는 일을 금석지전(金石之典, 법전)에 실었습니다. 이는 법을 만든 의도가 있음을 더욱 증명하는 것이니, 없애는 것은 부당한 듯합니다"라며 역서를 실시한 의도를 생각한다면 함부로 폐지할 수 없다고 반대했다.

그러나 대제학(大提學) 김이교(金履喬)는 "옛날에는 거두는 답안지의 수가 적어서 역서한 것을 가지런히 정리하기가 쉬웠고, 또 과장을 엄숙히 하는 효과도 없지 않았습니다. 그러나 요즈음은 과거에 응시하는 자도 점점 많아지고, 거두는 답안지도 매우 많아서 역서를 법칙대로 하기가 어렵고 그 효과도 볼 수 없습니다. 신의 생각에는 없애는 것이 좋겠습니다"
라며 응시자가 늘어 역서를 실시한 본래의 의도를 찾아보기 힘들다는 이
유를 들어 찬성했다.

예문 제학(藝文提學) 김로(金鏴)·직제학(直提學) 조인영(趙寅永)·동춘추
(同春秋) 조진화(趙晋和) 등도 "과거에서 역서를 하는 것은 비록 간사한 행
위를 막기 위하여 나왔다고 하지만, 법이 나온 지 오래되어 폐단이 발생
하였습니다. 해가 될지언정 유익함이 없습니다. 일을 형편과 경우에 맞춰
융통성 있게 처리하는 도리가 있어야 합니다"라며 역서를 시행한 의미가
사라졌다는 이유로 찬성했다.

대신들의 의견을 들은 순조는 "대신들의 여러 의논이 이와 같으니, 역
서를 하는 일은 그만두도록 하라"며 역서의 폐지를 명했다.

엉뚱한 사람이 과거에 합격한 일로 물의가 자자합니다

🗨️ 대리 시험에서 배달 사고까지

과거장에서 응시생들의 부정행위는 갈수록 더욱 세밀하고 대범해졌다. 성종 19년(1488) 8월 9일, 한성부 판윤(漢城府判尹) 이극증(李克增)은 "요사이 생원시에 생원(生員) 최세보(崔世寶)가 과거 시험장에 함부로 들어왔었는데, 지금은 도망 다니고 있다고 합니다. 청컨대, 끝까지 추적하여 붙잡아 엄하게 징계하소서"라며 생원을 선발하는 시험에 이미 생원인 자가 들어왔던 일을 보고했다.

이날 최세보가 과거장에 들어오자 이를 본 유생들이 "생원으로 시험 보는 자가 있다"고 외쳤고, 시관(試官)이 최세보를 붙잡아 시험장에 가두었으나 그는 감시가 소홀한 틈을 타서 도망쳤다. 사람들 사이에서는 "신정(申瀞)의 아들이 최세보에게 과거장에 함께 들어가 대술(代述)을 부탁했다"는 말이 돌았다.

이에 이극증은 "과거 시험장의 일은 국가에서 엄격하게 금지하는 법을 세웠는데도 함부로 들어와 대리로 답안을 작성해 주기도 하고, 혹은 다른 사람이 밖에서 작성한 답안지를 던져 넣기도 하니 외람됨이 막심합니다"라며 다음과 같이 건의했다.

"…선대(先代)부터 10운 시(十韻詩)로 진사를 뽑아왔는데, 세종 26년(1444) 사이에 차술(借述)한 일들이 드러나 10운 진사시를 중지하였습니다…. 만일 배율(排律, 오언 또는 칠언의 율시를 10구 이상 늘어놓은 한시) 20운(韻)으로 시험한다면 차술하는 폐단이 없어질 것입니다."

여기서 '차술'이란 과거 시험에서 다른 사람의 글을 그대로 베껴 써서 제출하거나, 때로는 과거장에 대여섯 명을 데리고 들어가 각기 답안지를 쓰게 한 후 그 가운데 가장 잘 쓴 답안지를 골라서 제출하는 것을 말한다. 이극증은 이와 같은 차술의 폐단을 없애기 위해 작성할 답안의 양을 대폭 늘리자고 제안한 것이다. 이에 성종이 대신들에게 의견을 물었고, "배율 20운(韻)은 너무 지나칩니다"라고 대신들이 반대하여 성종도 허락하지 않았다.

성종 19년(1488) 9월 28일 〈성종실록〉에는 사관이 최세보 사건을 기록하면서 "처음에 최세보가 신영철의 종을 간통하고, 신영철을 위해 대신 답안을 작성하려고 외람되게 생원 한성시에 들어갔다가 들통이 나 처벌받았다. 신영철은 신정의 아들인데, 신정이 차술(借述)하여 급제하였고, 그 아들이 또 본뜨려 하였으므로 세상 사람들에게 비웃음거리가 되었다"고 덧붙여 놓았다.

광해군 4년(1612) 5월 5일에는 사간원에서 '부정으로 작성된 답안지가 잘못 전달되는, 이른바 배달 사고로 엉뚱한 사람이 합격하는 일까지 발생했다'며 관련자를 처벌해 줄 것을 광해군에게 아래와 같이 보고하여 광해군의 허락을 받은 일도 있었다.

"진사 신영(申瑛)은 지난번 관시(館試)의 두 번째 시험을 보는 날 이경익·이사규 등이 작성한 답안을 받아서 양초 속에 넣은 다음 하인을 시켜 시험장에서 몰래 전달받아 보려고 하였는데, 하인이 잘못해서 다른 선비에게 전하여 그 선비가 마침내 좋은 점수로 합격하여 물의가 자자합니다. 이경익 등은 이미 감옥에 갔으나 신영은 홀로 그 죄를 면하였으니, 잡아다가 국문하여 법으로 죄를 다스리게 하소서."

➥ 시험이 끝난 후 답안지까지 조작하다

답안지가 제출된 후 수정이 이루어지는 등 과거 시험 감독관과 채점관까지 부정행위에 가담한 사건도 발생했다.

과거장에서 답안지를 작성하다가 글씨가 잘못되는 등 수정해야 할 부분이 많거나, 또는 답안지 작성은 마쳤으나 답안지가 너무 지저분할 때 시험관에게 새 종이를 요청하여 다시 작성해서 제출했다. 하지만 준비한 종이가 더 없어서 답안지를 새로 작성할 수 없을 때는 과거를 포기하고 시험장을 떠나거나, 답안지 일부분을 자른 다음 종이를 덧붙여서 수정한 후 확인 도장을 받고 제출하기도 했다.

그런데 숙종 3년(1677) 10월 8일 과거장에서 발각된 부정행위는 매우 놀라울 정도로 기묘한(?) 방법이 동원되었다고 한다.

답안지를 채점한 후 합격자는 반드시 시험관이 답안지에 붉은 글씨로 점수를 매겼고, 검인관이 확인 도장을 찍었다. 확인 도장은 답안지를 넣는 봉투 겉에 찍는 외타인(外打印)과 답안지에 찍는 내타인(內打印)이 있었는데, 외타인은 시험 치르기 전 응시자의 신분을 확인하는 절차를 밟는 녹명소(錄名所)에서 녹명관이 찍었고, 내타인은 시험장에서 검인관이 찍었다.

특히 내타인은 조선 초기에는 시험 도중 검인관이 시험장을 돌아다니며 찍었으나 숙종 39년(1713) 이후에는 시험이 끝난 뒤 답안지를 거두어 책으로 묶은 다음 일괄적으로 찍었다. 바로 이 과정에서 이미 작성하여 가지고 온 답안지와 바꿔치기하는 등의 부정행위가 발생했다.

만약 검인관이 규격에 어긋난 답안지를 적발하지 못하고 날인하면 위령률(違令律)에 따라 처벌받았는데, 숙종에게 보고한 내용에 따르면 다음과 같은 부정행위가 드러난 것이다.

"…시폭(試幅, 답안지)이 봉미(封彌)하기 전과 들어맞지 않은 것은 시관(試官)과 감시관(監試官)이 일일이 점검하게 하였습니다. 만약 첫 번째 폭부터 마지막 폭까지 모두 잘라내고 다시 쓴 것이라면 이는 나중에 고쳐 지은 것이 분명하고, 아전을 고용하여 간사한 짓을 벌인 것입니다. 비록 다 고치지 않았다 하더라도 3·4 혹은 5·6구(句)를, 예전 종이를 잘라내고 두 번째 글로 다시 쓴 자와, 비록 지우고서 고치지는 않았다 하더라도 폭에 연달아 있는 도장의 흔적이 반쪽과 어긋나는 곳이 있다면 그 역시 농간을 부린 자일 것입니다. 이와 같은 무리를 아울러서 모조리 뽑아내 버리고, 그 주인공의 이름을 조사하여 밝혀내서 죄주는 근거로 삼도록 하소서."

이처럼 답안지를 수정하고 확인 도장을 받는 절차를 거쳤음에도 부정행위가 있었다는 보고를 받은 숙종은 철저히 조사할 것을 명했다.

⊜ 불합격한 답안지도 빼돌리다

숙종 31년(1705) 8월 30일에는 과거에 불합격한 답안지의 수량이 매우 적어 감시관을 파면한 일도 있었다.

과거에 불합격한 답안지를 낙폭지(落幅紙)라고 했는데, 북서쪽의 국경을 지키는 군사가 입었던 옷에 솜 대신 종이를 넣어 겨울옷을 만들 때 낙폭지를 사용했다. 낙폭지를 면포(綿布)로 싸서 만들면 전장에서 편리하게 착용하고 바람을 막는 데도 효과가 있었기 때문이다. 따라서 과거가 시행된 후 낙폭지를 모아 국경 지역으로 보냈는데, 수량이 적어 문제가 된 일이 종종 발생했다.

광해군 9년 6월 22일에는 비변사(備邊司)에서 다음과 같이 보고하여 광해군의 허락을 받은 일도 있었다.

"북쪽 변방에 보내는 낙폭지는 본사(本司)에서 시관(試官)에게 알려 시관이 남김없이 모아서 실어 보내게 하고 있습니다. 그런데 매번 2백에서 3백 장 정도만 보내어 책임만 때우고 있으니 몹시 온당치 않습니다. 감시(監試, 생원과 진사를 뽑는 시험) 초시(初試)의 낙폭지를 시관들이 자기가 차지하거나 남에게 주는데, 이는 관리가 나쁜 짓을 하여 재물을 얻는 것에 가깝습

니다. 그러니 시험장에 들어왔던 사람의 숫자대로 임금에게 보고하여 사
사로이 쓰지 못하게 하소서."

당시에 종이는 새것은 물론, 이미 사용한 것도 귀한 물품으로 여겨서
낙폭지를 과거에 관련된 자들이 빼돌리곤 했다. 이 일은 부정행위와는 별
개의 문제였지만, 답안지를 개인적으로 빼내는 일은 부정행위가 끼어들
가능성이 충분했다는 점에서 심각한 문제였다.

선조 36년(1603) 9월 8일에는 선조가 과거 합격자 명단 발표에 착오가
있었던 일에 대해서 대신들과 논의하면서 "생원·진사의 합격자로 발표한
명단을 예조가 조사해 낼 수 없다고 한다. 다만 이미 합격하였으나 낙방
한 자가 있다고 하니, 그 낙방한 자의 답안지를 살펴서 합격할 만한 점수
가 확실하다면 꼴찌를 차지한 자를 삭제하여 잘못을 바로잡아야 할 것이
니, 예조를 시켜 다시 헤아려서 시행하게 하라"며 답안지를 다시 조사해
불합격자를 가려낼 것을 명했다.

그런데 예조에서 "낙방한 시권(試券, 채점지)은 호조에 다 보냈더라도
흩어져 없어진 것이 있을 터라 거두어 모으기가 쉽지 않고, 또 과거 시험
장 안에서 성적을 매기는 일은 다른 사람은 모르고 그때의 시관(試官)이
라야 곡절을 알 것입니다"라며 낙방자의 답안지를 관리하지 않아 다시
확인할 수 없다고 보고한 일도 있었다.

🌀 과거장에서 시험을 거부하는 소동까지 일어나다

광해군 6년(1614) 9월 15일에는 대제학 이이첨(李爾瞻)이 전주에서 과거

시험에 나온 문제가 사전에 유출되었다는 의심을 받자 사직을 청한 일이 있었고, 현종 1년(1660) 9월 5일에도 시험 문제 유출에 따른 논란이 발생했다.

〈현종실록〉에는 "문제 유출 혐의를 받았던 헌납 임한백(任翰伯)이 (회의) 자리를 벗어나 한참 동안 머뭇거리다가 아뢰기를 '신이 병이 있어 사직하고자 청원서를 올렸으나 승정원에 저지당하여 병을 무릅쓰고 궐에 들어와 임금을 뵈니 극히 민망스럽습니다'라며 당시의 일을 다음과 같이 해명했다"고 기록하고 있다.

> "신(臣)이 지난번 영해(寧海, 경상북도 영덕의 옛 지명)에서 과거장을 개설하던 날, '바다를 본 사람에게는 강이나 호수는 물로 보이지도 않는다(觀於海者難爲水)'로 부제(賦題)를 내고 '관어대부 뒤에 제하다(題觀魚臺賦後)'란 제목으로 시제(詩題)를 냈는데, 하나는 눈앞에 전개된 광경을 취한 것이고 다른 하나는 좌석 오른쪽 병풍에 이색(李穡)이 지은 〈관어대부〉가 있기에 시의 제목으로 삼은 것입니다."

그러나 시험문제가 공개되자 과거장에 있던 응시생들이 '이 제목이 출제될 것이라는 말이 지난봄부터 있었으니 지금 글을 지을 수 없다'며 시험을 거부할 정도로 반발하여 응시생들의 요구대로 시험문제를 바꾸었는데, 이는 자신과는 무관한 일이라며 다음과 같이 주장했다.

> "유생들이 '예천에서 과거를 치를 때도 미처 과거장을 열기도 전에 이 글제를 꿈꾼 사람이 있어 도내 유생 중에 이것을 가지고 글을 지은 사람

이 많았으니, 지금 제목을 바꾸지 않으면 안 된다' 하고서 서로 이끌고 흩어져 과거장을 빠져나가므로 신이 부득이 제목을 바꾼 것입니다. 그런데 일을 끝마친 후 안동에 도착하여 안기 찰방(安奇察訪) 안홍정(安弘靖)의 말을 들으니, 자기 아들 역시 봄에 이것이 출제될 줄 알고 미리 문장을 지었다고 했고, 봉화 수령 정운익(鄭雲翼) 역시 6월에 이 제목을 이미 들었다고 했으니 신은 실로 괴이할 따름입니다."

또한 임한백은 과거장에서 소동을 일으킨 경상도 유생들이 한양까지 올라와 선동하여 조정에서도 논란이 일었지만, 그들의 말을 믿을 수 없다며 자신의 억울함을 다음과 같이 강조하면서 사직을 청했다.

"명령을 받고 일을 처리한 결과를 보고하였으나 지금 여론을 살펴보니 신이 시험 제목을 미리 유출해서 과장(科場)을 파할 지경에 이르렀다고 하는데, 필시 영남 유생들이 상경하여 선동했기 때문일 것입니다. 신이 비록 변변찮아도 과장이 얼마나 엄격한 것인지는 압니다. 또 영남 좌도(嶺南左道)는 신이 평생토록 한 번도 가보지 않은 곳이라 친한 사람이 하나도 없는데, 어찌 친하지도 않고 알지도 못하는 이를 위하여 스스로 예측할 수 없는 지경에 빠지겠습니까? 망극한 사람들의 말이 이렇게 의심스러우니, 신은 매우 민망합니다. 어찌 편안히 대간에 있겠습니까?"

그러자 장령(掌令) 황준구(黃儁耇)가 "임한백은 지극히 외람됩니다. 그가 미리 시험 제목을 유출했다는 설이 벼슬아치들 사이에 파다하게 퍼졌으니 마땅히 움츠리고 기다려야 할 것인데 뻔뻔스럽게도 궐에 들어와 임금 앞에서 장황하게 변명하고 있으니, 매우 해괴합니다. 먼저 파직한 뒤에 추고하소서"라고 반박했다.

황준구는 전라도와 강원도에서 행해진 과시(科試) 등의 폐해를 지적하는 등 직간을 서슴지 않았던 관리였다. 이에 현종은 먼저 임한백을 조사하라고 명했는데, 실록에는 "임한백이 즉시 일어나 나가지 않자 승지가 눈짓하여 그제야 일어났다"며 임한백의 처신을 부정적으로 평가하고 있다.

예조 판서 윤강(尹絳) 역시 "지금 외부의 의논을 들으니 모두 '임한백이 잘못했다'고 하고, 또 그가 올린 장계(狀啓)에도 구체적인 실상 없이, 막연하게 '(응시생들이) 난동을 부렸다'라고만 되어 있으니, 이 말로 유생을 죄주는 것은 너무 무거울 듯합니다"라며 임한백이 임금에게 올린 보고서에도 결백을 입증할 만한 구체적인 내용이 없다고 지적하는 등 이날 대신들은 대부분 임한백에게 혐의가 있다고 의심하는 분위기였다.

이 자리에 있던 영상(領相, 영의정) 정태화(鄭太和) 역시 "죄가 시관에게 있으면 시관을 죄주고, 과거에 응시한 유생에게 있으면 유생에게 죄줄 것이지 어찌 흐릿하게 하겠습니까? 다시 조사하여 조처하지 않을 수 없습니다"라며 철저하게 살펴 죄를 물어야 한다고 아뢰었고, 대신들의 의견을 들은 현종이 "담당 부서에서 자세히 조사하여 보고하라"고 명했다.

🔵 권세가들까지 추문에 휩싸이다

현종의 명을 받은 정태화가 다시 아뢰기를 "… 한양과 지방에서 과거 시험에 개인의 사사로운 정이 영향을 미친다는 의견이 많습니다. 심지어 문제를 미리 낸다는 것은 바로 혼조(昏朝)의 전철을 범하는 것입니다. 임한백이 만약 그랬다면, 그 죄는 파직하고 추문하는 데 그칠 것이 아닙니다"라며 엄하게 처벌해야 한다고 주장했다.

윤강 역시 "근래 지방의 과거 시험장이 매우 문란하여 수령으로 과거에 합격한 자가 지금처럼 많았던 때가 없었습니다. 신의 생각으로는 이후 수령으로서 과거에 응시하는 자는 한양에 와서 시험을 보도록 하는 것이 좋을 듯합니다"라며 과거 출신이 아닌 수령들의 문제까지 지적했다.

이에 현종이 "지금부터는 영구히 정식으로 삼도록 하라"며 이들의 의견을 받아들였다. 그러나 조선 후기로 가면서 부와 권력을 이용한 부정행위가 기승을 부리는 등 과거장의 분위기를 통제하기가 더욱 힘들어졌다.

현종 1년(1660) 8월 24일 충홍(忠洪, 충청도의 옛 이름) 감사(監事) 오정원(吳挺垣)은 "도사(都事) 김왕(金迬)이 본도(本道)의 동당 감시(東堂監試)를 맡았을 때 과장을 엄숙하게 정리하지 못하여 응시자들이 공공연히 떠들어대기를 '누구는 장원이 되어야 하고, 누구는 몇째가 되어야 한다'고 하면서 다투며 선동하여 시험장을 어지럽혔으나 김왕은 위축되어 통제하지 못해 체면을 떨어뜨렸으므로 원근의 비웃음만 샀다'고 현종에게 보고했다. 여기에서 '동당'이란 본시험의 별칭으로 문과를 가리키고 '감시'란 생원과 진사를 뽑는 시험을 말한다.

그로부터 4일이 지난 8월 28일에는 대사간 이정영(李正英) 등이 다시 현종에게 다음과 같이 보고했다.

"충홍 우도(忠洪右道, 지금의 충청남도)의 감시를 베풀었을 때 본도의 도사 김왕은 자신이 시관이면서 과장을 열기도 전에 수령들에게 응시자 중 글을 잘하여 이름이 알려진 자가 누구인가를 먼저 물었고, 과장을 열고 차례를 매길 때는 차비관(差備官, 특별한 사무를 맡았던 임시 벼슬)을 시켜 글의 머리 부분을 베껴 오도록 해서 쓰고 버릴 것을 선별했으니, 국법을 무시하고 거리낌 없이 함부로 한 죄를 다스리지 않을 수 없습니다. 청컨대 김왕과 차비관을 잡아다 죄주고, 함께 참여했던 시관들은 모두 파직시키며, 그 도의 과거 합격자 명부를 없애버리소서."

이 일로 결국 김왕이 파직되었는데, 일주일 후인 9월 5일 정태화가 "김왕 사건은 스스로 어떻게 해명했는지 모르지만, 과거에 응시한 유생들이 작성한 글 머리 부분을 베껴 들이라고 했다는데 과연 전하는 말과 같다면 별도로 엄중히 따져봐야 합니다"라며 다시 문제 삼았다.

윤강은 "김왕이 합격자를 발표한 후 이런 말이 무성했기에 응시자 가운데 식견이 있는 자는 2차 시험인 회시(會試)에 나가지 않았습니다. 윤문거·윤선거의 아들들은 모두 성적이 좋았는데도 대간의 논박이 있기 전에 그 아비들이 불러 돌아갔다고 합니다"라며 1차 시험에서 성적이 좋았던 응시생 중에는 부정행위와 관련한 논란에 휩싸이지 않으려고 2차 시험에 응시하지 않고 집으로 돌아가는 일까지 있었다고 보고했다.

현종은 "대신의 말이 이러하니 김왕을 형문(刑問)하여 사실을 알아내라"고 명했다. 그런데 우의정 원두표(元斗杓)가 "김왕은 형벌과 고문을 가하여 문초하더라도 필시 사실대로 말하지 않을 것입니다. 신이 들건대, 부여현(扶餘縣)의 아전인 이씨(李氏) 성을 가진 자가 바닥에 떨어진 종이쪽지를 관아에 가지고 와서 바치면서 그간의 실상을 안다고 했고, 또 당시 과장에서 심부름했던 임씨(林氏) 성을 가진 하인도 참여했다고 하니, 우선 이들에게 물어보는 것이 옳습니다"라고 아뢰었다.

≋ 아전과 노비까지 동원하다

원두표의 보고를 받은 현종은 "먼저 이씨 성과 임씨 성을 가진 자를 잡아다가 심문하여 사실을 밝힌 뒤에 조치하라"고 명했다. 사관은 〈현종실록〉에 이 사건을 기록하면서 마지막에 "김왕은 필시 윤문거 형제에게 잘 보이기 위해 그 자제를 찾아내어 끝내는 높은 등급을 매겼으니, 외람되게 국법을 범했을 뿐 아니라 의도가 매우 비루하다"고 김왕을 비난하면서 대신들에 대해서도 "…(김왕에게) 죄준다고 한들 누가 옳지 않다 하겠는가? 그런데 대신이란 자가, 어떤 아전이 사사로이 말했고 어떤 사람이 간여했다는 등의 말로 임금의 귀를 번거롭게 하면서 좀스럽다는 비난을 돌아보지 않았다. 아, 저 같은 대신에게 사리와 체면을 책임 지울 수 있겠는가?"라고 덧붙여 놓았다.

사관에 따르면 김왕이 사전에 청탁을 받고 부정행위를 저지른 것이 아니라 권력자에게 잘 보이려고 했던 것이 분명한데, 임금에게 아전과 노비들까지 들먹이며 이들을 먼저 조사해야 한다고 보고한 대신들의 자질에도 문제가 있다고 비난한 것이다. 그러나 이것으로 사건이 마무리되지 않았다.

다시 2주가 지난 9월 20일, 간원(諫院)에서 "충홍 우도의 감시(監試)는 이미 도사 김왕이 불공정하게 합격자 선발에 관여한 탓에 합격자 발표를 무효화하여 여론이 다들 통쾌하게 여깁니다"라고 보고하면서 "다만 동당(東堂)의 합격자 명단은 한 사람의 손에서 나와 여론이 시끄러운데, 저쪽 것은 무효화하고 이쪽 것은 남겨 두니 어찌 이런 이치가 있습니까? 동당의 합격자 명단도 똑같이 취소하소서. 김왕이 이미 잡혀 와 심문받고 있으니 과거 시험관들만 죄를 면할 수 없습니다. 파직시키소서"라며 동당의 합격자 발표를 취소하고 당시 과거 시험 관련자들도 처벌할 것을 주장했다.

이처럼 과거에서 부정행위가 발각되면 관련된 사람 외에 함께 시험 감독을 한 사람들도 직간접적으로 곤욕을 치렀는데, 당시 김왕을 비판했던 이정영(李正英) 역시 숙종 3년(1677) 형조 판서(刑曹判書)로 있을 때 시관(試官)으로서 부정을 저질렀다는 죄를 받아 철원에 유배되었다가 풀려난 일도 있었다.

그뿐만 아니라 간원들은 "또 들으니, 우도 유생들이 시험을 채점할 때 불공정한 것에 화가 나서 떼 지어 팔을 걷어붙이고 계단을 올라가 시관을 윽박지르고 이미 채점한 답안지를 먹물로 지우며 함부로 욕을 하는 등 못 하는 짓이 없었다고 합니다. 선비들의 습속(習俗)이 이 지경에 이르렀으니 참으로 한심합니다. 해당 도의 감사가 조사하게 하여 엄하게 다스려서 징계하는 근본이 되게 하소서"라며 과거장에서 소동을 벌인 유생들도 찾아내어 죄를 물어야 한다고 주장했다. 그러나 현종은 이를 허락하지 않았다.

한 달 후인 10월 19일에는 이경억(李慶億)이 "과거는 국가의 중대사라 김왕이 잡혀 와 심문을 받은 것도 애초에 감시(監試)를 볼 때 사사로운 정을 쓴 때문입니다. 그런데 동당(東堂)의 경우는 사람들의 말이 많아 참시관 등이 이미 파직까지 되었는데도 방목(榜目, 과거 합격자 명부)을 삭제하라는 논의를 곧바로 중지했으니, 일이 매우 구차합니다. 대신 및 예조 판서에게 물어서 조치하소서"라고 아뢰었고, 정태화도 "대간의 말이 옳습니다"라고 동의했다. 그러자 현종은 "그렇다면 호우(湖右, 충청북도)의 동당 방목을 삭제함이 마땅하다"라며 비로소 허락했다. 그리고 5일 후인 10월 24일 의금부에서 '김왕을 삭탈관직하여 군대에 편입시켜야 한다'고 현종에게 아뢰어 허락받았다.

영조 46년(1770) 9월 4일에는 영조와 대신들이 과거장 분위기를 논의하는 자리에서 대사간 박사해(朴師海)가 "과장에 책을 끼고 들어가거나, 시중을 드는 노비가 시험장 안에서 우산과 장막을 가지고 다니는 행위를 엄격하게 금지하고 이를 범하는 자는 아주 무거운 형벌로 다스리소서"라고 아뢰었고, 영조는 이를 허락하면서 "다만 우산만은 금하지 말라"고 명한 일도 있었다. 아마도 과거 시험이 한낮에 야외에서 치러졌던 데에 따른 배려로 보인다.

💬 예비 시험을 통과한 자의 수보다 답안지가 더 많기도 …

과거 응시생들이 과거를 보기 전에 거쳐야 하는 절차에서도 부정행위가 일어났다. 예를 들면 응시원서를 접수할 때 응시자를 포함해 아버지·할아버지·증조부 그리고 외할아버지의 성명·본관·관직·거주지를 기록하여 제출하면 6품 이상의 조관(朝官)이 서명 날인을 했다. 이러한 절차는 일종의 신원보증서를 제출하여 과거 응시자에게 결격사유가 있는지를 확인하는 것이 목적이었다.

이를 녹명(錄名)이라고 했는데, 녹명은 과거를 실시하기 10일 전에 녹명소에서 하는 것이 원칙이었으나 과거장에 들어갈 때 하는 경우가 많았다. 만약 녹명을 제출하지 않거나 녹명 과정에서 부정이 발각되면 담당 관리는 파직되고 응시자는 수군에 충당되는 법이 있었지만, 부정행위를 완전하게 막을 수는 없었다.

선조 38년(1605) 11월 28일에는 선조가 "혼란에서 나라를 구하는 공평한 도리는 오직 과거에 있는데, 근래 사적인 관계가 과거에도 지나치게 영향을 미쳐서 과거가 엄격하게 시행되지 못하고 부정행위가 많아 식자(識者)들이 한심하게 여겨온 지 오래다"라고 지적하는 글을 내려보내자, 12월 3일 예조에서 '녹명을 받은 사람에 비해 확인서와 답안지를 제출한 사람이 더 많았다고 하니 철저하게 조사해서 합격자 중에 응시 자격을 갖추지 못한 사람이 있으면 삭제하고, 다시는 이런 폐단이 일어나지 않게 막아야 한다'고 보고하여 선조의 허락을 받은 일도 있었다.

이외에도 조흘강(照訖講)이라고 해서 성균관에서 과거에 응시한 유생들의 호적을 대조한 뒤 《소학》을 강론하게 하여 과거에 응시할 수 있는 수준을 판단하던 일종의 예비 시험 제도도 있었다. 조흘의 '조'는 확인 또는 대조를 뜻하며, '흘'은 그러한 절차를 마쳤다는 뜻으로, 여기서 발급한 합격증은 과거 응시를 위한 녹명의 절차를 밟을 때 반드시 제시해야 하는 일종의 신분 확인증 구실도 했다.

그런데 인조 1년(1623) 9월 10일, 동지사 정엽(鄭曄)이 "지난번 녹명과 조흘강이 없이 과거에 응시한 유생은 모두 조사하여 합격자 명단에서 없애라고 하였으나 여태 마무리하지 못하고 있으니, 이를 바로잡지 않을 수 없습니다. 속히 담당 부서에서 조사하게 하는 것이 어떠하겠습니까?"라고 아뢰어 인조의 허락을 받은 일도 있었다.

영조 30년(1754) 5월 13일에도 국정을 논의하는 자리에 "조흘강이 근래 매우 해이하다"는 보고가 올라온 것으로 보아 과거 응시 자격이 없거나, 수준 미달자들이 과거를 보는 부정행위가 근절되지 않았음을 알 수 있다.

각종 폭력 사건은
어떻게 처리되었나?:

법률/제도

구타당한 수령에게 더 엄하게
책임을 묻는 것이 어떠한가?

💬 수령이 구타당하면 어떻게 되었나?

어느 사회나 그렇듯 조선시대에도 각종 폭력 사건이 발생했고, 사안이 심각하면 왕에게 보고하여 처리했다. 그러나 보고 내용이 애매한 경우에는 왕이 재조사를 명하거나, 왕과 대신들 사이에 논의가 이어지기도 했다. 같은 폭력 사건이라도 폭력을 행사한 이유에 따라 처분이 달랐기 때문이다. 수령이 구타당한 사건도 그 예였다.

《조선왕조실록》에 따르면 조선시대에 처음으로 수령 구타 사건이 왕에게 보고된 때는 정종 2년(1400) 11월 1일이었다. 이날 사헌부에서 '참판 삼군부사(參判三軍府事) 최운해(崔雲海)와 예문관 학사(藝文館學士) 송제대(宋齊岱)가 한양에 다녀오다가 서원군(瑞原郡)에서 하룻밤을 보냈는데, 자신들과 함께 온 노비에게 먹을 것을 제공하지 않았다는 이유로 군수 박희무(朴希茂)를 구타하는 일이 발생했고, 박희무가 이를 사헌부에 고발했다고 정종에게 보고하면서 "송제대는 잘못이라는 것을 뒤늦게 알고 스스로 그만두었으니, 그 경중에 따라 죄주소서"라며 최운해와 송제대가 수령의 구타에 참여한 정도가 다르므로 처벌도 차이를 두어야 한다고 아뢰었다.

보고를 받은 정종은 최운해는 파직하고 송제대는 용서했다. 그러자 조선 전기 최고 의결 기관인 문하부(門下府)에서 '대사헌 정구(鄭矩)를 비롯한 사헌부 관리들이 죄상을 논청(論請)한 것이 불공평하다'며 그들을 탄핵하고 죄주기를 청하였다. 하지만 정종은 "지난번에 사헌부에서 두 사람의 죄를 논하면서 송제대의 죄가 조금 더 가볍다고 하였기에 최운해만 파직한 것이다"라며 받아들이지 않았다.

이에 낭사(郎舍) 등이 나서 "최운해와 송제대가 함께 의논하여 수령을 구타하였으니 그 죄가 같습니다. 한데 지금 대사헌 정구 등이 그 죄를 논하면서 경중을 나눈 것은 공정하지 못합니다. 신 등은 이런 까닭으로 헌사의 관원을 탄핵하였습니다. 원하건대, 최운해 등을 율에 따라 처리하소서"라며 두 사람 모두 법에 따라 처벌해야 한다고 주장했다. 여기서 '낭사'란 별도로 임명되어 왕에게 옳지 못하거나 잘못된 일을 고치도록 아뢰는 일을 맡아 하던 충직한 관리로, 낭사들의 주장에는 무언가 문제가 있음을 의미했다.

최운해는 고려 말기부터 여러 차례 왜구를 무찔러 공을 세웠고, 노획물을 통해 굶주리는 백성들의 구호에 나섰으며, 요동 정벌에도 출정했던 뛰어난 무장이었다. 그는 조선 개국 과정에도 참여하여 공을 인정받아 개국 원종공신(開國原從功臣)에 책봉되기도 했다. 반면에 송제대는 부인이 좌의정 민제(閔霽)의 처형으로, 민제는 당시 세자 자리에 있던 실질적 권력자 이방원의 장인이었다.

따라서 정종의 조치가 이방원을 의식한 것으로 보았던 대신들은 정종을 압박했고, 결국 정종은 대신들의 주장을 받아들여 최운해는 음죽으로, 송제대는 배주로 귀양 보내는 것으로 논란을 마무리했다. 실록에는 송제대가 처벌받았다는 소식을 전해 들은 세자 이방원이 이렇게 말한 것으로 전한다.

"낭사에 사람이 있구나! 이 일이 대단히 정대(正大)하다. 송제대는 나에게 혼인으로 일가(一家)가 되는 관계이고, 좌정승(민제)의 처형이다. 헌사에서 이 때문에 (송제대의) 죄를 가볍게 한 것은 잘못이다. 최운해는 용맹한 장수이다. 미처 생각지 못한 변이 있으면 마땅히 이를 막아내야 할 터인데도 불미스러운 일로 다른 사람에게 피해를 주었으니 어찌 가볍게 용서할 수 있겠는가? 송제대 같은 자는 섬에 귀양 보내더라도 아까울 것이 없다."

이후 최운해는 복직되었고, 왜구를 무찔러 여러 번 공을 세우는 등 명장으로 역사에 이름을 남겼다.

🔵 지역 주민에게 고을 수령이 구타당하다

성종 4년(1473) 12월 7일에는 영사(領事) 홍윤성(洪允成)이 성종에게 "풍속은 국가의 중대한 일로 요사이 듣건대, 진보(眞寶. 경북 청송)에 사는 전 녹사(錄事) 금맹함(琴孟諴)과 창평(昌平. 전남 담양)에 사는 전 판관(判官) 강구연(姜九淵)이 그 고을 수령을 구타하여 강구연은 이미 갇혔으나 금맹함은 도망하여 숨어 있다고 합니다"라고 보고하면서 "고을 수령을 구타한 금맹함과 강구연을 먼 곳으로 귀양 보내야 합니다"라며 다음과 같이 아뢰었다.

"수령으로서 자기 고을 사람들에게 욕(辱)을 당한다면 그 수령의 사람됨을 가히 알 수 있는 것이나 금맹함 등이 수령을 구타한 행위는 풍속을 파괴하는 것이라 신(臣)은 듣고 놀라지 않을 수 없었습니다. 또한 이 일로 구타당한 수령의 근무 평가를 최하위에 두었다고 하는데, 수령의 등급을 올리고 내리는 것은 엄하게 하여야 합니다. 금맹함은 도망가서 강화에 있다고 하니, 원하건대 사람을 보내어 붙잡아서 강구연과 함께 의금부에 회부하여 추국한 뒤 모두 아주 먼 변경 지역으로 귀양 보내어 풍속을 바르게 하소서."

그런데 보고를 받은 성종이 "나는 듣지 못했다"고 하자, 영사 성봉조(成奉祖)가 "강구연과 금맹함은 그 수령을 미워하고 심지어 구타까지 하였는데도 이 일로 수령의 근무 평가만 하위 점수를 주고, 강구연과 금맹함에 대해서는 감사가 심문도 하지 않고 그대로 방치한다면 두 사람이 더욱 좋아할 것이니 그대로 두어서는 안 됩니다"라며 강구연과 금맹함을 엄정하게 조사할 것을 건의했다.

이에 성종은 "수령으로서 욕을 당하였으므로 백성을 다스릴 수 없음은 명백한 일이니, 성적을 하위에 두는 것은 마땅하다. 심문하고 탄핵하여 파직시키는 것이 더 낫지 않겠는가?"라며 구타당한 수령에게 더 엄하게 책임을 묻는 것이 어떤지 대신들의 의견을 물었다.

그러자 홍윤성은 세종 12년(1430) 광주목(光州牧) 사람 노흥준(盧興俊)이 광주 목사(光州牧使)를 구타한 일이 발생하자, 노흥준을 곤장으로 때리고 가족과 함께 변방으로 유배 보낸 후 광주목을 군(郡)으로 강등시켰던 사건을 예로 들면서 "진보현(眞寶縣)의 수령이 구타당할 때 읍에 딸린 아전들이 둘러서서 보기만 하고 구하지 않았고, 오직 역참에 속한 아전이 꾸짖어서 그쳤습니다. 거기에다 금맹함이 도망가게 두었으니, 청컨대 읍리를 함께 국문(鞫問)하소서"라며 해당 고을도 죄를 물어야 한다고 아뢰었다.

성종은 철저하게 조사할 것을 명했고, 해를 넘겨 성종 5년(1474) 1월 19일 조사를 마친 의금부에서 "강구연이 본 고을의 수령을 능욕한 죄는 율(律)에 따르면 장(杖) 70대에 도(徒) 1년 반에 해당하나 부민(部民)으로서 수령을 꾸짖어 욕했을 뿐만 아니라 띠를 잡고 서로 힐난(詰難)하기에 이르렀으니, 그 죄가 대단히 무거워 위의 율로 가볍게 논할 수가 없습니다"라고 보고했다.

의금부에서는 《대전(大典)》의 소원조(訴冤條)에 '품관이민(品官吏民)으로서 수령을 고발한 자는 장 1백 대에 도 3년으로 하고 향리에서 쫓아낸다'고 하였으니, 청컨대 강구연은 《대전》에 의하여 단죄하소서"라며 강구연을 엄하게 처벌할 것을 건의했다. 성종은 이를 받아들여 강구연에게 장 1백 대를 때리고 전 가족을 유배에 처했다.

⬯ 사람이 흉한 것이지 땅이 흉한 것은 아니지만 …

두 달이 더 지난 3월 26일에는 의금부에서 "관련법을 검토한 결과 금맹함의 죄는 율에 따라 장 1백 대, 유(流) 2천 리에 해당합니다"라고 성종에게 보고했다.

성종은 원상(院相)들과 의논하여 보고하라고 명했고, 정창손 등 원상은 "금맹함의 집을 헐어 못을 파게 하고, 전 가족을 변방으로 옮기며, 그 고을을 (지방관을 보내지 않고 백성이 살지 못하도록) 혁파(革罷)하는 것이 좋겠습니다. 얼마 전에 창평현 사람 전 판관 강구연이 현령(縣令) 전순도(全順道)를 능욕하였는데, 죄가 이와 같으니 청컨대 아울러 창평현도 혁파하게 하소서"라며 강구연과 똑같이 처벌해야 한다고 보고하여 성종의 허락을 받았다.

이후 4년이 지난 성종 9년(1478) 4월 24일에 창평현 백성들이 글을 올려 현을 회복해 달라고 청하자, 성종은 "백성들이 어렵고 괴로운 일이 있어 현을 다시 세우기를 원하는 것이니 의논하여 보고하라"고 명했고, 도승지(都承旨) 임사홍(任士洪)은 다음과 같이 아뢰었다.

"함흥은 태조의 고향으로서 이시애가 난을 일으키자 혁파하기를 의논하였는데, 태조의 신성함이 그 땅에서 나왔으니 이시애의 반란은 그 땅의 흥함 때문이 아니었습니다. 군현(郡縣)은 국가의 그릇이지 백성들의 군현이 아닙니다. 만약 나쁜 짓을 하는 사람이 있으면 마땅히 그 가산(家産)을 몰수하고 집을 헐어 (그 자리에) 못을 만들어서 먼 곳으로 물리치면 될 뿐이지, 한 사람의 악행으로 군현을 혁파하는 것은 맞지 않습니다."

좌승지(左承旨) 손순효(孫舜孝) 역시 "가령 모든 관아의 서리들이 나쁜 일을 하였으면 그 관아들을 모두 혁파하겠습니까? 걸(桀)·주(紂)가 악덕으로써 천하에 군림하였는데, 어찌 걸·주 때문에 천지를 허물어뜨리겠습니까?"라며 동의했다.

반면에 우승지(右承旨) 박숙진(朴叔蓁)과 우부승지 김승경(金升卿)은 "무릇 군현을 혁파하는 것은 한 사람을 경계하여 그 나머지 사람을 깨우쳐서 감히 악한 짓을 못 하게 하기 위함입니다. 창평은 혁파한 지 오래되지 않았으니, 아직 다시 세우지 않는 게 옳습니다"라며 반대했다.

좌부승지 홍귀달(洪貴達)은 "옛사람이 이르기를 '사람이 흉한 것이지 땅이 흉한 것이 아니다'라고 하였으니, 사람을 없애고 땅은 두는 것이 옳습니다. 백성이 악하게 되는 것이 어찌 군현에 관계되겠습니까? 다시 세우는 것이 맞습니다"라며 창평현 회복에 찬성했다.

이날 대신들의 의견이 찬반으로 나누어져 결론이 나지 못했고, 한 달 후인 5월 21일 이조(吏曹)에서 '창평현과 진보현을 혁파한 것은 악한 풍속을 징계한 것이니, 가벼이 다시 세울 수 없다'고 성종에게 보고했다. 그러나 성종은 지역민들의 요청을 수락하여 현(縣)을 회복시켰고, 사건이 일어난 지 17년 만인 성종 21년 7월 7일 성종의 명으로 이조에서 금맹함의 직첩을 돌려주어 금맹함은 관직을 되찾게 된다.

이외에도 지방 관아의 향리(鄕吏)가 수령을 구타하는 등 수령이 구타당하는 사건은 종종 발생했다. 연산군 2년(1496) 윤 3월 19일에는 승지(承旨) 송질(宋軼)이 "신녕(新寧, 경북 영천 지역의 옛 지명) 향리 등의 죄는 법률에서 모반조(謀叛條)에 해당하는데, 자수하였으니 2등을 감하여 장을 때려서 먼 지방으로 귀양 보내소서. 향리가 수령을 구타하기로 모의한 것은 크게 풍속에 관계됩니다. 전에 광산과 창평을 강등하거나 혁파하였으니, 지금 매섭게 다스리지 않으면 다시 이 같은 일이 발생할 것입니다"라며 과거 사례를 들면서 향리가 수령을 구타한 죄를 역모죄에 비유하여 엄하게 처벌할 것을 요청하자, 연산군이 의정부와 육조에서 의논하여 보고하라고 명한 일도 있었다.

⬡ 관리의 부인이 길에서 채찍으로 폭행당하다

세조 3년(1457) 6월 10일에는 '예조 정랑(禮曹正郎) 우계번(禹繼蕃)이 술에 취해 영접 도감사(迎接都監使) 조숙생(趙肅生)의 처를 구타했다'며 남편 조숙생이 세조에게 고발했는데, 〈세조실록〉에는 "우계번은 술을 마시면 정신이 혼미할 정도로 자주 취했다"며 다음과 같이 기록하고 있다.

"이날 명나라 사신의 연회를 지휘했던 우계번이 술에 취하여 집으로 돌아가다가, 길에서 조숙생의 처가 말을 타고 지나가는 것을 보았다. 그는 기생이라고 생각해서 조례(皂隷, 관아에서 부리던 하인)를 시켜 끌어 내리게 했는데, 조례가 '기생이 아닙니다. 양가(良家)의 부인입니다'라고 해도 우계번이 꾸짖기를 '저 말군(襪裙, 속바지)도 없이 말을 탄 자가 어찌 기생이 아니겠느냐? 기생이 어찌 예관(禮官)에게 무례하게 굴 수 있느냐?'며 머리채를 움켜쥐고 함부로 휘두르며 채찍질하였다."

세조는 "매를 맞은 조숙생의 처가 정신을 잃고 오랫동안 기절했다가 깨어났다"는 보고를 받고 내의(內醫)와 여의(女醫)를 보내 간호하고 보살펴 주도록 조치하면서 의금부에 우계번을 국문(鞫問)하라고 명했다. 그런데 사관은 이 사건이 단순히 술에 취한 우계번의 잘못만이 아니라면서 마지막에 다음과 같이 덧붙였다.

"옛날 풍속에 부인들이 외출할 때 두자(兜子, 의자 모양의 탈것)를 타고 바깥으로 휘장과 장막을 드리워서 사람들이 감히 엿보지 못하게 하였다. 그 말을 타는 자도 면사(面紗)를 드리우고 속바지를 입었는데, 지금 사람들은 으레 간략한 예법에 따라 옷을 간편하게 하고 면사(面紗)를 말아 올리고도 뻔뻔스럽게 부끄러워하지 않으니, 예로부터 전하여 오는 풍속의 폐단이 하나같이 이 지경에 이르렀다. 그렇다면 조숙생의 처를 욕보인 것이 우계번이 술에 취하였기 때문만은 아니고, 실은 조숙생의 집에서 스스로 부른 것이다."

또한 실록에는 "일찍부터 우계번과 문송수(文松壽)는 하나가 벼슬자리에 오르면 다른 하나는 그만두어 번갈아 관직에 나아가고 물러났는데, 이 무렵 문송수가 관직에 등용되자 우계번이 '문송수가 올랐으니 나는 마땅히 조심해야겠다'고 말한 지 얼마 되지 않아 이런 일이 발생하여 사림(士林)에서 비웃었다"는 일화도 함께 전한다.

그뿐만 아니라 실록에는 조숙생이 세조에게 보고한 지 이틀 후인 6월 12일 "의금부에서 우계번이 호조에서 임시로 일을 보던 막사에서 동료들과 함께 기생을 불러다 술을 마셨다고 고발했다"는 기록도 보이며, 한 달 여가 지난 7월 15일에는 "예조 정랑 우계번이 길에서 조숙생의 처를 만났는데, 기생인 줄로 잘못 알고서 그 머리채를 움켜쥐고 함부로 휘두르며 때려서 상(傷)하게 하였으니 죄가 장(杖) 1백 대와 도(徒) 3년에 해당한다"라는 조사 결과를 내놓았다.

그러나 세조는 우계번이 공신의 후손이라는 이유로 고신(告身. 임명장) 만을 거두고 전라도 용안(龍安)으로 귀양 보냈다. 이후 우계번은 세조 6년 (1460) 5월에 복직되어 단종 대까지 관직 생활을 했다. 우계번이 공신의 후손이 된 것은 할아버지 우현보(禹玄寶)가 제2차 왕자의 난 때 제자 이 래(李來)로부터 '이방원을 제거하고자 모의하는 자들이 있다'는 말을 전해 듣고, 이방원에게 이 사실을 알려준 공으로 공신에 봉해졌기 때문이다.

세종 20년(1438) 10월 9일 〈세종실록〉에는 우계번의 아버지 우승범(禹 承範)에 대해 "사람됨이 시와 술을 좋아하여 종일 술을 마셔도 취하지 아 니하고, 연이어 며칠을 마셔야 취하더니 이날에 갑자기 죽었다"면서 술과 관련한 우계번 집안의 특이한 내력도 전한다.

의심은 가나 증거가 없으니
풀어주어야겠습니다

📃 먼저 철저한 조사를 하다

　노비가 양반인 주인을 구타하는 사건도 종종 발생했다. 일반적으로 신분제 사회에서 최하층 천민이 최상층에 있는 양반 주인을 구타하는 것은 엄하게 다스렸지만, 노비가 무조건 처벌받거나 일방적으로 불리한 것만은 아니었다. 일단 조사를 통해서 노비가 주인을 구타한 원인 등 구체적인 정황을 밝혀냈고, 노비가 억울한 일을 당한 것이 구타로 이어졌으면 정상이 참작되었다. 그리고 노비가 사망하는 등 심각한 사건이 발생하거나, 어떤 법을 적용하여 처벌해야 할지 애매할 때는 임금에게 보고하여 최종 판결을 주청했다.

　보고를 받은 임금은 의심 가는 부분을 질문하는 등 사건을 꼼꼼하게 검토했고, 확실한 증거를 확보하지 못했거나 정황이 복잡하여 판단하기 어려울 때는 다시 재조사를 명하고 여러 대신과 논의하기도 했다. 그 때문에 사건 조사에 오랜 시간이 걸리는 경우도 적지 않았다.

세종 7년(1425) 10월 15일 사헌부에서 "주인을 구타한 죄로 경기도 과천에 거주하는 어느 집의 종 백동을 인천의 군옥(郡獄)에 가두고 국문한 지 2년이 되어도 실정을 밝히지 못하였는데, 유지 별감(宥旨別監) 이종규(李宗揆)가 사람의 도리에 관계된 사건임에도 이를 살피지 못하고 백동을 놓아 보냈으니 매우 부당합니다"라고 세종에게 보고하면서 "그러나 이미 용서하여 놓아 보냈으니 미루어 논죄할 수는 없으나, 청컨대 백동의 일을 다시 조사해서 끝내도록 하는 것이 어떠하겠습니까?"라며 백동을 풀어준 것은 어쩔 수 없으나 사건을 재조사하여 정확히 판결할 것을 건의했다.

그러나 세종은 "용서는 허물을 씻어내고 새로운 길을 열어주기 위해 하는 것인데, 용서하고서 다시 그 죄를 미루어 다스리는 것은 마땅하지 못하다고 생각한다"며 받아들이지 않았다.

이날 세종은 "처첩이 남편을 죽이고 자손이 부모나 조부모를 죽이고 노비가 주인을 죽이는 등의 일은 사문(赦文, 죄를 사면하는 내용을 담은 문서)에 실리지만, 처첩이 남편을 구타하고 노비가 주인을 구타하는 일은 사문에 실리지 않고 당연히 사면의 예를 다루는 데에 있을 것이니, 그 교지(教旨)를 상고하여 아뢰라"고 하면서 이와 관련해 예전에 임금이 내린 명을 다시 검토해서 보고하라고 명했다.

세종 8년(1426) 2월 2일에는 형조에서, 주인이 노비에게 잔혹한 형벌을 가하여 사망한 사건을 세종에게 아뢰면서 "행 사직(行司直) 임가(林稼)가, 종이 자신을 배반하고 일을 하지 않는다고 하여 무수히 구타한 끝에 두 귀를 자르고 근육을 끊어내며 머리털을 깎는 등 잔혹한 형벌을 가한 끝에 죽게 하였으니, 율에 따라 장형 1백에 처하소서"라고 보고하여 허락을 받기도 했다.

노비와 주인 사이의 불상사는 다양한 이유가 있었기 때문에 임금과 대신들은 어떤 법을 적용할지를 놓고 오랫동안 논의하기도 했다. 도망간 노비를 잡는 과정에서 노비가 주인을 구타한 사건을 놓고 참형에 처해야 한다는 의견과 정당방위로 인정해야 한다는 의견으로 나누어진 것도 그 예였다.

세종 12년(1430) 12월 1일에는 형조에서 '전주 사람 강마(姜麿)의 종 동량이 주인을 배반하고 남의 집에 가 있는 것을 찾아내어 주인 강마가 관청에 소송하였는데, 길에서 동량을 만나 그를 끌고 가려고 하자 동량이 팔을 뿌리치다가 강마의 이를 부러뜨렸다'며 세종에게 다음과 같이 동량의 참형을 건의한 일도 있었다.

"법률에 노비가 집안 어른을 구타하는 것에 대한 조항에 따르면 '노비가 잘못하여 집안 어른을 다치게 한 자는 장(杖) 1백에, 유(流) 3천 리에 처한다'고 하였습니다. 지금 동량이 비록 고의로 주인을 구타하려고 한 것은 아니나 이를 부러뜨렸으니 과실로 논하기는 곤란합니다. 《이학지남(吏學指南)》(원나라 때 정치·경제·법률 등의 용어를 간략히 풀이한 책)에 '만일 머리털을 끌어 당기거나 목덜미를 잡는 것도 구타와 같이 다룬다'고 하였으니, 집안 어른을 구타한 율에 따라 참형에 처하게 하소서."

형조에서는 '고의가 아니었다고 해도 이를 부러뜨려 주인의 몸에 상해를 입혔으니 집안 어른을 구타한 죄를 적용하여 참형에 처해야 한다'고 건의했으나 세종은 "법 적용에 문제가 없으나 정상을 참작해서 1등을 감하라"고 명했다.

◉ 의심은 가나 증거가 없으면 …

세종 15년(1433) 9월 17일에는 형조에서, 도망간 노비들과 관련한 사건 조사 결과를 세종에게 보고했는데 다음과 같이 다양한 사례들이 포함되어 있다.

"진주 죄수 대문은 호장(戶長) 강은(姜隱)의 종으로, 도망간 지 이미 3년이 되었는데 강은이 대문을 찾아내어 붙잡으려고 하자 대문이 강은에게 돌을 던지며 도망하였으며, 선산 죄수 강달은 주인을 배반하고 연창군(延昌君)의 집에 들어가 있으면서 주인의 머리끄덩이를 부여잡아 땅에 자빠뜨리고 짓밟으며 옆구리와 다리를 집어 차면서 욕하기를 '개자식아, 내가 지금도 너의 종이 되느냐'고 하였고, 함양 죄수로 이숙번(李叔蕃)의 계집종 소비는 나이 15세인데 주인이 간통하려고 하자 반항하며 칼날로 주인의 이마를 찔러 상하게 하였습니다. 또 전옥(典獄)의 죄수 천외는 주인 김종혁이 머리끄덩이를 부여잡고 작대기로 때리자 차고 있던 칼을 빼어 주인의 손가락과 이마와 볼때기를 찔러 피가 나게 하고, 옷과 소매를 다섯 군데나 찢었으므로 다섯 차례나 문초하면서 매질하고 다섯 차례나 사금파리 위에 무릎 꿇려 그 위에 무거운 돌 등을 얹어 누르는 고문을 가했는데, 천외는 '위험에서 벗어나려고 그렇게 했을 뿐 본디부터 살해할 마음이 없었다'고 말하였습니다."

형조에서는 보고를 마치면서 "대문·강달·소비 등의 죄는 의심스러운 점이 있어 은사(恩赦. 임금이 은혜를 베풀어 형벌을 용서해 주던 일)를 적용하면서 '주인을 모살한 죄'의 조목으로 거론하는 것은 맞지 않으며, 천외는 지금까지 명확한 증거를 잡지 못한 채 죄를 의심만 하고 있으니, 놓아서 내보내는 것이 어떠하겠습니까?"라고 아뢰었다.

형조의 보고에 따르면 도망간 노비가 의도적으로 주인에게 상처를 입혔거나 죽이려고 했다면 사형과 같은 중죄로 다스려야 하지만, 살기 위해 저항하다가 주인에게 상처를 입혔다면 정상이 참작되었음을 알 수 있다. 또 의심은 가나 명확한 증거를 찾지 못하면 재조사와 함께 임금과 대신들 사이에 진지한 논의가 이루어졌고, 여전히 명확한 근거를 찾아내지 못할 때는 풀어주기도 했다.

당시에도 세종은 의정부와 육조가 함께 의논하여 보고하라고 명하여 대신들이 대거 참여한 가운데 논의가 이루어졌다. 먼저 대문의 죄는 황희·맹사성·허조·노한·안순·신상·최사강·조계생·김익정·권도·김맹성·정연·박신생·황보인 등이 "사형에서 감할 수 있겠습니다"라며 정상참작을 인정했다. 반면에 참찬 성억(成抑)은 "비록 모살(謀殺)하려는 것은 아니라고 하더라도 주인에게 돌을 던지고 저항하였으니 마땅히 사형으로 논하여야 할 것입니다"라고 아뢰었다.

그리고 강달의 죄에 대해 김익정·권도·김맹성·정연 등은 "용서할 수 있겠습니다"라고 했으나 허조·안순·노한·신상·조계생 등은 "용서할 수 없습니다"라고 반대 의견을 냈고, 박신생·황보인 역시 "이미 본 주인을 싫어하여 다른 사람에게 의탁하였고, 또 주인을 보고도 조금도 두렵고 꺼리는 것이 없이 마음대로 구타하였으니 마땅히 모살(謀殺)로 논하여야 할 것입니다"라며 동의하여 대신들의 의견이 찬반으로 나누어졌다. 그러자 황희·최사강·성억은 "형조에 명하여 다시 그 실정을 알아본 후에 논하는 것이 어떠하겠습니까?"라며 사건을 엄밀하게 재검토할 것을 제안했다.

이어서 소비의 죄는 대신들이 모두 "용서할 수 있겠습니다"라고 아뢰었다.

◉ 손과 칼의 차이는 있으나 의도가 같다면 …

천외의 죄에 대해서는 황희·맹사성·허조·안순·노한·최사강·김익정·김맹성·정연 등은 "차고 있던 칼을 뽑아 주인을 찔러서 이미 모살의 정황이 보이는데, 어찌 자복하지 않았다고 가볍게 논할 수 있겠습니까?"라며 비록 본인이 부정하고 있으나 분명히 의도적인 행동이라고 보았고, 조계생·성억·신상 등도 "도망간 종이 주인에게 잡혔으면 울면서 애처롭게 사정하는 것이 마땅할 터인데, 칼을 뽑아 찌르기를 한 번만 한 것도 아니니 그 의도가 어찌 모살하려는 것과 다름이 있겠습니까? 마땅히 모살죄에 처하여 종과 주인의 명분을 엄정히 해야 할 것입니다"라며 동의했다.

대신들의 의견을 들은 세종은 "천외와 강달의 옥사를 본다면 모두 모살하려던 증거는 없고, 단지 칼과 손발의 차이만 있을 뿐이나 그 주인을 구타한 죄는 같은 것이다"라며 주인을 살해하려는 의도로 볼 수 없다고 하면서 "모두 제집의 어른을 구타한 죄로써 마땅히 참형으로 논죄할 것인데, 본 조문에 '칼을 썼으면 형을 더한다'는 말이 없으니, 비록 칼을 썼어도 죽지 않았다면 본 조목의 법을 두고 따로 다른 조문을 찾을 것이 아니다"라며 대신들에게 이렇게 물었다.

"그렇다면 칼과 손발이라는 차이가 있다고 하여도 법에 따라 죄를 정하는 데는 경중이 없어야 할 것이니, 만약 이 법을 쓴다면 두 노비가 모두 은사(恩赦) 받을 예에 해당하는데, 칼을 써서 주인을 상해한 자는 은사를 논할 것도 없이 극형에 처하려 하고, 손발로 주인을 구타한 자는 은사를 입도록 하여 석방하고 죄주지 않으려 한다. 그러나 주인을 구타하여 어른을 능멸한 죄악은 같은 것이요, 처음부터 모살하려는 마음이 없었던 것도 역시 같은데, 혹은 용서를 받고 혹은 형벌을 받는 것은 무엇 때문인가?"

그러면서 세종은 "또 '모두 마땅히 모살한 것으로 논하자'고 하지만, 나는 그 역시 그렇지 않다고 생각한다"면서 "가령 은사가 없으면 모살한 것으로 논하여 참형에 처할 것인가, 주인을 구타한 것으로 논하여 참형에 처할 것인가? 틀림없이 주인을 구타한 것으로 논할 것이니, 그렇다면 은사를 입게 되어도 반드시 죽이고자 하여 따로 다른 법조문을 찾는다면 옳겠는가?"라며 다시 의논하여 아뢰라고 명했다.

그리고 한 달 정도가 지난 10월 12일, 의정부와 각 조에서 논의한 결과를 '종 천외와 강달의 처벌에 관한 형조의 상소문'으로 올리면서 세종에게 다음과 같이 보고했다.

"천외의 사건을 황보인은 용서해야 한다고 말하고, 조계생 등은 용서할 수 없다고 말하였으며, 맹사성 등은 의논하기를 '비록 죄를 자백하지 않았으나 칼을 뽑아 찌른 곳이 아홉이나 되었으니, 고의로 살해하려고 한 의사와 증거가 될 만한 흔적이 이미 드러난 것이라고 하였다. 따라서 강달이 주인을 구타한 행위와 동등하게 처리할 수는 없다'고 하였고, 황희는 말하기를 '천외는 함께 숨어 있던 아내도 같이 붙잡혔으므로 마땅히 머리를 풀고 나와서 애통하게 빌며 사정을 자세히 진술하여 그 주인의 처분을 달게 받아야 하는데, 그렇게 하지 않고 조용히 옷을 갖추어 입고 칼을 차고 나와서 자기의 주인을 찔렀으니 그 정상을 생각할 때 그가 살해를 꾀한 것은 명백하다. 다행히 급소를 찔리지 않아 죽지 않았을 뿐이다. 마땅히 법대로 처리하여 윗사람을 업신여긴 것에 대한 국가의 법금(法禁)을 보여주어야 할 것이다'라고 하였습니다."

⬤ 끝까지 찬반으로 의견이 나누어지다

강달과 천외의 처형에 대한 대신들의 의견은 찬반으로 나누어졌다. 당시 조계생 등은 "강달은 용서하는 것이 옳습니다"라고 했으나 허조 등은 "주인과 노비의 관계는 한 집안의 임금과 신하와 같은 것이니 용서할 수 없습니다"라며 처형에 찬성했다.

황희 등은 "지금 죄인의 진술을 살펴보니 죽여도 죄가 남을 만합니다. 다만 살해를 계획한 정상은 천외와는 조금 다릅니다. 그래서 신이 이미 전일에 형조가 사건의 전말을 조사한 뒤에 다시 의논하기를 청하였습니다"라며 강달과 천외의 죄는 같지 않다는 신중한 태도를 보였다. 결국 최종 판단을 내려야 했던 세종은 확실하게 죄를 입증할 수 있는 증거가 부족하다는 등의 이유를 들어 "모두 석방하라"고 명하여 사건을 마무리했다.

연산군 3년(1497) 3월 21에는 의금부에서 노비 막장과 동질진이의 살인죄에 대한 조사 결과를 연산군에게 보고하면서 주인을 살해한 노비의 처벌에 대해 다음과 같이 아뢰었다.

"모살인(謀殺人) 법 조항에 따르면 '무릇 사람을 고의로 죽인 자는 베고, 조력한 자는 교수형, 조력하지 않은 자는 장(杖) 1백에 유(流) 3천리에 처한다'고 하고, 부모의 살해와 관련한 조항에서는 '조부모·부모 및 기친(期親, 상복을 1년간 입어야 하는 친족)의 어른을 죽이려 꾀한 자로서 이미 죽였다면 능지처사(凌遲處死, 죄인을 죽인 뒤 머리, 몸, 팔다리를 토막 쳐 각지에 돌려 보이는 형벌) 한다'고 하며, 노비나 고용자가 가장(家長)과 기친을 죽이려 꾀하면 자손이 부모를 죽이려고 한 것과 같은 죄로 다스린다'고 하였습니다."

그러면서 의금부는, 살인을 했더라도 상황을 구체적으로 구분하여 주모자인 수범(首犯)과 이에 가담하거나 방조한 종범(從犯)에게 각각 목을 베는 참형(斬刑)과 목을 매다는 교형(絞刑)을 적용하지만, 주인과 기친으로서 아들과 딸, 적손(嫡孫)과 적손녀 그리고 형제자매, 백부모와 숙부모, 고모와 삼촌, 조카와 조카 딸 등을 죽이려 꾀한 자는 법조문에 모두를 뜻하는 '개(皆)' 자가 있어 '수범과 종범, 가공(加功, 남의 범죄 수행에 편의를 봐주는 모든 행위)이나 불가공(不加功)의 차등이 없다'고 아뢰면서 막장과 동질진이의 조사 결과를 다음과 같이 보고했다.

"지금 막장과 동질진이가 주인의 기친을 죽여 모두 능지처사의 율로 적용하였습니다. 다만 막장은 처음 무적과 공모하여 제 손으로 칼을 들고 죽였으니 이 법문에 적용하는 것이 마땅하지만, 동질진이는 함께 꾀하였다고는 하나 '너 할 대로 하라'고 한 것뿐이요, 살해하는 날 따라가 간섭하지도 않았으니 실정과 범행이 막장과는 같지 않습니다. 신 등의 의견으로는 능지(凌遲)와 참형이 같은 사형이지만, 역시 차이가 있기에 감히 아뢰옵니다."

의금부에서는 주인을 살해한 무적과 이에 동조한 막장을 '주인을 죽인 노비의 죄는 모두 목을 베는 최고형을 적용하여 능지처사해야 한다'고 했지만, '동질진이는 참여 정도가 막장과는 차이가 있으니 비록 사형에 해당하기는 하나 참형에는 해당하지 않는다'고 본 것이다.

💬 살인도 여러 가지 유형으로 구분하다

의금부의 보고를 받은 연산군은 의정부와 정승들의 의견을 물었다. 이에 윤필상·성준·정문형 등은 "법률을 제정할 때, 고의로 사람을 죽이거나 죽이려고 꾀한 모살인(謀殺人)에서 수범·종범을 구분하고, 주인과 기친의 모살을 '개(皆)' 자로 단정한 것에는 깊은 의미가 있기 때문이니 주인을 죽이려고 한 것과 일반인을 죽이려고 한 것을 동일선상에서 논의할 수는 없습니다. 더구나 동질진이가 '너 할 대로 하라'고 말한 것은 제 손으로 칼을 들고 죽인 것과 무엇이 다르리까. 능지형(凌遲刑)에 처하여야 합니다"라며 동질진이도 막장과 똑같이 처벌할 것을 주장했다.

노사신·신승선·윤효손 역시 "의금부에서 아뢴 바에 따르면 동질진이를 참형에 처하는 것이 마땅합니다"라고 동의하자 연산군은 이들의 의견을 받아들였다.

이처럼 임금과 대신들은 노비가 주인을 살해한 이유와 정황 그리고 참여 정도 등 사건을 꼼꼼하게 검토한 후 어떤 법을 적용할지에 대한 최종 판단을 내렸다. 그래도 의견 차이를 좁히지 못하는 경우가 적지 않았는데, 이때는 다양한 관점에서 관련법을 살펴보거나 증거를 찾는 데 힘을 기울였다.

성종 8년(1477) 10월 28일, 함양에서 노비가 주인을 구타한 사건을 보고 받은 성종이 해당 지역 관아에 철저하게 조사하여 증거를 확보하라고 다음과 같이 명한 것도 그 예였다.

"…함양 사람이 장흥부(長興府)에 노비가 있어 일을 시킨 지 이미 오래인데, 신공(身貢. 노비가 주인에게 노역 대신 삼베·무명·모시·쌀·돈 따위로 납부하던 세금)을 거두고자 자기 아들을 데리고 가니 노비가 나와 보고 거짓으로 말하기를 '너는 내가 알지 못하는 자인데, 어찌하여 나의 주인이라고 하느냐?'라고 말했고, 이웃 마을 사람들도 모두 말하기를 '그는 누구인데 함부로 너의 주인이라고 일컫는가?'라고 하였습니다. 종이 몰래 이웃 사람들에게 부탁하여 주인을 구타하고 어깻죽지를 부러뜨리니 주인 아들이 관가에 고하여 즉시 아전과 군졸이 와서 이들을 붙잡았으나 겨우 2~3인만 붙잡았는데, 이것은 종이 이웃의 손을 빌었으나 자신이 친히 구타한 것과 무엇이 다르겠습니까? 이를 징계하지 않을 수 없습니다."

그런데 〈성종실록〉에는 이후의 기록을 찾아볼 수 없어 사건의 진상과 처리 결과에 대해서는 알 수 없다. 아마도 재조사 결과, 추가로 밝혀진 사실이 없어 특별한 이견이 없었던 것으로 보인다. 그래도 신분제 사회에서 노비가 노골적으로 신역(身役)을 거부하면서 지역 주민들까지 집단으로 가담하게 하여 폭력을 행사했고, 그 때문에 노비의 주인이 중상을 입었다면 나라 기강과도 연관이 있는 중죄에 해당했다. 따라서 성종이 사건을 다시 면밀하게 조사하라고 명했다는 사실은 분명 주목할 만하다.

죄수들의 탈옥을 막으려면 무엇이 더 필요하겠는가?

⬚ 조선시대에도 공소시효가 있었다?

세종 19년(1437) 12월 15일, 형조에서 세종에게 탈옥수 문제를 보고하면서 《대명률》의 탈옥한 죄수 및 반옥(反獄)한 죄인의 도피에 대한 조목에 따르면 '감옥에서 탈출한 죄수나, 옥졸을 폭행하고 도피한 죄인은 모두 목을 벤다'고 하였습니다. 그러나 중앙과 외방 관리는 모두 이 율문(律文)의 본뜻을 모르고 있습니다'라며 다음과 같이 아뢰었다.

"무리를 지어 옥졸(獄卒)을 위협하거나 구타하여 당연히 목을 베야 하는 자는 물론, 단순히 죄에 대한 책임을 면할 작정으로 때를 보아 몰래 도망하여 숨는 자, 옥을 부수고 도망쳐 나간 자까지 모두 이 율(律)을 적용하여 극형(極刑)에 처하게 됩니다. 또 죄수를 감시하던 옥졸과 관리 등도 도망한 죄수와 비교하여 서로 번갈아 감(減)해 가면서 죄를 매기는데, 이는 아주 타당하지 못한 일입니다. 앞으로는 죄수가 무리를 지어 옥졸을 위협하거나 체포하는 과정에서 저항하거나 도리어 구타하고 반격을 가하며 도피한 자는 이 율을 적용하고, 그 밖에 몰래 (도망가) 숨거나 옥을 부수고 달아난 자는 옥을 넘어 도피한 율을 적용하여 시행하소서."

이처럼 형조에서는 탈옥·반옥한 죄수들을 구분하여 법 적용을 달리해야 한다고 건의했으며, 세종은 이를 허락했다.

조선시대에는 죄수들이 다양한 방법으로 탈옥을 시도했고, 탈옥에 성공해서 오랫동안 체포되지 않는 자들도 있었다. 문종 2년(1452) 5월 10일에는 대신들이 문종에게 다음과 같이 보고했다.

"처음에 오명의(吳明儀)란 사람이 내자시 윤(內資寺尹)이 되어 관청의 물품을 훔쳐서 사용하다가 그 죄가 발각되어 사헌부에서 감옥에 가두고 죄인을 심문했다. 어느 날, 그 아내가 두서너 명의 계집종을 거느리고 사헌부의 이웃에 있는 한 집에 와 머물면서 오명의를 면회하였는데, 목에 채운 자물쇠를 벗겨 종에게 옮겨 씌우고는 머리를 가리고 누워 있게 하였다. 오명의는 여자 옷을 입고 속여서 아내의 형상으로 도망했으나 옥졸이 알지 못하다가 옥 안에 와서야 깨닫게 된 일이 있었다. 최근에 오명의가 그의 배다른 동생과 더불어 노비와 재화(財貨)를 두고 다투느라 체포되어 (탈옥한 일이) 알려졌으나, 사유(赦宥. 형 집행의 효력을 해소함)로 풀려났다."

오명의는 당시로서는 기상천외한 방법으로 탈옥에 성공한 후 오랜 시간 붙잡히지 않았다. 그러나 배다른 동생과 노비와 재산을 놓고 싸우다가 붙잡혀 조사 과정에서 탈옥한 죄가 발각되었으나 너무 오랜 시간이 지나서, 이른바 공소시효가 지났다는 이유로 풀려났다.

◉ 어디로 도망갔나?

죄수들이 탈옥한 후 붙잡히지 않기 위해 도망가는 장소도 다양했다. 성종 7년(1476) 10월 9일에는 성종이 하삼도, 즉 경상도·전라도·충청도의 관찰사에게 "들으니, 육지에 사는 주민들이 해외의 여러 섬에 도망해 숨은 자가 많다고 하는데, 이는 군역(軍役)에서 빠질 뿐만 아니라 만일 도적들이 변(變)을 일으키면 구할 수가 없다. 지금 사람을 보내어 모두 돌아오게 하려는데, 그들이 소란을 피울까 염려되니 즉시 정해진 규칙을 살펴서 수군절도사(水軍節度使)와 상의하여 데려오되, 놀라고 동요됨이 없게 하라"고 명한 일도 있었다.

여기서 해외란 바다 건너 외국이 아니라 통제가 미치지 않는 육지에서 멀리 떨어진 섬을 말한다. 따라서 군사를 동원해 섬에 있는 사람들을 데려오라고 임금이 직접 명할 정도로 많은 사람이 섬으로 갔던 것으로 보인다. 이들 중에는 나라의 군역이나 세금 등의 부담에서 벗어나기 위해 가는 사람도 있었고, 탈옥수나 죄를 짓고 도망한 노비들도 있었다.

이날 성종과 대신들은 섬에 거주하는 백성이 증가하는 것이 국가의 기강과도 연관이 있으며, 해적의 출몰 등으로 안전을 보장할 수 없다는 등의 이유로 논의를 거쳐 다음과 같은 규정도 만들었다.

하나, 섬에 숨은 사람은 수령과 만호(萬戶) 중에서 선정된 사람이 찾아서 본고장으로 돌려보내되, 만일 그전처럼 다른 섬으로 가서 숨기를 꾀하는 자가 있다면 여러 진(鎭)이나 포(浦)의 군인을 동원하여 각 도(道)별로 나누어 체포한다.

하나, 수령·만호 등과 감고(監考)·색장(色掌) 등이 나라의 법을 두려워하지 않고 숨은 사람을 색출하는 데 마음을 쓰지 않았다가 후에 발각되면, 수령과 만호는 임금과 세자의 지시를 위반하는 자를 다스리는 제서 유위율(制書有違律)에 따라 처벌하고, 감고·색장은 죄인과 전 가족을 주로 함경도와 평안도의 먼 국경 지방으로 강제 이주시키는 전가사변(全家徙邊)으로 처벌한다.

하나, 순순히 따르는 자는 양인과 천인을 구분하여 조처하고, 만일 전에 도피한 자나 항거한 자 그리고 우두머리는 목을 벤다.

하나, 모든 섬에서 잡은 사람은 각각 본고장으로 돌려보내되, 그중에 괴수(魁首)들은 여러 고을에 나누어 가두고 관찰사나 어사 등이 임금에게 글로 물어 처리한다.

하나, 유랑하던 백성을 데리고 오거나 도망친 노비를 찾아 주인에게 돌려보냈음에도 수령과 만호가 제대로 다스리지 못하여 도로 숨게 하면, 무조건 본인을 파면하고 전가사변으로 처벌한다.

한편, 죄인들은 도망하는 시점도 다양했다. 체포 과정에서 반항하여 도망하는 것은 기본이었고, 갇혀 있던 옥을 부수고 달아나거나 죄인을 다른 곳으로 호송하는 과정에서 도망하기도 했으며, 심지어 죄수의 통제가 가장 엄격했던 한양의 의금부에서도 치밀하게 계획을 짜서 탈옥을 시도했다.

성종 19년(1488) 8월 22일, 장령(掌令) 권경희(權景禧)는 "죄수들의 탈옥은 외방의 군읍(郡邑)에서도 드물게 있는 일인데, 하물며 한양의 감옥에서 도적들이 무리를 이루어 탈옥하였으니 국가의 체모가 어떠하겠으며, 또 죄수를 감옥으로부터 형조에 올릴 때 재판의 판결서를 누설하거나 틈을 타 몰래 거석(鋸錫, 톱)을 주어서 자물쇠 끈을 끊어 탈옥하기에 이르렀습니다"라고 성종에게 보고하면서 "만일 형조에 또 감옥을 설치하여 신문이 끝난 후 바로 가두어 죄인이 이동할 필요가 없게 한다면 옥사가 누설될 수도 없을 것이고, 탈옥의 모의 또한 이루어지지 못할 것입니다"라며 죄수의 탈옥을 막기 위해 한양에 감옥의 수를 늘리자고 건의한 일도 있었다.

≡ 탈옥수 예방을 위한 대책을 건의하다

장령 권경희의 보고에 따르면 죄수들은 감옥에서 다양한 정보를 입수했고, 이러한 정보들은 탈옥 계획을 세우는 데 중요한 자료가 되었다. 예를 들면 죄수들이 자기의 경험 등 알고 있는 내용을 서로 교환하거나, 심문 일정 또는 재판 결과에 대한 정보를 미리 손에 넣어 탈옥 여부를 모의했고, 조사를 받기 위해 감옥에서 형조로 이동하는 날짜를 미리 알아내어 탈옥을 시도했다. 권경희는 이러한 불상사를 막기 위해 형조에 감옥을 설치하고 경비를 강화할 것을 건의한 것이다.

보고를 받은 성종이 대신들에게 의견을 묻자, 지사(知事) 이숭원(李崇元)은 "옥에는 죄가 가벼운 죄수를 가두는 경옥(輕獄)과 중죄인을 가두는 중옥(重獄) 두 곳이 있습니다. 생각해 보면 이 무리가 한곳에 떼 지어 거처하면서 여러 날을 두고 상의하여 이 일을 이룬 것이니, 권경희가 아뢴 바대로 한다면 좋을 것입니다"라며 죄인을 구분하여 가두는 게 효과가 있을 것이라는 이유를 들어 동의했다.

그러나 성종은 "옥관(獄官)이 마음을 다하여 검거했다면 이런 일은 결코 없었을 것이다. 평소 옥관이 죄수들을 더 철저히 감시하게 함이 옳고, 반드시 따로 옥을 설치할 필요는 없을 것이다"라며 감옥의 증설을 허락하지 않았다.

이에 영사(領事) 이극배(李克培)는 "조종조(祖宗朝)로부터 지금까지 별옥(別獄)을 설치하지 않았으니 꼭 그렇게 할 것은 없습니다. 다만 형조에 소속된 나졸을 줄이고 감옥을 지키는 옥졸을 늘리면 죄수 관리에 더 좋을 것입니다"라며 성종의 의견대로 하되, 옥졸을 효율적으로 배치하여 경계를 강화하자고 건의하여 허락받았다.

중종 10년(1515) 10월 11일에는 형조에서 중종에게 탈옥수에 대해 보고하면서 《대명률(大明律)》을 보니 '탈옥한 자는 참형(斬刑)에 처한다'고 하고, 주(註)에 '달아나지 못하여 그곳에서 잡혀도 같다'고 하였습니다"라며 법에는 탈옥한 자는 물론이고 탈옥을 시도했으나 실패한 자도 목을 베는 벌을 준다는 법이 있다고 아뢰었다. 그런데도 지속해서 탈옥 사건이 발생했으며, 그 방법도 다양했다.

〰️ 나라가 나라답지 못함이 괴이할 게 없다

탈옥 사건 중에는 도망간 노비와 관련한 사건들도 적지 않았다. 단순히 도망한 노비에서부터 주인에게 위협을 가하거나 금품을 강탈하여 도망가기도 했고, 권세가에게 의탁한 후 새 주인의 힘을 믿고 악행을 저지르다가 체포되어 옥살이하던 중 탈옥한 일도 있었다.

선조 39년(1606) 12월 11일 대사헌 박승종·집의 오백령·지평 민덕남·신광립 등이 "신들이 듣건대 사노(私奴)인 한손이란 자가 칼을 뽑아 들고 가서 주인을 협박하여 재물을 약탈하고 그대로 궁가(宮家, 왕실에서 분가하여 독립한 왕자와 공주들의 집)에 의탁하고는 또 은자(銀子)를 요구하였다고 합니다"라고 선조에게 보고하면서 '의금부에서 한손을 잡아다가 조사하는 과정에서 한손이 탈옥하였는데, 누군가 그를 도와준 사람들이 있었던 것으로 보인다'고 덧붙였다.

대사헌(大司憲) 박승종(朴承宗) 등에 따르면 '10월 그믐날 아전을 보내 사노 한손을 붙잡아다가 여섯 차례 심문하고는 옥에 가두고 끝까지 캐물어 범행의 실상을 파악한 다음에 법에 따라 처단하려고 하였는데, 의금부에서 옥에 가둘 때 도망했다'고 보고했다. 그러면서 "지금 관아의 첩보(牒報)를 보니, 한손은 여러 차례 고문을 받았고 발에는 차꼬(착고, 着庫)를 차고 있었다고 합니다"라며 정상적인 몸도 아닌 죄인이 혼자서 차꼬를 벗겨내고 도망치기는 힘든 일이므로 반드시 누군가가 한손과 공모하여 탈옥했을 것이라고 보고했다.

또한 박승종은 "신들이 사헌부에 있으면서 나라의 법과 풍속을 엄숙하게 일으키지 못하여 중죄인을 버젓이 도망하게 하였으니 그대로 자리를 지키기 어려운 형편입니다. 신들의 직책을 갈아 치우소서"라고 자신들에게 책임을 물어 관직에서 물러나게 해달라고 청했다.

그러나 실록에는 "선조가 '사직하지 말라'고 답했다"라고만 기록되어 있을 뿐 이후 어떻게 되었는지는 찾아볼 수가 없다. 다만 사관이 이 사건을 기록하면서 "왕법(王法)이 엄격하지 못하여 사람의 도리를 어기는 자들이 한없이 많을 뿐 아니라 왕자궁(王子宮)에 의탁하여 용서받을 수 없는 죄를 모면하려 드는 자 또한 얼마인가. 나라가 나라답지 못함이 괴이할 게 없다"라고 덧붙여 놓은 것으로 보아 이러한 사건이 종종 일어났으며, 당시 의금부에서 도망간 노비 한손 역시 단순히 평범한 사람들이 그를 도와 탈옥한 것이 아니라 의금부와도 통할 수 있는 권세가, 즉 한손이 의탁했던 왕족과도 연관이 있었을 것으로 추정된다.

효종 10년(1659) 윤 3월 16일에는 함경 감사(咸鏡監司) 정지화(鄭知和)가 파직되었는데, 다음과 같은 이유 때문이었다.

"당시 관군(館軍) 엄대봉이라는 자가 국경을 넘어가 삼(參)을 캔 죄로 갑산부(甲山府)에 갇혔다가 탈옥하여 정평부(定平府)에 체포되었는데, 친척 한춘일에게 뇌물을 주어 자기 대신 옥에 갇히게 했다. 그런데 사형을 집행하려고 하자 한춘일이 외치기를 '나는 당초에 죄가 사형에 해당되는 줄 모르고 뇌물을 받고 대신 갇혀 있었습니다'라고 고백했으나 형의 집행을 감독하는 감형관(監刑官)이 묻지 않고 참형에 처했다. 그 후 한춘일의 부인과 아들이 관에 호소하여 엄대봉을 찾아 체포하였고, 감사 정지화가 이 사건을 문서로 작성하여 임금에게 보고했다. 비국(備局)에서 정지화는 파직하고, 감형관은 잡아다가 신문할 것을 청하여 효종이 이를 허락했다."

매에 못 이겨 거짓으로
자복하였다 합니다

◉ 의도적인 살인과 과실치사를 구분하다

세종 7년(1425) 8월 17일 세종이 "과실로 사람을 죽게 한 죄에 공정하게 법을 적용할 수 있도록 조사하여 구체적인 법을 정하라"고 형조에 명하자, 형조에서 다음과 같이 보고했다.

《대명률》과실살인조(過失殺人條)에 '부주의로 사람이 죽었으면 싸우다가 살인한 죄에 준하며, 율에 따라 속전(贖錢)을 거두어서 살해당한 자의 집에 준다'고 하였고, 지위와 권세로 사람을 핍박하여 죽게 한 조목 및 형벌을 정하는데 법 조목과 다르거나 구체적이지 않은 조목에 '매장은(埋葬銀) 10냥쭝을 징수하여 살해당한 자의 집에 준다'고 하였습니다."

여기서 '속전'은 죄를 면하고자 바치는 돈이고, '매장은'이란 사람을 죽게 했을 때 죽인 사람으로부터 장례 비용으로 징수하던 은을 말한다. 형조에서는 '만약 한 사람이 한 명만 죽였다면 속전을 거두고 매장은을 징수해서 살해당한 자의 집에 주는 것이 율문(律文)과 합치되지만, 한 사람이 여러 명을 살상했다든가 혹은 여러 사람이 한 명을 살상했을 때 속전을 거두는 것과 매장은을 징수하는 것은 율문에 조목이 없다'고 지적하면서 "이제까지는 담당 관리가 아울러 받기도 하고 각각 받기도 하여 제 요량대로 시행하였으니 편치가 않습니다. 수찬색(修撰色, 율문이나 문서의 편집에 관한 일을 보던 사람)을 시켜 자세하게 정하기를 청합니다"라고 아뢰었다. 이에 세종은 "이는 형조에서 주관할 일이니 잘 조사하여 정하라"고 명했다.

그런데 10여 년이 지난 세종 16년(1434) 1월 20일에 어떤 사람이 과실로 두 사람을 사망하게 한 사건을 세종에게 보고하면서 "과실치사를 살인으로 논단할 수는 없습니다. 그래도 마땅히 소매은(燒埋銀, 매장은)을 징수하여 다음을 경계하는 것이 옳을 것입니다"라고 아뢴 것으로 보아 과실치사라고 해도 사례가 다양해서 여전히 어떤 법을 적용하는 것이 공평한지에 대한 판단에 신중했음을 알 수 있다.

당시 세종은 "비록 열 사람을 죽였더라도 다만 살인죄에 저촉될 뿐이지, 죽인 사람의 수로써 그 경중을 논하는 것은 아니다. 이 사람이 과실로 두 사람을 죽였으면 과실치사에 따르는 은(銀)을 징수함이 옳고, 두 사람을 죽였다고 하여 각각 징수할 수는 없을 것이다"라고 명했다.

그러나 형조 참판(刑曹參判) 남지(南智) 등은 "은을 징수하는 것은 죽은 사람을 위하여 하는 것입니다. 두 사람이 죽었으면 마땅히 각기 징수해서 주어야 할 것입니다"라며 사망자 편에서 법을 해석했다. 대신들의 의견을 들은 세종은 "이 일은 의혹함이 있으니 좀 더 생각해서 처리하겠다"

며 바로 결정을 내리지 않았다.

세종 13년(1431) 5월 11일에는 형조 판서(刑曹判書) 정흠지(鄭欽之)가 "최근 전주에서 어떤 사람이 숯 더미를 쏘다가 잘못하여 여섯 살 된 아이를 맞혔습니다. 율(律)에 '미처 생각지 못하고, 미처 보고 듣지 못하여 실수로 사람을 죽인 죄에 대한 조목'이 있는데, 이것이 바로 생각이 미치지 못하고, 눈으로 보지 못한 것입니다. 살인으로 논죄함은 온당하지 못할 것으로 생각됩니다"라며 전혀 의도하지 않았는데 사람을 죽게 했다면 살인죄를 적용하는 것이 옳지 않다고 보고했다. 이에 세종은 "사냥할 때 새와 짐승을 쏘다가 잘못해서 사람을 맞혀도 살인으로 논하지 아니하니, 이 예에 의하는 것이 옳겠다"고 하였다.

≣ 10년 만에 살인죄에서 벗어나다

세종 15년(1433) 7월 19일에는 형조에서, 곡산에 사는 약노라는 양민 여자가 주문을 외워 사람을 죽게 한 사건을 세종에게 보고하면서 "약노가 문초할 때 자백하였는데, 그 술법(術法)을 닭과 개에 실행해 보았으나 죽지 않기에 그 까닭을 물은즉, 약노가 대답하기를 '(감옥에) 갇혀 있은 지 여러 해가 되어 주문 접하는 귀신이 몸에 붙어 있지 않기 때문에 영험이 없다'고 하니 법대로 처치하기를 청하옵니다"라며 죄를 입증할 만한 명확한 증거를 확보하지는 못했지만, 약노가 주문을 외워 사람을 죽게 하였다고 죄를 자백했으니 살인죄로 처벌할 것을 주청했다.

보고를 받은 세종은 좌부승지 정분(鄭苯)에게 "유정현(柳廷顯)이 전에 나에게 말하기를 '주문을 외우는 일은 참으로 허망한 것이니, 만약 이런 술법을 믿는다면 무고한 백성이 애매하게 죽는 자가 많을 것이므로 믿지 않기를 원합니다'라고 하기에, 나 역시 그런 이치가 있을 수 없다고 생각했다. 이제 약노의 사건을 의금부에 내려보내게 할 것이니, 그대가 가서 제조(提調)와 함께 문초하여 보고하라'며 조사 결과를 신뢰할 수 없다는 이유로 재조사를 명했다.

세종의 명을 받은 정분이 약노를 다시 문초하자 약노는 조금도 숨기지 않고 주문 외우는 술법을 모두 설명한 후 "빨리 나를 죽여주시오"라고 애원했다. 정분은 "지난번에 곡산 유후사(谷山留後司)와 형조에서 처음 물을 때는 모두 숨기더니, 지금 와서는 어찌 쉽사리 죄를 자백하느냐?"고 이유를 묻자 약노는 "처음에는 죽기를 면하려고 애써 변명했으나 이제는 덮을 수가 없게 되었습니다"라고 대답했다.

실록에서 이때의 상황을 "약노는 반복해서 다시 물어도 끝내 말을 바꾸지 않았으며, 그 말씨가 애처롭고 간절했다. 그가 10년이나 갇혀 있었으나 보호하여 부양할 자가 없었다'라고 기록한 것으로 보아 당시 약노 주변에는 돌보아줄 사람이 아무도 없었고, 모든 것을 포기한 듯했다.

정분의 보고를 받은 세종은 예빈시(禮賓寺)와 제용감(濟用監)에 명하여 약노에게 먹을 것과 입을 것을 주게 했다. 정분은 조사를 마무리하면서 약노에게 "임금께서 네가 여러 해 동안 갇혀서 때리는 매에 고통받는 것을 불쌍하고 딱하게 여기시어 사정의 실상을 알고 싶어 하시니, 네가 주문 외우는 술법으로 사람을 죽게 하였으면 사형을 받아도 마땅하겠지만, 만약 매에 못 이겨 거짓 자복(自服)을 하였다면 진실로 가엾고 딱한 일이다. 그러니 사실대로 대답하라'며 다시 한번 사실관계를 확인했다.

약노는 그제야 하늘을 우러러보며 크게 울면서 "본래 주문 외는 일은 알지도 못합니다"라며 다음과 같이 실토했다.

"그 사람이 죽은 것이 마침 내가 밥을 주었던 때이므로 그것으로 나를 의심하여 강제로 형벌을 수없이 주면서 꼭 자복 받으려 하기에, 견디지 못하여 거짓으로 자복하였습니다. 이제 비록 사실을 말한다고 해도 처벌을 면치 못할 것이니, 내가 어떻게 견디어 내겠습니까? 죽기는 마찬가지입니다. 태형과 장형을 당하는 것이 한 번 죽는 것만 못하니 빨리 나를 죽여주시기를 청합니다."

정분의 보고를 받은 세종은 약노를 측은하게 여겼고, 지신사(知申事) 안숭선(安崇善) 등이 "약노가 이미 문초하는 형장을 11차례나 맞은 데다 의금부에서도 15차례나 맞았으니 어찌 그 실상을 알고자 하여 그같이 혹독한 형벌을 내릴 수가 있습니까? 또 옛사람이 말하기를 '죄가 의심스러운 것은 아무쪼록 (형벌을) 가볍게 해야 한다'고 하였으니, 신 등이 생각하기에는 그냥 덮어두고 논하지 않는 것이 옳은 것으로 판단됩니다"라고 아뢰자 "약노를 집으로 돌려보내라"고 명하면서 가는 중간에 먹을 죽과 밥을 주게 했다.

⬚ 살인죄에 법의학까지 동원하다

세종 16년(1434) 8월 25일에는 형조에서 노비들이 싸우다 사망한 사건을 세종에게 다음과 같이 보고했다.

"사노(私奴) 말동은 개오미가 자기 아내를 간통했다는 말을 듣고 실상을 묻고자 하여 주먹으로 개오미의 등을 때려서 죽게 하였으니, 마땅히 싸우며 때리다가 살인한 죄로 논할 것이나 다만 두 번을 때렸다고 갑자기 죽지는 않았을 것으로 보이며, 또 당시 검시(檢屍)한 의원도 '두흉병(頭胸病)으로 몸이 누렇게 여위었다'고 말한 것으로 보아 다른 이유로 사망했을 수 있다는 의문이 들기도 하므로, 구타하여 살인한 죄로 논할 수는 없을 듯합니다."

형조의 보고에 따르면 '말동이 개오미를 구타한 것은 사실이나 사망의 직접적인 원인은 아닌 것으로 보인다'며 그 근거로 의원이 시체를 검시한 의견을 제시하는 등 조선 초기에 이미 수사의 수준이 상당히 발달했다는 사실을 확인할 수 있다.

그리고 아래와 같이 집행유예를 의미하는 '보고'나, 남에게 상처를 입힌 사람이 맞은 사람을 치료해 주고 상처가 다 나을 때까지 처벌을 보류하는 기간인 '고한' 등의 용어가 등장하는 형조의 보고를 통해서도 살인 사건에 대한 법 집행이 매우 정밀하게 이루어졌음을 알 수 있다.

"《대명률》"을 보면 '무릇 보고(保辜)한 자가 고한(辜限) 안에 상해(傷害)로 사망하면 이는 싸우며 때려서 살인한 죄로 논하고, 비록 기한 안이라도 다친 것이 회복되고 다른 까닭으로 죽었으면 살인죄가 적용되지 않고 싸워서 상해한 죄로만 논할 것이며, 손발로 구타하여 상해한 자는 태형(笞刑) 30에 처한다'고 하였습니다. 그러나 인명이란 지극히 중하여 태형의 죄로 논할 수는 없을 것입니다. 법률에 비추어 죄를 정하기가 어려우니, 상부의 결정을 따르겠습니다."

형조에서는 '조사 결과, 사노 말동이 개오미를 때려죽인 죄를 적용하기 어렵다'며 세종에게 최종 판결을 요청했고, 세종은 의정부와 제조(諸曹)에서 면밀하게 검토하여 사실관계를 밝혀낼 것을 명했다.

이에 영의정 황희 등이 "싸우며 때려서 상해한 죄로 논해야 합니다"라고 아뢰었으나 우의정 맹사성 등은 "싸우며 때려서 살인한 죄를 적용하되 등급을 낮추어 처벌해야 합니다"라며 다른 의견을 아뢰었다. 재상들의 의견을 들은 세종은 "형장 1백에 처하라"고 판결했는데, 여러 가지 정황을 고려할 때 '구타를 직접적인 사망원인으로 볼 수 없어 살인죄를 적용할 수 없다'고 판단한 것이다.

노비가 사망하는 사건은 주인이 잘못을 저지른 노비를 처벌하는 과정에서도 많이 발생했다. 세종 26년(1444) 윤 7월 24일 세종은 주인이 노비에게 벌을 내리는 과정에서 "포락(炮烙)·의형(劓刑)·이형(刵刑)·경면(黥面)·고족(刳足)과 함께 쇠붙이 칼날을 이용하거나, 큰 나무나 돌을 사용하는 등 참혹한 형벌이 많이 행하여지고 있다"며 "이 때문에 주인이 노비를 함부로 죽게 하고, 사람들은 이러한 주인을 칭찬까지 한다"는 점도 문제라고 지적했다. 여기서 '포락'은 불에 달군 쇠로 몸을 지지는 형벌, '의형'은 코를 베는 형벌, '이형'은 귀를 베는 형벌, '경면'은 얼굴에 죄명을 글자로 새기는 형벌, '고족'은 발바닥의 속을 도려내는 형벌을 뜻한다.

또한 세종은 "상을 주고 벌을 주는 것은 임금 된 자의 법적인 권한이고, 더욱이 노비는 비록 천민이나 하늘이 낸 백성이니 신하 된 자로서 백성을 부리는 것만도 만족하다고 할 것인데, 어찌 제멋대로 형벌을 행하여 무고(無辜)한 사람을 죽일 수 있단 말인가?"라고 하며 임금의 신하 된 자가 주인이라고 해서 노비에게 마음대로 벌을 주어 죽이는 일이 있어서는 안 된다고 강조했다.

≡ 노비는 천민이지만 하늘이 낸 백성이다

이날 세종은 "사가(私家)의 은밀한 곳에서 죄지은 노비를 그 주인이 어떻게 하나하나 율문을 따져 논죄할 수 있겠는가? 그것이 법에 따랐는지 아닌지는 조사하여 밝히기가 매우 어렵다"며 개인 집에서 주인이 노비를 법률에 근거해 처벌하기가 어려울뿐더러 그 법이 맞게 적용되었는지를 알아내는 것도 쉽지 않지만, 함부로 무고한 자를 죽여서는 안 된다며 "지금부터는 노비에게 죄가 있든 없든 관에 알리지 않고 구타하여 살해한 자는 일체 옛 법에 따라 죄를 물을 것이다"라고 명했다.

이후 노비가 사망하면 관아에 신고하는 법이 점차 자리를 잡았고, 노비가 사망하는 사건이 발생하면 관아에서 원인을 밝히기 위해 철저한 조사가 이루어졌다.

성종 대에 한양의 개천에서 죽은 노비의 시체가 떠올라 관에서 조사에 나섰는데 그 과정에서 노비 주인이 내금위(內禁衛) 이화(李譁)이며, 이화가 관아에 신고하지 않고 노비를 벌주다가 노비가 사망하자 이를 감추기 위해 시체를 개천에 버렸고, 이웃들까지 동원하여 거짓말로 사건을 조작했다는 사실이 밝혀졌다.

성종 19년(1488) 7월 2일 조사 결과를 보고 받은 성종은 "내금위 이화에게 노비를 죽인 죄를 물어 처형하라"고 단호하게 명했다. 그러나 대신

중에는 이화의 죄가 처형에는 해당하지 않는다는 의견이 있어 임금과 대신들 사이에 오랫동안 논의가 이루어졌다.

우부승지(右副承旨) 경준(慶俊)은 "내금위 이화가 여종인 동비를 죽인 죄는 율이 참대시(斬待時, 추분까지 기다려서 처형하던 참형)에 해당합니다"라고 아뢰었다.

그러나 좌의정(左議政) 홍응(洪應)은 "이화가 죄를 범한 것이 있으면서 바로 아뢰지 아니하였으니 그 마음이 간사합니다. 죄는 참으로 죽어 마땅하나 다만 그 실정을 살펴보면 죄를 가리려고 하였을 뿐입니다. 청컨대, 참작해 헤아리소서"라며 이화가 여종을 죽게 하고 이를 숨긴 죄는 분명하나 여종을 처벌한 데는 이유가 있으니 참작해야 한다고 아뢰었다.

장령(掌令) 권경희(權景禧)는 "이화의 죄가 사형에 이르지는 않으나 사형으로 처리한 이유는 오직 거짓말을 하였다는 죄 때문인데, 나라 안 사람들이 그 사실을 알지 못하고 여종을 죽인 까닭으로 사형을 받았다고 할까 봐 두렵습니다"라고 우려하면서 "만약 이화가 기망하였다고 한다면 '속이고 사실대로 말하지 않았다'는 것으로 논죄하는 것이 마땅할 것입니다"라고 아뢰었다.

성종 역시 "임금이 형벌을 결단하려면 마땅히 살리려고 하는 마음을 밀어내야 할 것이다. 이화가 범한 바를 법으로 논한다면 노비를 죽게 한 이유가 있으니 사형에 이르지는 아니한다"며 사형죄에 해당하지 않음을 인정하면서도 "조사 과정에서 사실대로 진술하지 않은 것은 임금을 속인 죄로 사형에 처해야 한다"며 단호한 태도를 보였다. 다만 성종은 승지(承旨)를 위임해 보내면서 "만약 죄를 자백하고 복종하면 마땅히 형벌을 덜어주는 법에 따를 것이나 '자수하지 아니하면 용서할 수 없다'고 분명하게 전하라"며 재조사를 명하여 이화에게 다시 한번 기회를 주었다.

당시 성종은 이화의 진술 외에도 사실관계를 확인하기 위해 "그 집안 사정은 노비들이 잘 알고 있을 것이므로 노비들을 조사하라"고 명해 이화의 집안 노비들도 조사를 받았다. 그리고 "이화가 처벌받으면 그의 자손들이 조사 과정에서 바른대로 고한 노비에게 반드시 보복할 것이니 그 노비들을 서둘러 속공(屬公)하도록 하라"고 명해 5명의 노비를 관아에 귀속시켰고, 자기의 잘못을 시인한 이화에게는 사형을 감해주었다.

이후 2년이 지난 성종 21년(1490) 7월 7일, 성종의 명으로 이조와 병조에서 직첩을 돌려주는 명단을 작성했을 때 이화의 이름도 포함되어 다시 복직이 이루어졌다.

5부

결혼과 이혼에도
나라가 관여하다:

사회/문화

부인을 버리라는 말인가?

💬 부인을 버리라는 압력(?)까지 받다

조선시대에는 백성들의 결혼과 이혼에도 나라에서 관심을 기울였다. 결혼과 이혼이 사회질서를 유지하는 근본에 해당했기 때문이다. 특히 이혼을 하려면 나라의 허락을 받아야 했고, 마음대로 이혼하면 어떤 방식으로든 불이익을 받았다. 또한 나라에서는 이혼의 판단에 신중했지만, 때로는 이혼을 강요하는 일도 있었다.

태종 13년(1413) 6월 16일, 태종이 새 관원들의 고신(告身, 임명장)에 대간(臺諫)이 서명하지 않은 이유를 직접 묻기 위해 사간원 관리를 불렀다. 조선시대에는 임금이 새로 관리를 임명하면 고신과 함께 성명·문벌·이력 등을 작성하여 사헌부와 사간원의 대간에게 서명을 받아야 했다. 이를 서경(署經)이라고 했는데, 임금이 관리의 임명을 재가했더라도 대간이 동의하여 고신에 서명하지 않으면 관직에 나갈 수 없었다. 이 제도는 관리의 임명이나, 법령의 제정과 개정 등을 임금이 마음대로 결정하는 독단을 견제하기 위해 만들어졌으나 때때로 임금의 인사권에 대간들이 제동을 걸었다는 이유로 논란이 발생하기도 했다.

이날 태종은 먼저 "정2품 참찬의정부사(參贊議政府事)에 등용한 유정현(柳廷顯)의 고신에 왜 서경하지 않느냐?"고 물었고, 헌납(獻納) 은여림(殷汝霖)은 "유정현의 처(妻) 이씨(李氏)는 서얼(庶孽)의 소생인즉 유정현이 정부에 있음은 합당치 않습니다. 지난번에 전하의 특명으로 고신에 서경하였으나, 유정현이 그 아내를 버리지 아니한 까닭에 또다시 서경하지 아니하였습니다"라고 대답했다.

은여림에 따르면 사간원에서 유정현의 고신에 서명하지 않은 것은 이번이 처음이 아니었다. 부인이 서얼의 소생이었기 때문인데, 서얼에 대한 차별은 본인만이 아니라 남편의 관직 생활에도 영향을 미쳤다.

유정현의 장인, 즉 부인 이씨의 아버지는 이원계(李元桂)로 태조 이성계의 이복형이다. 따라서 이원계는 비록 이성계와 배다른 형제였지만, 이성계의 아버지 이자춘(李子春)의 장남이었고 이원계의 둘째 딸이 유정현의 부인으로 왕족에 속했다. 그러나 〈태종실록〉에는 "이원계는 이성계의 아버지 이자춘과 첩 사이에서 태어났다"며 이원계가 서얼 출신임을 강조하고 있다. 이는 태종이 즉위한 후 이성계의 정통성을 강조하려는 의도에서 이성계의 직계 후손들만 왕실 혈통으로 인정하려는 조치와 무관하지 않은 듯하다.

또한 "유정현의 부인은 서얼의 딸로 변중량과 혼인했다가 다시 유정현과 재혼했다"는 기록도 보인다. 하지만 왜 이혼하고 어떻게 유정현과 재혼했는지 구체적인 내용이 전하지 않는다. 다만 당시에는 명문가의 딸이 재혼이나 세 번 혼인하는 경우도 있었기 때문에 특별한 일은 아니었다. 문제는 부인 이씨의 아버지 이원계의 혈통이었다.

이원계는 고려 말기에 이성계와 함께 전장을 누비며 두 차례에 걸쳐 홍건적을 물리쳤고, 홍건적에 빼앗겼던 개경을 되찾는 데도 공을 세웠다. 그는 위화도회군에도 참여했는데 회군 5개월 만에 사망하여 조선 건국과는 특별한 관계가 없었다. 그 때문인지 왕실을 처가로 두었으나 처가 덕보다는 부인의 신분이 문제가 되어 관직 생활에 영향을 받았다.

심지어 유정현은 사간원으로부터 '관직 생활을 계속하려면 아내를 버리라'는 압력(?)까지 받았다. 하지만 그는 끝까지 부인을 버리지 않았고, 이런 이유로 대간들이 그의 고신에 서명하지 않아 위기를 맞기도 했으나 다행히 태종의 명으로 관직 생활을 이어갈 수 있었다. 이후 그는 태종의 두터운 신임을 받으며 태종 16년(1416)에 좌의정으로 발탁되고, 얼마 지나지 않아 영의정에 올랐다. 그리고 세종 8년(1426)에는 다시 좌의정에 올랐다.

한편, 이날 태종은 유정현을 비롯해 사간원에서 서경하지 않은 관리들의 이름을 한 사람씩 거론하며 은여림에게 따지듯이 그 이유를 물었다. 그러나 은여림 역시 물러서지 않고 고신에 서명하지 않은 이유를 또박또박 대답했다. 이는 은여림 개인의 의견이 아니라 대간들의 의견이었고, 대간들이 개인적인 약점을 잡아 트집 부리는 것이 아니라 제도적으로 보장된 대간의 임무를 수행한 것이었다.

◉ 왕이 명하면 따를 수밖에 없겠지만…

관리를 임명할 때 대간들은 당사자의 재주와 능력, 현명함 등 개인적인 문제는 물론 위로 3대에 걸친 집안의 계통과 문벌까지 심사했고, 해당 관리는 본인을 포함한 친가의 4대조, 즉 부모와 조부, 증조부 그리고 외조부를 기록한 서경 단자(署經單子)를 대간에게 제출했다.

심사 결과 관직 임명에 결격사유가 없으면 간관들이 고신에 서명했지만, 만일 임명이 부당하다고 판단되면 신원 미상 또는 신원 불명이라는 의미로 '작불납(作不納)'으로 기록하고 서명하지 않았다. 물론 이 경우 관직에 오를 수 없었다. 따라서 임금은 대간에게 이유를 따지기도 했고, 서명을 강권(?)하기도 했다. 하지만 대간들도 물러서지 않았고, 때로는 분위기가 험악해지기도 했다.

태종은 이날 유정현에 대한 서경을 재촉하는 한편 "박자청(朴子靑)의 고신은 어째서 서경하지 않느냐?"고 물었다. 은여림은 "정부 백관(百官)의 장(長)은 도(道)를 논하고 이(理)를 밝히는 자리이므로 맡은 임무와 책임이 중합니다. 박자청의 가문(家門)은 우선 두고 논하지 않는다 하더라도 나라에서 금하는 척석(擲石, 두 패로 나누어 돌을 던져서 승부를 내던 싸움)놀이를 하고 관리를 구타하였으니, 어찌 재상 됨에 합당하겠습니까?"라며 박자청의 품행에 문제가 있다고 지적했다.

그러자 태종은 "누군들 평안하고자 아니하고 괴로움을 싫어하지 않겠느냐? 박자청은 토목공사를 감독하는 일에 부지런하였던 까닭에 이 직임을 맡기려는 것인데, 너희들은 끝까지 서경하지 않으려 하는가?"라고 따졌다. 그러나 은여림도 물러서지 않고 "만일 공(功)이 있다고 여긴다면 그에게 상으로 돈이나 베를 주고 다른 관직을 내리는 것이 옳을 것입니다. 신 등은 진실로 서경하지 않기를 원하나, 만약 성상(태종)이 이를 강요한다면 어찌 명을 따르지 않겠습니까?"라고 답변했다.

은여림은 임금이 명하면 할 수 없지만, 문제가 있다면 끝까지 서명하지 않는 것이 자기의 소임이라고 아뢰었다. 이는 태종에게는 매우 무례하게 들릴 수 있는 발언이었다. 그래도 태종은 "내가 청하고 애걸한 뒤에야 너희들이 나를 위하여 생색을 내는가? 이것이 무슨 말이냐?"며 질책하듯 묻고 더 따지지는 않았다.

다음으로 태종은 "안성의 고신은 어찌하여 서경하지 않는가?"라고 물었다. 안성(安省)은 태조 2년(1393)에 청백리에 뽑혀 송경 유후(松京留後)에 임명되자 "대대로 고려에 벼슬한 가문으로서 어찌 다른 사람의 신하가 되어 송경(개성)에 가서 조상의 영혼을 대하랴!"라고 말하고는 궁전 기둥에 머리를 부딪치며 통곡했다는 일화가 전하는 관리였다. 당시 대신들이 안성을 처형하려고 달려들자 태조가 "이 사람을 죽이면 후세에 충성하는 선비가 없어진다"며 대신들을 제지하고 안성을 급히 붙들어 내보냈다고 한다.

그런데 은여림은 이번에도 "안성은 남의 첩을 범간(犯奸)하였고, 또 어미의 일족을 첩으로 삼았으니 그 몸이 바르지 못한데 감사(監司. 관찰사)가 되어 풍속을 바르게 할 수 있겠습니까?"라며 역시 감사의 임무를 수행하기에는 품행에 문제가 있다고 보고했다. 그러나 태종은 "그 일이 증거가 없으니 속히 서경을 함이 옳다"며 서경을 명했다.

🗨 나라에서 부인과 이혼하게 하고 유배 보내다

태종은 이어서 호군(護軍) 장주(張住)와 사복시 직장(司僕寺直長) 유강(柳江)의 고신에 서경하지 않는 이유를 물었고, 은여림은 "장주는 장사길

(張思吉)의 기생첩의 소산입니다. 신 등은 이런 까닭에 감히 서경을 해내지 못한 것뿐입니다'라고 대답했다. 장주의 아버지 장사길은 용맹이 뛰어나고 병략(兵略)에 익숙했으며, 수염이 배까지 닿았던 것으로 유명했으나 기생첩을 아내로 삼아 좋은 평을 얻지 못했다.

은여림은 유강에 대해서도 "유강은 유은지(柳殷之)의 아들입니다. 유은지의 처는 바로 전조 신우(辛禑, 고려 우왕)의 비(妃)입니다. 신우가 비록 거짓 임금(우왕이 신돈의 아들이라는 설)이라고 하더라도 유은지는 일찍이 그 신하가 되었다가 뒤에 그 비에게 장가든 까닭에 본부(本府)에서 이미 이혼하도록 하였습니다'라고 아뢰었다.

유강의 어머니는 고려 우왕의 제8 비인 선비 왕씨(善妃王氏)로, 우왕이 폐출(廢黜)되었을 때 함께 궁에서 쫓겨나 친정에서 기거하다가 유은지와 재혼했다. 그러나 유은지는 조선이 건국된 후 태종 3년(1403)에 우왕의 비였던 선비 왕씨를 처로 삼았다는 이유로 탄핵받아 봉주(鳳州)로 유배되었고, 선비 왕씨는 태종의 명으로 유은지와 이혼하고 배주로 귀양 간 것으로 전한다.

선비 왕씨와 관련한 기록은 더는 찾아볼 수 없으나 유은지는 5년이 지난 태종 8년(1408)에 사면되어 복직이 이루어졌으며, 관직 생활에 대해 "학식이 부족하고 방자한 행동으로 공론을 야기하기도 했으나 탁월한 무예와 전략으로 장기간 시위군을 지휘하면서 태종과 세종대의 왕권 안정에 기여했다"는 평가를 받았다.

유강에 대해서는 태종의 명으로 대간이 서명하긴 했으나 말미에 "4품에 한함"이라고 덧붙여 놓았다. 이를 '한품자(限品者)'라고 했는데, 이러한 단서는 일정 품관 이상 승진할 수 없다는 한품서용(限品敍用)을 전제로 할 때 붙이는 것이었다. 따라서 결코 기분이 좋을 리 없었던 태종은 "관직과 직위는 임금의 권한이다. 임금을 섬기어 벼슬하는 사람으로서 마음대로 한품(限品)을 쓰는 것이 맞느냐?"며 불만을 터뜨렸으나 기록이 더 보이지는 않는다.

이날 태종이 대간들의 서명을 받아내기는 했지만, '강력한 카리스마'가 연상되는 태종의 평소 이미지와는 사뭇 다른 분위기가 느껴진다는 점도 흥미롭다. 늘 대신들을 독려하며 강력하게 밀어붙이면서도 한편으로는 작은 것도 직접 꼼꼼하게 확인하고, 때로는 눈물까지 보이면서 대간들을 어르고 달래는 등 변화무상(變化無常)한 모습을 보여주었기 때문이다.

조선시대에는 관리들의 결혼문제만이 아니라 일반 백성들의 결혼에도 나라에서 적극적인 관심을 기울였다. 사회질서 유지의 근간이었던 유학에서는 "남녀가 혼인하여 짝을 이루어 사는 것이 인간의 기본적 도리이니, 시기를 어기면 화기(和氣)가 상한다"고 하여 결혼하지 않은 남녀가 없는 세상을 만드는 것을 좋은 정치로 여겼던 까닭이다.

심지어 15세기에 들어서면 "가난하고 아버지가 없어 혼인 시기를 놓친 여성에게는 나라에서 결혼 비용의 부담을 덜어주고, 특별한 이유 없이 혼인하지 않으면 법전에 기재된 대로 혼사를 맡아 주관하는 사람을 논죄하자"는 등 젊은 여성의 결혼을 법으로 강제하는 방안에 대해 임금과 대신들 사이에 진지한 논의도 이어졌다.

그런데 남녀가 짝을 이루어 사는 것이 인간의 기본적인 도리라는 것은 언제나 그리고 누구에게나 적용되는 것은 아니었다. 성종 때 나라에서 과부의 재혼을 법으로 금한 것은 대표적인 예였다. 그 때문에 연산군 3년 (1497) 12월 12일, 단성 훈도(丹城訓導) 송헌동(宋獻仝)이 "시집간 지 3일 만에 홀어미가 된 자도 있고, 한 달 만에 홀어미가 된 자도 있으며, 혹은 나이 20, 30에 홀어미가 된 자도 있는데… 청컨대, 부녀의 나이 30세 이하로 자녀가 없이 홀어미가 된 자는 모두 개가(改嫁)를 허락하여 살아가는 재미를 부치도록 해주소서"라고 상소문을 올리자, 대신들의 의견이 찬반으로 나누어져 논쟁이 벌어졌다.

특히 윤필상(尹弼商)은 《대전(大典)》에 기재되어 있는 것이므로 경솔하게 고쳐서는 안 됩니다. 성종의 교훈이 쟁쟁하게 귀에 남아 있으니, 신은 감히 결단을 내리지 못하겠습니다"라고 했고, 노사신(盧思愼)·신승선(愼承善)·한치형(韓致亨) 역시 《대전》의 법을 가볍게 자주 고쳐서는 안 됩니다"라며 반대했다.

⊜ 찬반으로 의견이 팽팽하게 맞서다

어세겸(魚世謙)·성준(成俊)·이극돈(李克墩)·유지(柳輊)·이세좌(李世佐)·윤효손(尹孝孫)·노공필(盧公弼)·허침(許琛)·이육(李陸)·이숙함(李淑瑊)·이감(李堪) 등은 《대전》의 법은 두 번 시집가는 것을 금지한 것이 아니며, 다만 그 소생이 지위가 높고 중요한 관직에 등용될 수 없다는 것입니다. 사족(士族)이라면 모두 그 자손의 벼슬길을 터서 집안의 명예를 떨어뜨리지 않으려고 하니, 이 법이 한 번 세워진 이상 누가 재혼한 여자에게 장가들어 그 소생을 속박하여 서민이 되는 것을 달갑게 여기겠습니까?"라며 과부의 재혼 금지법을 달리 해석했다.

그러나 이들 역시 "나이가 젊은 과부가 세상에 많이 있습니다. 당초에 여러 신하에게 의견을 물으니 모두 '어린 나이에 홀로 산다는 것은 생리적으로 보아 심히 어렵다'고 간곡하게 그 사정을 말했는데도 선왕(성종)께서 오히려 스스로 결단하여 《대전》에 기재하여 후세에 남기셨으니, 절개와 의리를 권장하고 풍속을 바로잡는 방법을 지금에 와서 경솔히 고친다는 것은 불가한 줄로 아뢰옵니다'라며 젊은 여인이 과부가 되어 혼자 살아가기 힘들기는 하지만, 절개와 풍속을 지키기 위한 선왕의 결단으로 제정된 법을 가볍게 고칠 수 없다는 이유를 내세웠다.

반면에 박안성(朴安性)·김제신(金悌臣)·김경조(金敬祖)·안호(安瑚)는 "나이 젊은 과부가 부모나 형제의 의탁도 없이 고독과 고생으로 원한을 안고 늙어 죽는다면 어찌 감회가 없겠습니까?"라며 평생을 고생하며 외롭게 살다가 죽는 과부의 원한도 무시할 수 없다면서 "곤궁에 시달려서 처소를 잃고 떠돌아다니다가 행실을 더럽히고 절개를 무너뜨려 사족(士族)이 곧 서민이 된다면 절개를 보전하게 함을 목적으로 한 것이 도리어 무너뜨리게 하는 결과가 되오니, 어쩔 수 없이 형편껏 구제해야 할 것이므로 청컨대 예로부터 내려오는 전례에 따라 재가(再嫁)한 여자의 자손에게 청환(淸宦, 학식과 문벌이 높은 사람을 등용했던 벼슬)과 요직(要職)을 제외한 벼슬길은 나갈 수 있도록 허락하소서"라며 절충안을 제시했다.

신준(申浚) 역시 "한 사람의 말로 법을 고치기는 어렵지만, 국가의 제도와 문물은 폐단이 없게 해야 영원히 지켜질 것입니다. 만일 과부가 부형(父兄) 종족(宗族)에게 핍박당하고 혹은 추위와 배고픔이나 가난하고 구차한 살림을 못 이겨 재가(再嫁)하였을 경우, 그 소생 중에 어질고 능하여 가히 쓸 만한 자가 있어도 동·서반을 막론하고 뽑아 쓰지 않는다면 이 법이 마침내는 통하지 못할까 걱정이오니, 모름지기 바꿔야만 폐단이 없을 것입니다'라며 법에 차별과 같은 불합리한 요소가 있다면 폐단이 생길 수 있으므로 반드시 개정하여 오래도록 지켜지는 법을 세워야 한다고 주장했다.

또한 홍귀달 등은 《대전》에 기재된 재가(再嫁)를 금하는 법령은 절의를 닦아 나가자는 것이요, 법이 아름답지 않은 것이 아니나 폐단이 없지 않습니다"라며 과부의 재혼을 금하는 법의 심각성을 다음과 같이 구체적으로 지적했다.

"불과 10대의 나이에 과부가 되어 혼자 살게 되었는데도 부모나 친척은 집안의 명예를 아껴 개가를 못 하게 하고, 선비 된 자 역시 그 자손의 벼슬길이 막힐까 봐 과부에게 장가들려고 하지 아니합니다…. 더욱 불쌍하고 가여운 일은 하나밖에 없는 딸이 과부가 되었음에도 법에 구애되어 개가를 못 하는 것인데, 그 부모의 뒤는 이로부터 영영 끊어지고 말 터이니, 어찌 마음이 아프지 않으리까?"

🔵 과부의 재가를 허하라

홍귀달 등은 "지금 의논하는 사람 중에는 고쳐서 안 된다고 말하는 자도 있으나 이는 특히 《대전》이 경솔히 변하는 것을 들어 불가하다 한 것이고, 법에 폐단이 없다는 것은 아닙니다. 따라서 신 등은 고치는 것도 무방(無妨)하다고 생각합니다"라며 법을 함부로 고쳐서는 안 된다는 의견이 곧 과부의 재혼 금지가 폐단이 없다는 것을 말하는 것은 아니라고 강조했다.

박숭질(朴崇質)·이극규(李克圭) 역시 "재가한 여자의 소생도 벼슬길을 통하도록 허락한 것은 예부터 내려오는 조종조의 관례이므로 송헌동의 진언(陳言) 역시 뜻이 채택할 만하니, 비록 《대전》에 기재되어 있는 것이라도 때에 따라 변통하는 것이 실로 시의(時宜)에 합당한 줄 아옵니다"라며 법에 문제가 생기면 현실을 고려하여 개정해야 한다고 주장했다.

반면에 이계남(李季男)·정미수(鄭眉壽) 등은 "우리나라는 절의(節義)와 예교(禮教)를 갖추고 있으면서 재가하는 일만은 오히려 전조(前朝, 고려)의 폐풍을 답습하고 있습니다. 그러므로 사족의 집안에서도 (폐풍이) 재가뿐만 아니라 혹은 삼가(三嫁)에까지 이르고 있습니다"라며 과부의 재혼은 고려의 잘못된 풍습이라고 짚어 말하면서 "선왕은 이러한 풍속을 시정하고자 그 자손을 동·서반에 등용하지 않도록 하신 것이니, 절의를 숭상하고 풍속을 정돈함이 지극하다 하겠습니다. 그런즉 지금 천박하고 경솔한 의논에 따라 선왕의 아름다운 법을 고쳐서는 안 될 것입니다"라며 절개와 의리를 중시하는 풍속을 세우려는 성종의 뜻을 내세워 반대했다.

심지어 정석견(鄭錫堅)은 다음과 같이 중국 주문공(朱文公)이 말한 《소학(小學)》의 사례를 들어 반대했다.

"어떤 사람이 묻기를 '과부를 아내로 삼는 것이 도리에 맞지 않을 듯한데 어떠하옵니까?' 하니, 이천(伊川, 정주학의 창시자) 선생이 말하기를 '무릇 아내를 맞는 것은 몸을 짝하기 위함인데, 만약 절개를 지키지 못한 자에게 장가들어 짝을 맺는다면 이는 자기도 절개를 잃는 것과 마찬가지다'라고 했으며, 또 묻기를 '혹시 외로운 과부가 가난하고 곤궁하여 의탁할 곳조차 없다면 재가(再嫁)하는 것이 좋겠습니까?'라고 물으니, '이는 단지 추위와 배고픔을 못 이겨 죽을까 봐 이런 말이 있게 된 것이다. 그러나 (배를)

주려 죽는 것은 극히 작은 일이요, 절개를 상실하는 것은 극히 큰 일이다'라고 하였습니다…. 해석자는 '몸을 망쳐 재가하면 마음이 수치스러워 하늘과 땅 사이에 스스로 설 수가 없을 것이니, 비록 산다고 한들 무엇이 이롭겠느냐?'라고 하였습니다."

이날 논의에는 30여 명의 대신들이 참여했는데, 3분의 2 정도가 과부의 재혼에 반대했다. 이들 중에는 현실적인 문제가 있다는 점을 인정하거나 소극적인 현상 유지론자도 있었지만, 일부 대신들은 '송헌동이 세상사에는 노련할지 모르나 이론과 법전의 의미를 제대로 모르는데 국왕이 일개 시골 서생의 말에 법전의 개정 여부를 논의하라 하니 전혀 옳지 않다'며 송헌동을 비난하는 사람도 있었다.

반면에 과부의 재가에 찬성하는 의견은 3분의 1 정도로, 이들은 현실적인 이유를 들어 법의 개정을 주장하여 오래도록 설전이 벌어졌으나 임금은 윤필상의 의견을 받아들여 과부의 재혼을 금지하는 법을 계속 유지하게 된다.

부마가 양반가의 여인과 재혼하였으니 죄를 물으소서

왕실에 장가가면 평생 혼인은 한 번뿐이었다?

조선시대에는 첩을 두는 것이 가능했지만, 누구에게나 허용되는 것은 아니었다. 예를 들면 경제력이 뒷받침되어야 했고, 부인의 허락이 있어야 가능했다. 그리고 본처는 첩과 그 자식들까지 통솔해야 할 임무가 있었으며, 첩은 본처에게 복종해야 했고, 양반 출신 여인이 첩이 되는 일은 없었기 때문에 본부인이 사망해도 적처(嫡妻), 즉 정식 부인이 될 수 없었다.

또한 양반가의 본처는 대부분 주변의 눈을 의식해서 첩을 두는 것에 대해 드러내놓고 반발하지 못했다. 그러나 때로는 단식투쟁을 벌이거나 남편의 망건과 옷을 찢는 일도 있었고, 심하면 첩의 머리털을 자르며 온몸을 구타하거나 공개적으로 이혼을 선언하고 별거하는 등 전쟁을 불사할 정도로 맞서는 일도 있었다. 그 때문에 남편이 첩을 포기하거나 집에서 쫓거나 병들어 사망하는 일도 있었다. 〈중종실록〉에 따르면 중종 12년

236

(1517) 한 해 동안 이러한 사건이 6건이나 발생하여 조정에서 논란이 있었다는 기록도 보인다.

이에 비해 공주의 남편이자 왕의 사위인 부마(駙馬)는 첩을 둘 수 없었고, 재취지례무(再娶之例無)라고 해서 부인이 사망한 후에도 재혼할 수 없었던 것으로 전한다. 부마는 부마도위(駙馬都尉)의 줄임말로, 고대 중국에서 천자의 말을 돌보는 황제의 최측근 관직이었으나 후한의 명제(明帝)가 여동생을 당시 부마도위였던 한광에게 시집보내면서 '공주의 남편'이라는 의미로 사용되었다.

조선시대에는 부마의 집안을 부마지가(駙馬之家)라고 했고, 권세를 누리는 명문가로 꼽히거나 세도가로 부상하는 집안도 있었다. 대표적인 예로 파평 윤씨 집안은 태종 18년(1418) 윤향(尹向)의 아들 윤계동(尹季童)과 정신옹주(貞愼翁主)의 혼인을 시작으로 7명의 부마를 배출하며 일찍부터 부마지가로 명성을 떨쳤다. 정신옹주는 태종과 신빈 신씨(信嬪辛氏) 사이에서 태어났는데, 태종 17년(1417) 9월 2일 〈태종실록〉에는 정신옹주와 윤계동의 혼인에 대한 일화가 전한다.

태종은 정신옹주를 혼인시키기 위해 맹인 점술가 지화(池和)에게 "정해년(1407) 이전에 출생한 남자의 팔자(八字)를 구하여 어림잡아 아뢰라"고 명했다. 지화가 명을 받들어 강원도 지춘천군사(知春川郡事)를 지낸 이속(李續)의 집에 찾아가서 그의 아들 사주를 물었다. 그러자 이속이 "길례(吉禮)가 이미 끝났는데, 또 궁주(宮主)가 있는가? 만일 권 궁주(權宮主)의 딸이 결혼한다면 나에게 자식이 있지마는, 궁인(宮人)의 딸이라면 내 자식은 죽었다. 나는 이렇게 혼인을 맺고 싶지는 않다"라고 말했다. 이속이 말한 권 궁주는 정식 간택 절차를 밟아 태종과 혼인한 양반 집안 출신의 후궁 의빈 권씨를 말한다. 따라서 이속의 말은 '양반 출신의 정식 후궁이 아닌 궁인 출신 후궁의 딸과 자신의 아들을 혼인시키지 않겠다'는 의미였다.

지화가 태종에게 이 말을 그대로 보고하자 태종은 고위직 출신도 아닌 한낱 전직 관리가 임금의 딸을 거부한 것에 당황해하면서 "이속의 가문이 본래 바르지 못하다. 나도 혼인을 맺고 싶지 않다. 그러나 이속의 말이 심히 공손하지 못하다"며 이속을 잡아 옥에 가두었다.

사관은 이때의 일을 기록하면서 마지막에 "이속의 매부 하형(河逈)의 딸은 금화 현감(金化縣監) 유복중(柳復中)의 아내인데, 5촌숙(五寸叔) 김사문(金士文)과 사통(私通)하였기 때문에 가문이 바르지 못하다는 분부가 있은 것이다. 이속의 위인이 거만하고 포학(暴虐)하여 모든 언사와 거동이 남의 미움을 받았다"라고 덧붙여 놓았다.

한편 이속은 장(杖) 1백 대를 맞고 서인(庶人)이 되어 먼 지방에 머물러 있어야 하는 '부처(付處)'의 형벌을 받았으나 사헌부에서는 "이속이 거짓으로 자식이 죽었다고 말하여 임금의 총애를 속였으니, 그 마음이 괘씸합니다. 법으로 반드시 형벌하여 앞날을 경계하여야 합니다"라며 태종에게 이속을 엄하게 다스려야 한다고 청했다. 태종은 "이속이 사실대로 고하였는데 또 무슨 형벌을 하겠는가?"라며 받아들이지 않았으나 화까지 풀린 것은 아니었다.

≡ 왕실 자녀의 간택령이 만들어지다

태종은 대신들에게 이속이 지화에게 한 말을 다시 상기시키면서 "이

것이 무슨 심보인가? 한쪽은 비록 천하지만 한쪽은 인군(人君, 왕)인데, 이속이 왕실과 관계하지 않으려고 하는 마음은 무엇인가? 그렇기에 사헌부에 명하여 따져 물은 것이다. 여러 경들이 대답하기를 '크게 불충하다' 하니, 남의 신하가 되어서 이러한 자가 있으리라고는 생각지 못하였다"라며 이속에 대한 불편한 심기를 숨기지 않았다.

그러자 사헌부에서 다시 이속을 대역죄로 다스릴 것을 청했고, 조말생(趙末生)·김효손(金孝孫)은 "이속의 죄가 대역(大逆)에 관계되니, 대역의 죄인으로 삼족(三族)을 멸하여야 합니다. 나라에서 임금을 섬기며 벼슬하는 자들 중에서 그를 베고 싶지 않은 사람이 있겠습니까? (대역의 율을) 강등(降等)한 것이 너무 지나칩니다…"라고 아뢰었다.

이에 태종은 "경 등의 말은 그러하나, 아이들의 일을 가지고 사람을 베는 것이 어찌 내가 하고자 하는 일이겠는가? 경 등은 다시 사리에 합당하도록 의논하여 아뢰라"고 명했다. 태종은 자식의 일로 사람의 목을 베는 것은 지나친 일이니 알맞은 대책을 내놓으라며 그냥 넘어가지는 않겠다는 뜻을 대신들에게 분명히 전했다.

그러나 대신들은 다시 "…다른 일을 제(除)하고 이속을 베는 것이 어떠하겠습니까?"라고 아뢰었고 태종이 "나는 차마 베지 못하겠다"며 받아들이지 않자, 이번에는 의정부와 육조까지 나서 이속의 처형을 주장했다.

태종은 끝까지 대신들의 의견을 받아들이지 않았지만, 결국 이속의 재산을 몰수하고 창원부 관노로 삼았다. 이익(李瀷)의 《성호사설(星湖僿說)》에는 "이속의 아들 또한 평생 장가를 들지 못하게 하였다"는 이야기도 전한다.

이후 태종은 명문 사대부 집안 출신으로 당시 유배 생활을 하던 윤향을 불러들여 형조 판서에 제수하고 땅을 내렸으며, 정신옹주를 그의 아들 윤계동에게 시집보냈다. 그리고 왕실 자녀를 위한 간택령을 마련하여 양반가와 다른 왕실의 혼인 절차가 시행되었다.

이렇게 시작된 파평 윤씨 집안과 왕실의 인연은 이후 4명의 왕비를 배출했을 뿐만 아니라 부마로는 세조의 장인 윤번(輪番)의 작은형 윤보로의 손자이자 윤수미의 아들 윤우(尹愚)가 세종 7년(1425) 태종과 신빈 신씨의 딸 숙녕옹주(淑寧翁主)와 혼인했고, 윤태산(尹太山)의 아들 윤암(尹巖)은 세종 14년(1432) 태종과 신빈 신씨의 막내딸 숙경옹주(淑慶翁主)와 혼인했다. 그리고 윤창(尹敞)의 아들 윤평(尹泙)은 세종 18년(1436) 태종과 궁인 이씨의 딸 숙순옹주(淑順翁主)와 혼인하는 등 태종의 딸 4명을 포함해 모두 7명에게 장가들었다.

이외에도 중종 때 김안로(金安老)의 아들 김희(金禧)가 중종과 장경왕후(章敬王后)의 장녀 효혜공주(孝惠公主)와 결혼하여 부마가 되었으나 권력을 남용하다가 영의정 남곤(南袞) 등의 탄핵을 받아 유배되었다. 예종과 정비 안순왕후(安順王后)의 딸 현숙공주(顯肅公主)는 간신의 대명사였던 임사홍(任士洪)의 아들 임광재(任光載)와 결혼했는데, 현숙공주의 투기심과 임광재의 여자 문제로 부부 사이가 매우 좋지 않았다.

〈성종실록〉에 따르면 "현숙공주가 '남편 임광재가 자신을 독살하려고 했다'고 주장하며 자작극을 벌였다"는 혐의까지 받았고, 임광재는 성종 25년(1494) 진천의 양민 집 여인 존금을 첩으로 삼았다는 죄로 의금부에서 추국받고 유배에 처했다. 이후 두 사람은 별거 생활을 하였으며, 후손을 두지 못하고 사망하여 대가 끊기고 말았다.

⊜ 8년 후 다시 논란이 일어나다

중종 5년(1510) 3월 21일 〈중종실록〉에는 부마 정현조(鄭顯祖)의 재혼과 관련한 기록도 보인다.

정현조는 세조 1년(1455) 세조의 장녀 의숙공주(懿淑公主)와 결혼했는데, 공주가 먼저 사망하자 사족 이징(李徵)의 딸을 부인으로 맞아들였다. 이 사실이 알려지자 대신들은 성종에게 '부마는 양반가의 여인과 재혼이 인정되지 않으므로 정현조에게 죄를 물어야 한다'고 주장했다. 그러나 성종은 '정현조를 벌주지 않되 그가 정식으로 혼인 절차를 밟지 않았다'는 이유로 부인 이씨를 첩이라고 논정(論定)해 그 자식들이 서얼이 되어 관직에 나갈 수 없게 만들어 버렸다.

이후 자식들이 성장하자 중종 대에 부인 이씨가 자식들의 벼슬길을 열어달라고 간청했다. 중종은 이 문제를 대신들이 논의하여 보고하라고 명했다.

이에 영의정 김수동(金壽童)이 "부마에게 적자(嫡子)가 없으면 첩자는 제사를 받들지 못하며 공주의 부마는 재취하지 못하는데, 당초에 이 법을 세운 본의를 모르겠습니다. …박종우(朴從愚)의 자손이 허통(許通, 서얼 출신 자손에게 과거 응시를 허락함)된 것을 해당 관청이 상고하게 한 뒤에 다시 의논하소서"라며 공주가 후손을 두지 못하고 사망하면 부마가 재혼할 수 없는 까닭에 법이 이 부부의 제사를 받들 사람이 없게 만들었다면서 부마 박종우가 재혼한 사례가 있으니, 이를 검토한 후 다시 논의하자고 제안했다.

박종우는 태종과 의빈 권씨(懿嬪權氏) 사이의 외동딸 정혜옹주(貞惠翁主)와 혼인한 부마로, 예조에서는 "옹주와 결혼한 지 넉 달 만에 옹주가 죽고, 옹주의 어머니가 그의 재취(再娶)를 허락했기 때문에 그 자손들이 벼슬길에 통할 수 있었습니다'라며 왕실에서 재가를 허락했던 특별한 예라고 보고했다. 이에 중종은 "성종조(成宗朝) 이래로 그런 예가 없었다. 다시 의논하게 하라'며 정현조의 재혼 문제를 다시 논의할 것을 명했다.

그러자 김수동·유순정·성희안 등은 "이징의 딸에게는 당초에 중매하는 예절이 없어서 성종께서 이미 첩으로 논정(論定)하였으니, 그 아들을 벼슬길에 오르게 할 수 없습니다. 하물며 성종의 밝으신 결단이 매우 엄격하였는데, 지금 다시 의논할 수는 없습니다'라고 아뢰었고, 중종은 이씨의 간청을 허락하지 않았다. 그러나 이것으로 논란이 마무리된 것은 아니었다.

8년이 지난 중종 13년(1518) 10월 14일, 이번에는 정현조의 아들 정승수(鄭承秀)가 직접 자신의 문제를 해결해 달라고 중종에게 글을 올렸다. 중종은 예조에 이 문제를 논의하도록 명했고, 예조에서는 '정승수의 어머니, 즉 정현조와 재혼한 부인 이씨가 적실이 맞다'고 보고했다. 중종이 다시 삼정승에게 의견을 묻자 '예조의 의견이 옳다'고 아뢰었다.

하지만 중종은 삼정승을 포함해 대신들에게 "정승수의 일은 어제 내가 다시 물은 뜻과 삼공(三公)이 답한 말이 다른 듯하다. 내가 부마의 재취 여부를 물은 것이 아니라, 정승수의 어미를 적실(嫡室)로 논정하기 어려움을 말한 것이다'라고 자신의 뜻을 직접 밝히면서 "내가 일찍이 듣기는 '하성위(정현조)가 공주가 죽은 뒤에 정희왕후께 양민 출신 첩에게 장가들겠다고 아뢰고서 몰래 사족의 딸에게 장가들었는데, 일이 발각되자 성종께서 속였다고 해서 죄를 물어 곧 첩으로 논정(論定)하였다'고 한다'며 그 이유까지 설명했다.

그러면서 중종은 "이것으로 본다면 전부터 부마는 재취할 수 없기에 하성위(정현조)도 바른대로 아뢰지 않고 속여서 장가들었다"라며 정현조 자신도 부마가 재혼할 수 없다는 사실을 이미 알고 있었기 때문에 왕실에 거짓말을 한 것이라고 지적하면서 "선왕께서 이미 첩으로 논정하여 이제 고칠 수 없다. 그러므로 다시 물은 것이니, 어찌 새로운 의견을 내서 이씨를 적실로 논할 수 있겠는가? 선왕께서 정하신 일은 고칠 수 없어 그 뒤에 번번이 임금에게 글을 올렸으나 들어주지 않았다"고 설명했다.

≋ 중종과 대신들이 팽팽하게 맞서다

중종은 승정원 주서(承政院注書)를 보내 "삼공(三公)에게 다시 물으라"며 결론은 이미 났으니 재상들이 마무리하여 보고할 것을 명했다. 그러나 재상들을 포함해 대신들도 물러서지 않았다.

다음 날인 10월 15일, 삼정승은 중종에게 "부마는 공주가 죽은 뒤에 재취하지 못한다는 일을 예로부터 들어보지 못하였고, 이치에도 매우 맞지 않습니다"라며 자신들이 논의한 결과를 다음과 같이 보고했다.

"그러므로 우리 왕조에서도 법문(法文)에 나타내지 않았고, 우연히 한때의 사례에서 나왔는데 그것이 폐습이 되었으니, 근거가 없고 도리에 어그러짐이 이보다 심함이 없습니다. 또 자식이 없이 죽으면 천얼(賤孼) 자식으로 공주나 옹주의 제사를 받드는 것이 사리와 체면에 크게 어그러지므로 왕으로서 고치지 않을 수 없는 바입니다. 더구나 하성위(河城尉) 정현조가 이씨에게 장가들 때 일체 혼례에 따라 하였고, 이씨 또한 사족의 딸이니 예조의 공사(公事)는 매우 적절합니다. 그러므로 신 등이 처음에도 옳다고 하였고 다시 물으실 때도 변함이 없었습니다."

삼정승을 포함해 대신들은 '공주가 사망한 후 부마의 재혼을 금한다'고 명문화한 법은 없으며, 단지 사례가 있어 따른 것뿐이라며 '정현조는 부인이 사망한 후 양반가의 여인과 정식 혼인 절차를 밟아 재혼했기 때문에 적처가 맞다'고 아뢰었다. 그러나 중종은 정현조가 공주가 사망한 후 재혼한 것은 거론하지 않고 다만 '부마가 왕실을 속이고 재혼했으며, 선왕이 이미 답을 내렸다'는 사실을 강조했다.

이렇게 중종과 대신들은 같은 문제를 두고 다른 근거를 제시하며 서로 다른 해석을 했고, 한발도 물러서지 않았다. 그 때문에 부마 개인의 재혼 문제가 아니라 마치 왕실의 혼인 절차가 별도로 존재하는 것인지, 아니면 왕실의 혼인도 사대부의 혼인 절차에 속하는 것인지를 두고 벌어진 논쟁처럼 보이기도 한다.

대신들이 "정현조가 정희왕후를 속였으므로 성묘(成廟. 성종)로부터 꾸중을 들은 것은 정현조의 잘못입니다"라고 정현조의 잘못을 인정하면서도 "이 일은 왕실의 일로 신하가 원래 모르던 바이요, 오늘 임금께 처음 들었습니다. 그러나 한때의 잘못으로 첩으로 논정하는 것은 옳지 못하고, 또한 영원히 후일의 폐습이 되게 하는 것도 옳지 못합니다"라며 정현조가 대비에게 무슨 말을 했는지는 왕실 내에서 일어난 일이라 신하들이 알 수 없는 데다 처음 듣는 이야기라면서 비록 선왕이 내린 판단이라도 잘못된 것이 있다면 바로잡아야 한다고 주장한 것도 그 예였다.

또한 연산군 때 과부의 재혼을 금하는 법에 대해 논의하면서 '현실적 여건을 고려하여 잘못된 법도 바꿀 수 있다'고 하자, 다수의 대신이 '선왕의 현명한 판단으로 만들어진 법을 함부로 바꿀 수 없다'며 논쟁이 벌어진 일을 생각하면 선왕, 즉 성종의 결정에 대한 대신들의 태도가 달라졌음을 의미했다.

그러나 관점을 달리하면 사대부 집안의 남성 중심 사회에 뿌리를 둔 대신들의 일관적인 사고를 읽을 수 있다. 과부의 재가를 허용해야 한다는 이유로 가족이 없어 곤궁한 삶을 살아야 하고 후손이 없어 제사를 받들 수 없다는 점을 지적했을 때 여인의 절개를 내세워 반대했던 대신들이 '정현조의 재혼을 금지하여 대가 끊기고 제사를 이어받을 후손이 없게 만드는 것은 옳지 않다'고 지적하고, 대신들을 대표하는 삼정승은 오히려 이러한 폐습을 임금이 바로잡아 줄 것을 주장하고 나섰기 때문이다.

그렇다면 후손을 두지 못한 과부가 이미 사망한 남편의 제사를 지낼 수 없게 된 점을 거론하지 않은 이유는 무엇일까? 그것은 아마도 과부가 된 부인은 여유가 있다면 양자를 들여 제사를 물려받게 할 수 있었지만, 재혼하여 자식을 두더라도 죽은 전남편의 제사를 모실 수 없었던 현실과도 연관이 있었다. 반면에 부인이 사망한 남편은 재혼하여 자식을 두면 죽은 전 부인까지 제사를 모실 수 있었다.

≡ 나는 당초에 이것을 물은 것이 아니다

중종이 이미 결론을 내렸음에도 불구하고 대신들은 "정승수의 상언(上言)을 삼공(三公)에게 두 번이나 물으셨으나 삼공이 논의한 결과가 번번이 이와 같음은, 부마는 후사(後嗣)가 없더라도 재취하지 못하는 것이 전체로 보아 온당하지 못하기 때문입니다"라며 자신들의 의견에 변함이 없다고 아뢰었다.

그러나 중종은 "…이씨의 집도 하성위에게 속아서 결혼했으니 애매한 듯하다"고 하면서도 선왕이 이미 첩으로 논정했다는 이유로 "정승수가 상언(上言)한 일은 다시 물을 필요가 없다"고 잘라 말했다. 그러면서 "내가 다시 물은 것은 대신이 그 일의 본말을 모를 듯하여 들려주고자 했을 뿐인데, 대신은 '훗날의 부마도 역시 재취를 허락해야 한다'고 답하였으니, 나는 당초에 이것을 물은 것이 아니다…. 이제 따로 법조문을 세울 것은 없다'라고 다시 한번 강조했다.

하지만 중종이 명을 내린 다음 날인 10월 16일, 이번에는 대간들이 나서 "하성위의 후실 이씨를 첩으로 논정하는 것은 나라의 법이 아니니 예조 및 의정부의 공사(公事)에 따르소서"라며 중종을 압박했고, 이후에도 계속해서 이씨를 적처로 삼아야 한다고 주장했다. 결국 정현조의 아들 정승수는 중종의 특명으로 관직에 나가는 것을 허락받아 충의위(忠義衛)가 되었다가 후에 종4품 부호군(副護軍)에 올랐다.

이처럼 성종이 이미 결론을 내린 데다 중종이 분명하게 명했음에도 삼정승을 포함한 대신들이 왕명에 따르지 않았고, 8년 만에 결국 중종의 명이 번복된 이유는 반정 세력에 의해 연산군이 쫓겨나고 옹립된 중종의 미약한 왕권과도 연관이 있었다. 그리고 한편으로는 조선에 뿌리 내리기 시작한 권문세가가 형성되고 있었음을 의미했다.

논란의 당사자였던 정현조의 집안도 그 예였다. 정현조는 조선 전기의 문신으로만 전할 뿐 그의 출생과 사망 연도를 알 수 없을 만큼 역사적으로 잘 알려진 인물은 아니다. 그러나 그의 아버지 정인지(鄭麟趾)는 집현전 학자를 지낸 수재로 세종의 총애를 받았고, 세조 때는 영의정을 지내는 등 세조의 측근으로 권세가의 반열에 올랐다. 정현조의 형 정숭조(鄭崇祖)는 호조 판서(戶曹判書)를 지냈으며, 세조의 즉위 과정에 적극 참여하여 공신에 책봉되었다.

정현조 역시 세조의 즉위 과정에 참여하여 공을 인정받았고, 세조 1년(1455) 의숙공주와 혼인했다. 그리고 1년 뒤 온양 별시 문과에 을과로 급제했는데, 부마가 과거에 급제한 것은 그가 처음일 정도로 관직에 나오는 과정도 특별했다. 예종이 즉위한 후에는 남이의 옥사에 공을 세워 2등 공신에 책봉되었으며, 성종의 즉위를 도운 공으로 다시 1등 공신에 봉해져 2대에 걸쳐 3부자가 공신에 책봉되기도 했다.

정현조는 이징의 딸과 재혼하여 9남 1녀를 두었는데 그의 딸, 즉 정승수의 누이는 효령대군의 증손으로 왕족인 종성령(鍾城令) 이구(李球)와 혼인하여 왕실과도 각별한 인연을 이어갔다.

정현조의 첫째 부인 의숙공주는 사망하여 경기도 고양시 연희면 가좌동 정토마을에 매장되었는데, 정현조가 사망하자 후에 경기도 의왕시 초평동의 왕송 저수지 서쪽 야산으로 이장하여 정현조와 함께 합장되었다.

양인과 천민의 혼인으로
나라의 근간이 흔들리고 있습니다

💬 천민에서 양반의 결혼까지 나라가 직접 관여하다

흔히 신분제 사회에서는 양인 남자와 천민 여자가 결혼하여 자식을 낳았을 때 그 아이가 아버지의 신분을 따라 양인이 되는 종부법(從父法)과 어머니의 신분을 따라 천인이 되는 종모법(從母法)을 두었다. 조선시대에는 부모 중 어느 한쪽이 천인이면 그 자식은 천인이 되는 종모종부법(從母從父法)을 따랐는데, 이 법은 양민이 감소하고 천민이 증가하는 문제를 안고 있었다.

태종 1년(1401) 7월 27일 권중화가 태종에게 '본조(本朝, 조선)에서 노비의 소생은 종모종부법을 따른 지 오래되었는데, 천민과 양민의 결혼으로 문제가 생겼다'며 다음과 같은 상소문을 올린 것도 그 예였다.

"흉악한 천구(賤口, 천민)가 많이 양녀에게 장가들어 그 사이에서 태어난 자식들은 모두 개인 소유의 노비가 되니, 이 때문에 천구는 날로 늘고 양민은 날로 줄어서 나라 역사(役事)에 이바지할 자가 크게 줄어드니, 원하건 대 이제부터는 천구가 양인과 서로 통하지 못하게 하고, 양녀로서 이미 천구의 아내가 된 자는 또한 이혼하게 하며, 혹 영(令)을 어기는 자가 있다면 그 죄를 종의 주인(奴主)에게 미치게 하소서."

권중화가 이렇게 '양민과 천민의 결혼을 나라에서 법으로 통제하고, 이미 결혼했다면 이혼하게 하며, 노비의 주인에게도 그 책임을 물어야 한다'고 상소를 올린 것으로 보아 당시 양인과 천민이 결혼하는 경우가 적지 않았던 것으로 보인다.

세종 21년(1439) 윤 2월 11일에는 의정부에서 "함길도에 떠돌아다니는 양인이 공사(公私)의 계집종에게 장가들어 아내로 삼고, 양민 여자가 공사의 천인에게 시집가서 남편으로 한 자가 퍽 많습니다. 양민과 천인 사이의 혼인을 금하는 법은 《대전(大典)》에 기재되었으니, 이제 조정의 법령을 두려워하지 아니하고 공공연하게 서로 혼인함은 매우 옳지 않으므로 모두 이혼하게 하소서"라고 보고하여 세종의 허락을 받은 일도 있었다.

비록 신분제 사회에서 양인과 천민의 결혼을 금하는 법이 있었지만, 남녀의 사랑을 법으로 통제하기에는 한계가 있었다. 그런데도 나라에서 법까지 제정하여 이들의 결혼에 적극 개입하려고 한 데는 이유가 있었다. 광해군 7년(1615) 3월 28일, 병조에서 광해군에게 다음과 같이 보고한 내용도 그 예였다.

"《대명률》양천위혼(良賤爲婚) 조항에 '무릇 가장(노비 주인)으로서 그 종이 양인의 딸을 취하여 아내로 삼는 것을 허락한 자는 장(杖) 80에 처하고 스스로 장가를 간 종의 죄 또한 같으니, 이로 인하여 양인의 딸을 노비로 입적한 자는 장 1백에 처한다. 만약 망령되이 노비로서 양인이라 하여 양인과 더불어 부부가 된 자는 이혼하게 하고 개정(改正)한다'고 하였습니다. 신(臣)들은 병적(兵籍)이 날로 줄어드는 것을 걱정하고 있는데, 이는 양민이 모두 사천(私賤)으로 바뀌기 때문입니다."

보고를 받은 광해군은 "알았다. 이 뜻을 간원에 말하라"고 명했다. 이처럼 양민과 천민이 결혼하면 이들 사이에서 태어난 자식은 천민이 되었다. 이에 따라 천민이 증가하여 노비를 소유한 개인의 재산은 늘었지만, 양인이 감소하여 세금을 비롯한 군역 등 각종 노역은 줄면서 나라의 근간이 흔들렸다. 그 때문에 국가가 이 부부들을 강제로 이혼하게 하고, 노비의 주인에게도 죄를 물을 정도로 노비와 양인의 혼인에 깊이 관여했다.

🌑 양반의 혼인과 이혼에도 나라가 관여하다

당시에는 국가가 강제로 양반의 이혼에 관여하기도 했다. 세종 16년 (1434) 3월 23일, 의금부에서는 세종에게 다음과 같이 보고했다.

"윤효동(尹孝童)과 신자수(申自守)가 병든 형 윤경동(尹敬童)의 가산과 노비를 얻으려고 가문이 한미하고 두 번이나 시집간 바 있는 감영귀(甘英貴)의 딸에게 장가가게 하였으니 효동은 율이 장 1백 대, 자수는 장 90대에 해당하며, 또한 유흥준은 그 재물과 노비를 탐하여 아내가 있는 경동을 빼앗아 사위로 삼았으니 율이 장 70대에 해당합니다. 그리고 영귀와 흥준의 딸은 이혼하게 하소서."

의금부의 보고에 따르면 '윤효동과 신자수가 병든 윤경동의 재산과 노비를 탐내어 감영귀의 딸에게 장가들도록 했고, 유흥준은 윤경동의 재산을 탐내어 이미 결혼한 그를 다시 사위로 삼았다'며 이들을 처벌하고 감영귀와 유흥준의 딸을 이혼시켜야 한다고 아뢰어 세종의 허락을 받았다.

세종 22년(1440) 1월 22일에는 우정언(右正言) 정차공(鄭次恭)이 사람이 지켜야 할 도리를 훼손한 전 우의정 노한(盧閈)을 탄핵했는데, 그 이유는 다음과 같았다.

"전 현감(縣監) 허만석(許晩石)은 재산이 많았고, 하나 있는 딸은 아직 어렸다. 허만석이 사망하여 그의 딸 허씨가 상중(喪中)에 있었는데, 전 우의정 노한이 허씨의 재산을 탐냈다. 노한은 허씨가 상(喪)을 마치고 상복(喪服)을 벗게 되면 부유하고 세력 있는 자에게 빼앗길 것을 염려하여, 교묘한 말로 속이고 유인하여 억지로 상복을 벗게 하고 자신의 외증손과 혼인시켰다. 혼인하는 날 허씨의 의복이나 머리 장식이 사치하기가 이를 데 없었고, 빈객을 초대하여 음주하고 잔치하면서 즐거워하기를 평소와 다름 없이 하였다."

그러면서 정차공은 "지금 노한이 남의 재산을 탐내어 사람이 지켜야 할 도리를 훼손하였으니, 엄중히 그 죄를 징계하게 하옵소서"라고 아뢰었다. 세종은 사헌부에 명하여 법률에 따라 이혼하게 하고, 허씨의 어미와

양가에서 연루된 자의 범죄 사실을 조사하여 차등 있게 죄주도록 하되
노한은 특별히 용서해 주었다.

단종 즉위년(1452) 6월 15일에는 사헌부에서 처와 첩의 문제를 다음과
같이 보고하여 단종의 허락을 받은 일도 있었다.

> "전 부사직(副司直) 이계성(李繼姓)이 천첩(賤妾)을 사랑하고 정처(正妻)
> 장씨(張氏)를 심히 박대하므로 본부에서 조사하여 아뢰고 죄를 결단하였는
> 데, 이계성이 노하여 장씨를 구타하고 몹시 추울 때 재산을 다 빼앗아 쫓
> 아내었으며, 또 장씨의 아비더러 첩의 자식이라고 하였습니다. 본부에서
> 조사하여 물으니 항거하고 복종하지 않습니다. 그러나 이미 사면되었으니,
> 청컨대 그 천첩을 이혼하게 하소서."

☰ 마음대로 이혼한 대신을 탄핵하다

성종 7년(1476) 5월 2일에는 사헌부에서 "상산군(商山君) 황효원(黃孝源)
은 신하로서 국가의 법을 두려워하지 않고 처음 아내인 신씨(申氏)를 대
이을 자손이 없다 하여 버리고, 다시 임씨(林氏)에게 장가들어 두 아들을
낳았음에도 화목하지 못하다 하여 버리고, 이번에는 또다시 신씨와 결합
하여 이미 체통이 없이 사람이 지켜야 할 도리를 어지럽혔습니다"라고 성
종에게 보고하면서 심지어 황효원이 노비를 적처로 삼았다며 다음과 같
은 이유로 탄핵했다.

> "신씨가 죽은 뒤에는 공신(功臣)으로서 하사(下賜)받은 노비 소근소사에

게, 그 어미가 혼사(婚事)를 주관했다는 구실로 장가들고 나서 혼서(婚書. 신랑집에서 신부집에 예물을 보낼 때 함께 보내는 문서)를 나중에 작성하여 이에 첩으로 처를 삼았습니다. 그러다가 심문을 받게 되자 사실을 숨길 수 없어 노비로 처(妻) 삼은 사실은 자백하였으나 혼서(婚書)를 뒤늦게 작성한 죄는 자백하지 않고 있으니, 그의 마음이 매우 간사스럽습니다. 주상(主上)께서는 이에 대해 조처하소서."

사헌부의 보고에 따르면 황효원은 그야말로 파렴치범이었다. 그러나 성종은 "황효원은 논(論)하지 말고, 이씨를 후처(後妻)로 삼도록 논정(論定)하라"고 명하여 황효원에게 죄를 묻지도 않았고 노비였던 이씨, 즉 소근소사를 적처로 인정했다.

그런데 노비가 이씨 성을 가지고 있다는 점도 의문이지만, 아무리 왕명이라고 해도 성종이 노비를 사대부의 적처로 인정한 것은 납득하기 어려운 조치였으나 여기에는 그럴 만한 사연이 있었다.

황효원과 혼인한 이소근소사의 아버지는 이유기(李裕基)로 사대부 출신이었다. 그러나 그는 세조 2년(1456) 단종복위운동에 가담했다가 발각되어 능지처참당하고 가족들은 모두 노비가 되었다. 이때 노비가 된 이소근소사는 공신 황효원에게 하사되어 10여 년간 종살이를 했고, 황효원은 두 부인이 모두 사망한 후 소근소사를 비첩(婢妾)으로 삼아 아들을 낳았다. 시간이 흘러 성종이 즉위하고 왕대비 자리에 오른 정희왕후의 명으로 이유기의 아내 설비와 딸 소근소사는 노비의 신분에서 풀려났다.

그런데 '황효원은 소근소사의 어머니 설비가 주관하여 혼례를 치렀다고 주장하나 혼서(婚書)는 추후 작성하여 호적에 올렸고, 난신(亂臣) 이유기의 딸을 적처(嫡妻)로 삼았다'는 비판이 제기되자, 그는 여종을 처(妻)로 삼은 사실을 인정했다. 하지만 성종은 할머니 정희왕후가 전주 이씨인 이유기를 왕실 종친이라고 비호하여 면천했기 때문에 황효원의 죄는 논하지 않고 소근소사를 후처(後妻)로 삼도록 명했던 것이다. 그런데 대신들은 성종의 명을 수용하지 않았다.

다음 날인 5월 3일 사헌부 대사헌 윤계동을 비롯해 대신들이 상소를 올려 "부부는 삼강(三綱)의 근본이므로 바로잡지 않을 수 없습니다. 지금 상산군 황효원이 하사받은 노비인 난신 이유기의 딸 소근소사로 처(妻)를 삼은 것을, 신(臣) 등이 추국(推鞫)하여 첩으로 정할 것을 의논하여 아뢴데 대해 후처로 삼도록 논정하라 하시니 놀라움을 금할 수 없습니다'라며 성종의 명을 따를 수 없다고 아뢰었다.

그러면서 "황효원은 소근소사가 종으로 있을 때 첩으로 취했다가 (노비에서) 방면(放免)된 뒤에 혼서(婚書)를 작성하여 마치 예식을 치른 것처럼 하였습니다. 이렇게 그가 첩으로 처를 삼아 사람이 지켜야 할 도리를 어지럽힌 사실이 매우 명백하므로 바라건대 명령을 빨리 거두시어 바로잡는다면 더할 수 없는 다행이겠습니다'라고 주장했다.

〉 대를 이어 논란이 벌어지다

이에 성종은 도승지(都承旨) 현석규(玄碩圭)를 통해 "경(卿) 등의 말이 어찌 잘못이겠는가? 그러나 이씨(李氏)의 집안은 본래 명문족(名門族)이었으며, 또 왕실과도 연관이 있다'고 설명했다.

그러면서 사헌부에 명하기를 "비록 종으로 주었으나 황효원은 그에게 예식을 치르고 장가들었으며, 심문했을 때도 예식을 치렀다고 하였으니 지식이 있는 재상으로서 어떻게 거짓말을 했겠는가? 내가 원상과 다시 의논하니 모두 이르기를 '종으로 있을 때 성혼했으니 어떻게 적처가 되겠느냐?'라고 한다. 그러나 나는 그 사정이 용서해 줄 만한 것이라 생각한다"면서 소근소사가 정식 아내로서 자격을 갖춘 사대부 집안 출신이고, 당시의 정황을 참작하면 용인할 수 있는 일이라며 대신들을 설득하는 모양새를 취했다. 그러나 대신들은 물러서지 않고 "소근소사가 방면되었다고는 하지만, 정식 혼례절차를 밟은 것은 아닙니다"라며 계속해서 어명을 거두어 달라고 주장했다.

성종 7년(1476) 7월 20일 〈성종실록〉에는 "조선 전기에 대간과 맞서 싸워서 이긴 사람은 김종서와 황효원뿐이다"라는 기록이 보일 정도로 황효원 역시 이들에 대항하여 극렬하게 논쟁이 벌어졌고, 성종 또한 완강했다. 대신들 역시 4년이 지난 성종 11년(1480) 6월 12일에도 반대 상소를 올릴 정도로 집요했다.

결국 황효원은 송사(訟事)에 시달리다가 갑자기 병이 들었고, 성종 12년(1481) 9월 19일 결국 한양 자택에서 억울함이 쌓여 피를 토하면서 사망한 것으로 전한다. 당시 그의 나이 68세였다. 그리고 그의 부인 이씨는 연산군 대에 결국 첩으로 강등되었고, 자식들은 첩의 자식이 되었다. 그런데 이것으로 모든 문제가 끝난 것은 아니었다.

중종 2년(1507) 윤 1월 6일 박영문(朴永文)이 "황효원이 아내를 여의고 이씨(李氏)에게 장가들어 신(臣)의 처를 낳았는데, 그 후 사헌부에서 이씨가 전에 시집갔던 데서 내쫓겼다고 하여 첩으로 논하였습니다"라며 다음과 같은 상소를 중종에게 올렸다.

"황효원이 억울함을 호소하여 성종께서 소장(訴狀) 끄트머리에 어필(御筆)로 써서, 처(妻)라고 논정(論定)하셨습니다. 신은 부모에게 아뢰고 황씨(황효원과 이소근소사 부부의 딸)에게 장가들었습니다. 그런데 헌납(獻納) 정희(鄭淮)가, 황효원이 헌부에서 다시 그 처를 논할까 염려하여 대관(臺官) 안침(安琛)에게 청탁한 사실을 가지고 다시 첩으로 강등하니, 황효원은 피를 토하고 죽었습니다. 처의 모(母) 이소근소사가 여러 번 진정하며 호소하였으나 사헌부는 문서가 다 불타서 상고할 근거가 없다고 하며 아뢰지 못하게 하니, 신의 자식들은 모두 서자와 천인이 되어버렸습니다. 그 당시의 《일기》를 상고하여 이 원통함과 답답함을 풀어주소서."

상소를 받은 중종은 대신들에게 의견을 물었다. 이에 유순(柳洵) 등은 모두 "그때의 《추안일기(推案日記)》를 상고한 뒤에 다시 의논하여야 합니다"라고 아뢰었다.

한 달여가 지난 2월 1일 중종은 "박영문(朴永文)의 처모(妻母, 이소근소사)는 처음 황효원(黃孝源)에게 내려진 노비이기는 하나 본래 사족(士族)의 딸로서 외조모 박씨(朴氏) 집에서 자랐고, 뒤에 황효원이 예식을 치르고 장가들었으므로 성종께서 조정의 대신들과 의논하여 허통(許通)하였다. 그리고 박영문 역시 예절을 갖춰 그 딸에게 장가들어 아내로 삼았으니, 그 아내 황씨는 정실로 논정한다"라고 명하여 논란이 일단락되었다.

역적의 딸이
왕족의 부인이 되려고 합니다

💬 딸과 사위의 이혼을 나라에 요청하다

성종 21년(1490) 10월 12일, 행 사직(行司直) 조지산(趙智山)이 성종에게 "신(臣)의 사위 한환(韓懽)이 신의 집에 이르러 그 처의 머리털을 움켜쥐고 휘두르며 옷을 벗겨 함부로 때렸는데, 그 상처 난 자국을 헤아릴 수가 없습니다. 이전에도 구타하고 여인들 머리에 꽂는 장식품과 재물을 빼앗아 갔는데, 이는 오로지 첩 중생과 여종의 남편 귀손이 농간을 부린 것입니다"라고 사위의 악행을 아뢰면서 "만약 같이 살게 한다면 한 여자만 죽게 될 것이니, 아비와 자식 사이에도 차마 보지 못할 일입니다. 청컨대, 이혼하게 해서 생명을 보전하게 하소서"라며 자기의 딸과 사위의 이혼을 허락해 달라고 간곡하게 요청했다.

조지산의 사정을 들은 성종은 "의녀가 상처를 살펴서 아뢰도록 하라"고 명했고, 20여 일 후인 11월 4일 의금부에서 "한환이 아내 조씨를 구타한 죄는 율(律)이 장(杖) 80대에 해당하고, 노비 길운을 때려죽인 죄는 율이 장 60대에 도(徒) 1년에 해당하는데, 두 가지 또는 그 이상의 죄가 한꺼번에 드러났을 때 그중에 가장 무거운 죄를 쫓아서 처벌하는 종중(從重)에 따라 결장(決杖) 60대에 도 1년입니다"라고 보고했다.

성종은 의금부의 조사 결과에 대해 영돈령(領敦寧) 이상과 의정부에서 검토하여 보고하라고 명했다. 그러자 심회(沈澮)가 "의금부에서 아뢴 바대로 시행함이 어떻겠습니까?"라고 아뢰었고, 윤필상·홍응·노사신·윤호·성준은 "한환이 이미 그 장인을 구타하고 또 아내까지 구타하였으니, 남편과 아내의 의(義)는 이미 어긋났고 사위의 도(道)도 끊어졌으므로 같이 살기는 어려울 것 같습니다. 아내와는 이혼하게 하고, 그 나머지는 제출된 문서에 따라 시행하는 것이 어떻겠습니까?"라며 동의했다.

대신들의 의견을 들은 성종은 "처음에 조지산도 이혼시키자고 하고, 지금 의논하는 자도 이혼시키자고 하니, 이는 아내로서 남편을 버리는 격인데 의리상 괜찮겠는가?"라며 아내가 남편을 버리는 법이 적용되는지 그리고 부인에게 불이익이 가지 않는지를 따지는 등 마지막으로 부부의 의리를 확인했다. 이에 윤필상 등이 다음과 같이 아뢰었다.

《지정조격(至正條格)》에 이르기를 '사위가 장인을 욕하면 그 아내가 이혼한다'고 하였는데, 지금 한환은 이미 장인을 구타하였으니 이는 한환이 조지산을 장인으로 여기지 아니한 것이고, 조지산도 한환을 사위로 여기지 않는 것이며, 한환의 부부도 서로 부부로 대우하지 않고 있는 것입니다. 그러니 함께 살기가 어려운 형편이므로 하는 수 없이 이혼하게 하는 것입니다."

《지정조격》은 중국 원나라 순종 때 만든 법률서로, 고려 말에 들어와 하나의 표준으로 적용되었는데 여기에는 이혼과 관련한 법규도 포함되어 있었다.

보고를 받은 성종은 "한환을 유배 보내고, 아내는 이혼하게 하라"고 명하면서 장인 조지산을 구타하여 능욕(陵辱)한 죄로 장 1백 대를 속(贖)으로 바치고 고신(告身, 임명장)을 회수했다. 그리고 3년 후인 성종 24년 (1493) 3월 15일, 성종이 "한환은 대비와 매우 가까운 친척으로 외지(外地)에 정배(定配)된 지 오래되었으니 특별히 방면(放免)하라"고 의금부에 명을 내렸다.

≡ 대신들이 왕실과 왕에게도 이혼을 요구하다

인조 6년(1628) 11월 8일에는 홍문관에서 인조에게 "천하에 역모를 꾀하는 것보다 나쁜 짓이 없는데, 유효립이 은밀하게 꾀했던 흉악한 짓은 고금에 없었던 일입니다. 이에 온 나라의 신민들이 다투어 그의 가죽을 벗겨 자리를 깔고 고기를 씹어 먹고 싶어 하였습니다"라며 유효립을 탄핵했다.

유효립(柳孝立)은 인조반정으로 쫓겨난 광해군을 상왕으로 삼고 선조와 정빈 민씨 사이에서 태어난 인성군(仁城君) 이공(李珙)을 왕으로 추대하려고 했던 반란의 주모자로, 거사 직전 허적(許䄪)의 고변으로 동대문과 남대문으로 무기를 싣고 들어오던 거사 참여자들이 모두 체포되어 처형될 때 함께 목숨을 잃었다.

이후 홍문관에서는 유효립의 딸과 선조의 손자이자 인조의 동생 능원군(綾原君) 이보(李俌)가 결혼한 것을 문제 삼았고, 대신들은 "능원군 이 보는 왕실의 가까운 친족으로서 태연하게 역적의 종자를 용납하여 함께 거처했으니, 이는 부부의 정에 빠져 군신 사이의 의(義)를 소홀히 한 것입 니다"라며 유효립의 딸과 능원군 이보를 이혼시켜야 한다고 주장하는 상 소문을 다음과 같이 인조에게 올렸다.

"그가 인간의 도리를 무시하고 국법을 업신여긴 죄가 참으로 크다고 하겠습니다. 가령 이보가 후일 자식을 둔다면 역적 우두머리의 피붙이가 사묘(私廟)의 제사를 받들게 될 것이니, 너무나 지나친 일이 아니겠습니까? 우리나라에서는 비록 내쫓는 일곱 가지 법(칠거지악)에 없기는 하지만, 도리 를 어지럽히며 행동하였을 때 이혼을 주청한 자에게 허락한 경우가 종종 있었습니다. 바라건대, 이러한 사리를 깊이 헤아리고 대의(大義)로 결단하 시어 합계(合啓)한 것을 속히 윤허하소서."

여기서 '합계'란 사간원·사헌부·홍문관이 이름을 잇따라 써서 임금에 게 올리는 글을 말한다. 따라서 대단히 무게감이 있었는데, 이들이 이보 의 이혼을 주장한 이유는 '역적의 딸이 왕족의 부인이 되어서는 안 되며, 그 자손이 왕족의 제사를 받드는 불상사가 있어서도 안 된다'는 것이 요 지였다.

일반적으로 역모죄는 가족도 처형되거나 노비가 되는 등 3대가 멸한 다고 하지만, 이미 시집간 딸은 출가외인으로 해당되지 않았다. 유효립의 사위였던 능원군 이보 역시 이혼 요구를 완강하게 거절했는데, 이날 보고 를 받은 인조는 "양사(兩司)가 이 일에 대해 연일 주장을 늘어놓는데, 즉시 윤허하지 않는 이유는 예법상 내쫓을 만한 의리가 없고, 인정상 불쌍하고 용서할 만하기 때문이다. 경들은 이러한 뜻을 깊이 이해하고 다시는 번거롭게 하지 말라"며 받아들이지 않았다.

대신들이 왕에게 이혼을 요구하는 일도 있었다. 조선 초기 세종의 부인 소헌왕후는 대표적인 예였다. 소헌왕후의 친정아버지 심온(沈溫)이 세종이 즉위한 직후 역모죄로 처형당하자 '역적의 딸을 왕비의 자리에 둘 수 없으니 세종과 이혼시켜야 한다'는 대신들의 상소가 이어졌다. 하지만 세종은 '이미 출가한 딸에게 연좌제가 적용될 수 없다'며 완강하게 거절했고, 상왕인 태종도 명분이 없다는 이유로 대신들의 요구를 물리쳤다.

반면에 연산군을 내쫓은 반정 세력은 진성대군 부부를 궁궐로 모셔와서 왕으로 즉위시켰으니, 그가 바로 중종이었다. 그러나 중종의 본부인 신씨는 왕비의 책봉과 관련한 논의조차 이루어지지 않을 정도로 반정 세력에게 철저하게 외면당했다. 신씨의 아버지 신수근(愼守勤)이 당대의 권세가이긴 했지만, 반정 세력에 협조하지 않았다는 이유로 처형되었기 때문에 신씨가 역적의 딸이었던 것이다.

◉ 노비와 신분이 다른 남녀의 결혼, 재산 분쟁으로 이어졌다

중종이 즉위한 다음 날, 대신들이 중종에게 왕비의 책봉을 물었을 때 중종은 "속히 대책을 마련하여 아뢰라"며 부인 신씨의 왕비 책봉을 서두르라고 명했다. 그렇지만 반정 세력은 중종의 명을 곧바로 시행에 옮기지 않았다. 오히려 중종에게 역적의 딸인 부인 신씨를 궁궐에서 쫓아낼 것을 강권했다.

이에 중종은 "아뢴 일이 당연하지만, 조강지처를 어찌하겠는가?"라며 섭섭한 마음을 드러내었으나 "종묘사직이 지중하니 어찌 사사로운 정에 얽매이겠느냐"며 결국 허락했다. 다음 날, 반정 세력은 새로운 왕비를 맞기 위해 간택 절차를 밟을 것을 중종에게 요구했고 중종은 무기력하게 끌려다녔다. 결국 쫓겨난 본부인 신씨는 궁궐로 돌아오지 못하고 사망하고 말았다.

대신들에 의해 실질적으로 강제 이혼을 당한 신씨는 궁궐에서 쫓겨난 지 230여 년이 지난 영조 15년(1739)에 복위되어 단경왕후(端敬王后)라는 시호가 내려졌다. 이때까지 신씨는 정변(政變)으로 억울하게 희생당한 조강지처였으며, 공식적으로는 역적의 딸이었다.

이외에도 원경왕후(元敬王后)와 이혼하겠다는 태종이나, 제헌왕후(齊獻王后)를 쫓아내겠다는 성종의 경우에는 대신들이 반대하고 나서 논란이 벌어지는 등 왕의 결혼과 이혼에 대신들이 관여했고, 조선 중기 이후에는 당쟁에 왕과 왕비의 혼인을 먹잇감(?)으로 삼기도 했다. 숙종은 모두 4명의 왕비를 맞아들였는데, 그때마다 왕권이 강화되는 정계 개편이 이루어지기도 했다.

한편, 나라에서는 노비의 혼인과 이혼에도 직접 관여했다. 노비로 인한 소송이 대표적인 예로, 노비 소송은 묘지와 관련한 산송(山訟), 담보를 맡기고 돈을 빌렸다가 벌어진 전당 소송(典當訴訟)과 함께 조선시대 3대 소송으로 꼽힐 만큼 논란이 지속해서 발생했다.

태종 1년(1401) 9월 9일 대사헌(大司憲) 이원(李原) 등이 "높고 낮은 벼슬을 막론하고 노비를 송사하는 자가 온갖 수단과 방법을 동원하여 형제와 부모 할 것 없이 화목한 분위기를 해칩니다"라며 태종에게 잡다한 노비 송사를 일절 금할 것을 상소로 올릴 정도로 노비 송사는 부모와 형제를 가리지 않았고, 《조선왕조실록》에도 곳곳에 노비 송사에 연루된 대신들의 이름이 기록되어 있다.

당시 상소를 올린 이원도 "고려 말기부터 문명(文名)이 알려져 조선 초기에 국가의 근본을 다지고 제도를 확립하는 데 기여한 중신"으로 평가받았으나 세종 8년(1426)에 많은 노비를 불법으로 차지했다는 혐의로 사헌부의 탄핵을 받아 공신녹권(功臣錄券, 공신에게 내리던 상과 훈장)을 박탈당하고 여산(礪山)에 안치되었다가 사망한 것으로 전한다.

특히 노비 송사는 신분과 지위고하를 막론하고 재판 결과에 승복하지 않아 문제가 더욱 심각했다. 이원이 상소를 올렸을 때 사헌부에서도 "태상왕(태조)께서 도감(都監)을 세워 노비의 송사를 바로잡게 하셨는데, 승소하지 못한 자가 재판이 잘못되었다며 호소하는 경우가 백여 인이나 되니 송사가 끝이 없습니다. 원하건대 이제부터 미결(未決)된 자는 바른대로 판결하고, 오결(誤決)이라고 하는 자는 모두 금단하소서"라고 보고하여 태종의 허락을 받았고, "이후 오결이라고 호소하는 백여 인을 사헌부에서 잡아 가두니, 송사하는 자가 저절로 흩어졌다"는 〈태종실록〉의 기록도 보인다.

신분이 다른 남녀의 결혼도 노비 송사의 주요 원인 중 하나였다. 따라서 나라에서는 구체적인 관련법을 만드는 등 각별하게 신경을 썼으며, 태종 5년(1405) 9월 22일에는 다음과 같이 천민 남자가 양민 여자에게 장가드는 것을 왕명으로 금하고 이혼하게 한다는 법을 제정했다.

"공사 천자(公私賤者)가 양녀와 서로 혼인하는 것을 병술년 정월 초 1일부터 모두 금단하고, 그중에 영(令)을 어기는 자는 다른 사람의 진고(陳告, 사실을 이야기하여 알림)를 허락하여, 남녀 및 혼인을 주재한 자, 본 주인으로서 사정을 알고도 금하지 않은 자는 율(律)에 따라 논죄(論罪)하되 포(布) 2 백 필을 받아 고(告)한 사람에게 상으로 주고, 강제로 이혼하게 하며, 남녀 및 그 소생은 속공(屬公, 관아의 노비로 넘김)한다. 본주로서 사정을 알지 못한 자는 논(論)하지 않고, 그 노비도 속공을 면제한다. 이 법을 정한 달 이전에 서로 혼인한 자는 포함되지 아니한다."

● 양민과 천민 그리고 노비 주인이 서로 소송에 휘말리기도 …

세종 13년(1431) 1월 5일에는 의정부에서 '공사(公私) 여자 노비가 양인 남자에게 시집가서 갑오년(태종 14년, 1414) 6월 28일 이후에 출생한 자식들은 경술년 가을부터 3년마다 한 차례씩 이를 조사하여 호적을 기록하고 있는데, 이를 악용하여 불법이 자행되고 양인과 천인 사이에 소송까지 벌어지고 있다'며 양인과 천민이 결혼하여 그 사이에서 태어난 자녀의 신분에 대해 다음과 같이 보고하여 세종의 허락을 받은 일도 있었다.

"사노비의 경우 그들의 주인은 천인으로 만들려고 기한 전에 시집갔다고 주장하고, 양인 남편과 여자 노비는 자녀를 양인이 되게 하려고 기한 후에 시집갔다고 하여 서로 고소하고 있으며, 심지어 자기의 남편을 남편이라고 하지 않고, 천부(賤夫)에게서 난 자녀를 양부(良夫) 소생이라고 거짓으로 신고하는가 하면, 주인은 양부의 소생까지도 도리어 천부의 소생이라고 주장하여 서로 다투어 거짓을 꾸며대면서 부자(父子)를 바꾸고 있어 사실과 거짓을 알기 어려울 뿐 아니라 인륜의 떳떳하고 변하지 않는 도리까지 상하게 하고 풍속을 무너뜨림이 이보다 더 심할 수가 없습니다. 이제부터 이와 같은 고소가 있으면, 도관(都官, 노비의 문서와 호적 및 그 소송 사무를 맡아보던 관아)에 보내어 명백히 분별한 뒤에 호적을 기록하도록 하고, 또 관아에 송치하여 깊이 징계해서 사람들이 이를 교훈 삼아 경계하도록 하옵소서."

이처럼 신분이 다른 남녀의 결혼이 주인과 노비가 서로 소송을 벌일 정도로 심각한 사회 문제가 된 데는 부모는 자식을 천민으로 만들지 않고, 주인은 재산 증식을 위해 한 명이라도 더 노비로 만들기 위함이었다.

이 과정에서 문서를 위조하거나 주변 사람들을 매수하여 허위 사실을 증언하는 등 온갖 불법이 자행되기도 했다. 그 때문에 신분이 다른 남녀의 결혼문제는 이후에도 임금과 대신들 사이에 지속해서 논의가 이어졌으며, 통제도 더욱 강화되었다.

세종 14년(1432) 3월 26일에는 "조선의 법에는 남자 종이 양민 여자에게 장가드는 것을 금지하는 규정이 있으나, 계집종이 양민 남자에게 시집가는 것은 금지하는 규정이 없으니 남자와 여자가 금지 법령이 다른 것은 진실로 타당하지 못합니다"라며 신분이 다른 남녀의 결혼에 적용되는 법에 차별이 있다고 지적하면서 "중국의 《당률》을 주석한 율서 《당률소의(唐律疏議)》를 고증해 보면 여기도 '사람은 각각 짝이 있으니, 종류가 모름지기 서로 같아야 한다'고 하였습니다. 양민과 천민은 이미 유(類)가 서로 다른데, 어찌 배필로 결합하기에 마땅하겠습니까?"라며 다음과 같이 더욱 구체적으로 법을 제정할 것을 건의하여 세종의 허락을 받았다.

"《대명률》에는 '양민과 천인이 서로 혼인한 자는 논죄(論罪)하고 강제로 이혼하게 하여 바로잡는다'고 하였습니다. 비옵건대,《당률》과 시왕(時王)의 제도인《대명률》에 따라 선덕 7년(세종 14년, 1432) 7월 1일 이후에 공사(公私) 노비가 양민 남자에게 시집가는 것은 일절 금하고, 만일 영(令)을 어기는 자가 있거든 율에 따라 처벌하며, 낳은 자녀는 아비를 따라 양민이 되게 할 수 없으니 각기 본관 또는 본 주인에게 돌려주게 하고, 그중에 1품관 이하 동반·서반의 품관, 문과·무과의 출신자, 생원·성중관(成衆官)·유음자손(有蔭子孫)으로 공사 비녀(公私婢女)를 첩으로 삼은 자, 백성으로서 나이가 40세에 이르도록 아들이 없어 공사 비녀에 장가든 자는 이 범위에 포함하지 아니하며, 영락 12년(태종 14년, 1414) 6월 28일 이후 선덕 7년(세종 14년, 1432) 6월 그믐날 이전에 공사 비녀가 양민인 남자에게 시집가서 낳은 자녀 또한 이 범위에 포함되지 않게 하소서."

여기서 '성중관'이란 궁궐에서 임금을 호위하거나 모시는 일을 맡아보던 벼슬아치를 말하며, '유음자손'은 과거를 치르지 않고 조상의 공덕으로 관리가 된 자의 자손을 가리킨다.

조선시대 주요 관직(가나다순)

　조선의 모든 관료는 문관인 동반(東班)과 무관인 서반(西班)으로 구분했다. 동반과 서반은 임금이 조회를 받을 때 관리들이 각각 남향한 임금의 동쪽과 서쪽에 선 것을 기준으로 하였고, 동반과 서반을 합해서 양반(兩班)이라고 했다. 이후 양반은 관직이 있는 사람만이 아니라 가족과 가문으로 확대되어 조선의 지배층을 의미하게 된다.

　동반과 서반의 품계는 정(正)·종(從) 각 9품씩 모두 18단계로 나누어 제일 높은 정1품에서 제일 낮은 종9품까지 각 벼슬의 등급을 일정하게 했다. 18단계의 품계는 다시 정책 결정관인 당상관(堂上官)과 행정 집행관인 당하관(堂下官)으로 나누었다.

　여기서는 어전회의 등 임금과 소통하는 자리에 참석한 고위 관리를 비롯하여 하급 관리까지 이 책 본문에 나오는 관직을 중심으로 관련 사전 등의 자료를 참고하여 해설했다.

감고(監考) 돈과 곡식의 출납 업무를 맡거나, 지방의 세금 및 공물의 징수를 맡아보던 하급 관리.

감사(監事) 정치나 행정에 관한 일의 기록을 맡아보던 춘추관(春秋館)의 정1품 벼슬. 감춘추관사(監春秋館事)라고도 한다.

검토관(檢討官) 경사(經史)의 강론과 토론 등에 관한 일을 맡아보던 경연(經筵)에 관련된 관리.

관찰사(觀察使) 각 도의 행정·사법·군사를 총괄하는 종2품의 지방 장관.

남병사(南兵使) 함경도의 '남도 병마절도사'를 줄여 부르던 말로, 종2품 무관직.

낭사(郎舍) 중앙에 두었던 정3품 당하관부터 종6품까지의 벼슬아치를 통틀어 이르던 말. 넓은 의미로는 참상관 전부를 통칭했으며, 낭청(郎廳)이라고도 했다.

내자시 윤(內資寺尹) 조선 전기, 호조에 소속되어 왕실에 쌀·밀가루·술·장·기름·꿀·채소·과일을 공급하고 각종 잔치에 필요한 물자를 조달하며 직조(織造) 등에 관한 일을 맡아보던 내자시에 속한 벼슬. 태종 원년(1401)에 내부시(內府寺)를 내자시로 고쳤다.

대관(臺官) 대사헌, 지평 등 사헌부에 속한 관원을 통틀어 이르는 말.

대사간(大司諫) 사간원의 으뜸 벼슬로 정3품 당상관직. 인사 문제나 정책 집행과 관련하여 국왕에게 간쟁하며 시시비비를 논하고, 관료들의 부정과 비리를 적발하여 탄핵하는 일을 맡아보았다.

대사헌(大司憲) 언론기관인 사헌부의 업무를 총괄하는 종2품 으뜸 벼슬. 관료들에 대한 감찰 및 탄핵, 국왕에 대한 간쟁, 경연 참석, 5품 이하의 서경 등 다양한 업무를 맡아보았다.

도사(都事) 중앙과 지방에 두어 서무를 주관하며, 관리의 감찰과 규탄을 맡아보던 종5품 벼슬.

도순찰사(都巡察使) 지방에 파견되어 군사 업무 등을 처리하던 종2품의 임시 벼슬. 보통 지방 관찰사가 겸임하여 순찰사라고 하지만, 중앙에서 파견한 정2품의 재상을 이렇게 불렀다.

도승지(都承旨) 왕명을 출납하던 승정원의 최고 책임자. 정3품 당상관으로, 요즘으로 말하면 왕의 비서실장에 해당한다.

도총관(都摠管) 오위도총부(五衛都摠府)의 정2품 무관직.

동지사(冬至使) 해마다 동짓달에 중국으로 보내던 사신.

동춘추(同春秋) 춘추관에 속한 종2품 동지사(同知事).

병마절도사(兵馬節度使) 각 지방의 병마(兵馬), 즉 육군의 지휘 책임을 맡은 종2품 무관직.

부사직(副司直) 중앙 군사 조직인 오위(五位)의 종5품 무관직.

부정(副正) 시(寺)·감(監)·원(院) 등의 위상을 가진 중앙 관서에 설치한 종3품 관직으로, 각 관서의 부책임자.

사간(司諫) 사간원의 종3품 벼슬. 언관(言官)의 일원으로 왕에게 옳지 못하거나 잘못된 일을 고치도록 말하고, 관리에 대한 탄핵을 비롯하여 인사 및 경연, 서경(署經), 결송(決訟) 등에 참여했다.

사관(史官) 역사의 기록을 맡아 초고(草稿)를 쓰던 관원. 대개 과거의 장원 급제자 가운데 문벌이 좋고 흠이 없는 젊은 문관을 사관으로 임명하였다. 조회(朝會) 등의 정례회의와 경연(經筵)·중신(重臣)회의·백관(百官)회의에 참석해 회의 내용을 기록하였으며, 정확한 직필(直筆)로써 기록하여 후세에 정치를 하는 데 거울로 삼게 하려고 했다.

사복시 윤(司僕寺尹) 궁중의 가마·마필(馬匹)·목장 등에 관한 일을 맡아보던 사복시에 속한 관원.

사복시 직장(司僕寺直長) 사복시에 속한 정·종 7품의 하급 관리.

사은사(謝恩使) 왕이 중국 황제에게 고마움의 뜻을 전하기 위해 보내던 사절 또는 사신.

사헌부 감찰(司憲府監察) 사헌부(司憲府)에 속한 정6품 관직. 감찰 임무를 수행하여 기강을 세우고 풍속을 바로잡았다.

상호군(上護軍) 중앙 군사 조직인 오위(五位)의 정3품 벼슬. 조선 후기로 가면서 보직이 없는 문무관이 등용되었다.

색장(色掌) 성균관 유생 자치회의 간부.

서운 부정(書雲副正) 기상관측 등을 관장하던 서운관(書雲觀)의 관리. 서운관은 세조 때 관상감으로 개칭되었다.

서장관(書狀官) 외국에 보내는 사신 중 수석에 해당하는 정사(正使)와 차석인 부사(副使)와 함께 삼사(三使)의 한 벼슬. 사헌부의 4품에서 6품 관원 중에서 임명되었다. 사행단의 비리나 부정을 감찰하는 임무를 맡았으며, 사행 중 보고 들은 각종 정보를 기록하여 왕에게 보고하여 기록관이라고도 했다.

선전관(宣傳官) 선전관청(宣傳官廳)에 소속된 왕을 호위하는 시위(侍衛), 왕명을 전하는 전령(傳令), 부신(符信)의 출납과 사졸(士卒)의 진퇴를 지휘하는 형명(形名) 등의 일을 맡아보던 무관직. 9품부터 정3품 당상관(堂上官)까지 있었다. 무반의 중추적 존재로 성장할 인재들로, 뛰어난 무재(武才)와 굳세고 용맹한 무인을 선발하여 무예와 병법을 지속해서 연마하게 하였으며, 승진과 승품(陞品)에 상당한 특전을 입을 수도 있었다.

성절사(聖節使) 중국 황제나 황후의 생일을 축하하기 위해 보내던 사절 또는 사신.

송경 유후(松京留後) 조선 초기, 송경(개성)을 다스리기 위해 둔 정2품 관리.

수군절도사(水軍節度使) 각 도의 수군을 지휘 감독하던 사령관으로, 정3품 외직무관(外職武官).

수령(守令) 중앙에서 지방에 파견하여 주(州)·부(府)·군(郡)·현을 다스리게 한 부윤·부사·목사·군수·현령·현감 등의 모든 지방관을 이르는 말. 관찰사의 관할 아래 있었고, 품계는 종2품에서 종6품까지 다양했다. 군수와 현령의 준말로 속칭 '원님'이라고도 한다.

술관(術官) 음양·복서·점술 등의 지식으로 길흉을 점치는 벼슬아치.

습독(習讀) 훈련원·승문원·사역원·관상감·전의감 등에 두었던 정6품에서 종9품의 임시 벼슬. 각기 이문·중국어·천문학·의학·군사학 관계의 지식을 강습하기 위해 선발되었다.

승정원 주서(承政院注書) 왕의 비서 기관인 승정원에 속한 정7품 벼슬. 문서의 기록과 관리를 비롯하여 매일 왕을 수행하면서 언행을 기록하는 일을 맡아보았다. 청요직(淸要職) 중의 하나로, 고위직으로 진출할 가능성이 높았다.

시강관(侍講官) 왕에게 경적(經籍)과 사서(史書)를 강의하는 일을 맡은 경연과 관련된 정4품 문관.

시독관(侍讀官) 경연에서 왕에게 경서(經書)를 강의하던 정5품 문관.

안기 찰방(安奇察訪) 경북 안동의 안기 지역 역참을 관리하던 종6품의 외관 벼슬. 역참은 국가의 명령과 공문서 전달, 변방의 긴급한 군사 정보 및 외국 사신 영접, 공공 물자 운송 등을 위해 설치한 교통 통신 기관이며, 죄인 체포와 압송, 통행인 규찰, 유사시 국방에 대한 임무까지 맡아보았다.

영돈령(領敦寧) 영돈령부사(領敦寧府事)로, 왕실 친척의 일을 맡아보던 돈령부의 으뜸 벼슬. 정1품 명예직으로 왕비의 친정아버지, 즉 왕의 장인인 국구(國舅)가 당연직으로 제수되었으며, 국구가 없을 경우 왕실의 친척이나 외척 중에서 임명되기도 했다.

영사(領事) 삼사·집현전·홍문관·예문관·춘추관·관상감 등 주요 관서의 정1품 벼슬.

영의정(領議政) 의정부의 정1품 으뜸 벼슬. 영상(領相)이라고도 했다. 보통 좌의정을 지낸 원로대신이 임명되었고, 좌의정·우의정과 함께 삼의정(三議政) 또는 삼정승으로 불렸다.

영접 도감사(迎接都監使) 중국 사신을 맞이하기 위해 마련한 임시 관아인 영접 도감의 으뜸 벼슬.

예문 제학(藝文提學) 예문관 소속으로 사명(詞命, 왕의 말이나 명령)에 관한 일을 맡아보던 종2품 관리.

예조 정랑(禮曹正郎) 예악·제사·연향(宴享)·과거(科擧) 등의 예조 일을 맡아보던 정5품 관리. 예조에서 실무를 장악했던 대표적인 청요직(淸要職)으로 꼽혔다. 특히 이조·병조·예조 정랑은 더욱 중시되어 문과 출신의 문관이 임명되었다.

우시중(右侍中) 조선 전기, 문하부에 두었던 으뜸 벼슬. 태조 3년(1394)에 우정승으로 고쳤다.

우정승(右政丞) 의정부에 속한 정1품 벼슬.

원상(院相) 왕이 병이 나거나, 어린 왕의 즉위로 국정을 정상적으로 수행하기 어려울 때 왕을 보좌할 수 있도록 임시로 국정을 맡아보던 재상들로 구성된 직책. 세조 13년(1467)에 왕이 병이 나서 명나라 사신 접대가 어려워지자 신숙주(申叔舟)·한명회(韓明澮)·구치관(具致寬) 등에게 승정원에서 서무를 지휘하게 한 것이 처음이었다.

유지 별감(宥旨別監) 왕이 죄인의 형벌을 용서해 주거나 형량을 감해주는 은사(恩赦)·특사(特赦)의 명령을 전달하기 위해 지방에 보내던 임시 벼슬.

의정부 찬성사(議政府贊成事) 의정부 차관인 좌·우찬성을 통틀어 이르는 말로, 의정부에 속한 종1품 관리. 참찬과 함께 의정을 보필하면서 의정부사와 크고 작은 국정 논의에 참여했다.

장령(掌令) 사헌부에 속한 정4품 벼슬. 장령을 포함한 대간은 막중한 임무를 수행하는 사헌부의 핵심 관직이었다. 따라서 소신을 굽히지 않고 직언할 수 있는 강직한 젊은 인재들이 임명되었고, 대부분 과거(科擧)의 갑과 합격자를 곧바로 임용하거나 승문원·성균관·홍문관 등을 거친 문관들이 임명되었다.

전의감 판관(典醫監判官) 의료행정 및 의학교육의 중추 기관으로 왕실과 조관(朝官)의 진찰과 약의 조제, 약재 재배, 의학 실력을 시험하여 사람을 뽑는 의학 취재 등에 관한 일을 겸했던 전의감의 종5품 벼슬.

절제사(節制使) 절도사(節度使, 각 도의 군권 총책임자)가 관할하던 거진(巨鎭)에 배치한 정3품 무관직. 거진은 군사 작전상 중요한 거점으로, 중간 규모의 군사 진영을 말한다.

정랑(正郞) 육조의 실무를 맡아본 정5품 청요직(淸要職). 특히 이조와 병조의 정랑은 좌랑(佐郞)과 함께 인사행정을 맡아 전랑(銓郞)이라고 했으며, 삼사(三司) 관직의 임명 동의권인 통청권(通淸權)과 자신의 후임자를 추천할 수 있는 재량권이 있어 권한이 막강했다.

정언(正言) 사간원에 속한 정6품 벼슬.

제용감 주부(濟用監主簿) 왕실에 필요한 의복이나 식품 등에 관한 일을 맡아보던 제용감의 하급 벼슬아치.

제조(提調) 잡무 및 기술 계통의 벼슬아치. 조달·영선·제작·창고·접대·어학·의학·천문·지리·음악 등 종품 또는 종2품의 당상관 이상 관원이 없는 관아에 겸직으로 배속되어 각 관아를 다스리던 중앙 직책. 나라에 큰일이 있을 때 임시로 설치한 기구에도 도제조 밑에 제조와 부제조를 두었다.

제학(提學) 홍문관·예문관·집현전에 둔 종2품 벼슬. 학식과 문장이 탁월한 문관을 뽑아 겸임하게 하였으며, 왕의 두터운 신망을 받는 인물 중에서 임명되어 정승으로 승진하는 발판이 되기도 했다.

조봉 대부(朝奉大夫) 조선이 개국하던 해(1392)에 관인(官人)에게 주는 품계를 제정하면서 종4품 상계(上界)는 조산 대부(朝散大夫), 하계는 조봉 대부(朝奉大夫)로 정했다.

좌부승지(左副承旨) 승정원의 정3품 당상관직. 6명의 승지를 두어 왕의 측근에서 왕명을 출납하고, 육조사를 분장하였으며, 좌부승지는 병조를 맡았다.

좌시중(左侍中) 조선 전기, 문하부에 속한 정1품 벼슬. 태조 3년(1394)에 좌정승으로 고쳤다.

지사(知事) 중앙의 주요 관청인 돈령부·의금부·경연·성균관·춘추관·중추부·훈련원 등에 속한 정2품 벼슬. 돈령부를 제외하고 모두 겸직했다.

지신사(知申事) 왕명의 출납을 담당하던 승추부(承樞府)·승정원(承政院)의 최고위 관직인 도승지(都承旨)의 별칭.

지평(持平) 사헌부의 핵심인 대관(臺官)에 속한 정5품 벼슬.

질정관(質正官) 중국에 사신이 갈 때 함께 가서 특정 사안에 대해 질의하거나, 문제의 해명 또는 학습하는 일을 맡아 하던 임시 직책. 홍문관·사헌부·의정부·육조 등에 속한 재능 있는 당하관이 선발되었으며, 중기 이후로는 서장관이 겸임했다.

집의(執義) 사헌부에 속한 종3품 벼슬. 맡은 바 임무가 막중한 사헌부의 핵심에 속했다. 따라서 청렴 강직하여 시류에 영합하지 않으며, 옳다고 믿는 바를 직언할 수 있는 인물을 선발했다. 대부분 과거에서 갑과 합격자를 곧바로 임용하거나 승문원·성균관·홍문관 등을 거친 젊고 기개 있는 인재들이 임명되었다.

찰방(察訪) 각 도의 역참을 관리하던 종6품의 외관직(外官職) 문관. 역리(驛吏)를 포함한 역민(驛民) 관리·역마 보급·사신 접대 등을 총괄한 역정(驛政)의 최고 책임자였다. 조선 전기에는 유사시 함길도나 평안도 잔간의 군사적 요지에 특별히 마련한 우역촌(郵驛村)을 순행하면서 다른 지방의 병사가 서북 국경지대에 파견되어 방위하는 부방(赴防)의 임무도 맡아보았다.

참찬의정부사(參贊議政府事) 조선 초기, 문하부에 둔 정2품 벼슬. 정종 2년(1400)에 문하부를 없애고 의정부를 두면서 태종 원년(1401)에 참찬문하부사를 참찬의정부사로 고쳤다.

참판(參判) 육조에 둔 종2품 벼슬. 육조 장관인 판서 다음의 서열로 차관에 해당하며, 아경(亞卿)이라고도 한다.

총호사(摠護使) 국상(國喪)에 관한 의식을 총괄하여 맡아보던 임시 벼슬.

태감(太監) 중국 명나라·청나라 때 환관의 우두머리.

통신사(通信使) 왕명으로 일본의 막부 장군에게 보내던 공식 외교사절. 태종 때부터 통신사의 파견이 정례화되었으며, 외교만이 아니라 학술·사상·기술·예술 등 문화교류의 통로로 조선과 일본 간 우호 교린의 상징이 되었으나 임진왜란 등의 정세에 따라 변동을 겪었다.

판부사(判府事) 중추부의 으뜸 벼슬. 종1품으로, 관찰사나 병마절도사를 겸하기도 했다.

판서(判書) 정2품으로 육조의 장관.

판서운관사(判書雲觀事) 정3품으로 조선 초기, 기상관측 등을 관장한 서운관의 으뜸 벼슬.

한성부 판윤(漢城府判尹) 수도인 한성부를 관할하는 정2품의 으뜸 벼슬. 오늘날 서울특별시장에 해당하나 당시에는 지금의 서울고등법원장과 서울고등검찰청 검사장, 서울경찰청장을 겸임하는 고위직이었다.

행 사직(行司直) '사직'은 오위(五衛)에 속한 정5품 군직(軍職)으로, 품계가 높고 벼슬이 낮으면 '행' 자를 넣었다.

행 상호군(行上護軍) '상호군'은 오위(五衛)에 속한 정3품 군직(軍職)으로, 품계가 높고 벼슬이 낮으면 '행' 자를 넣었다.

헌납(獻納) 사간원에 소속된 정5품 벼슬. 왕의 잘못을 지적하여 고치게 하는 일을 맡아보았다.

현령(縣令) 현(縣)의 으뜸 벼슬. 품계는 종5품이다. 현령은 큰 현에만 두었으며, 작은 현에는 종6품의 현감을 두었다.

호군(護軍) 오위(五衛)에 속한 정4품 무관직. 조선 초기에는 장군이라고 하였으나 태종 때 개칭되었다. 후기에 와서는 현직(現職)이 아닌 정4품의 문무관이나 음관(蔭官) 가운데서 임명했다.

홍문관 정자(弘文館正字) 삼사(三司, 사헌부·홍문관·사간원) 가운데 궁중의 경서와 문서 등을 관리하고 왕의 자문에 응하는 일을 맡아보던 홍문관의 정9품 벼슬. 젊고 능력 있는 문관 중에서 선발했다.

훈도(訓導) 한양의 사학(四學)과 지방의 향교에서 교육을 맡아보던 정·종 9품의 직책. 사학의 훈도는 성균관의 관원들이 겸임했다.

훈련원 참군(訓鍊院參軍) 군사의 시재(試才)와 무예 훈련 및 병서 습독을 관장하던 훈련원의 정7품 무관직.